KB266329

이 번역서는 포항공과대학교 박태준미래전략연구소의 지원으로 출판되었습니다.

포항공과대학교

포항공과대학교는 우리나라와 인류 사회 발전에 절실히 필요한 과학과 기술의 심오한 이론과 광범위한 응용 방법을 깊이 있게 연구하고, 소수의 영재를 모아 질 높은 교육을 실시함으로써 지식과 지성을 겸비한 국제적 수준의 고급 인재를 양성함과 아울러, 산·학·연 협동의 구체적인 실현을 통하여 연구한 결과를 산업체에 전파함으로써 사회와 인류에 봉사할 목적으로 설립되었습니다.

이러한 목적에 따라 포항공과대학교는 세계적인 대학들과 긴밀히 협력하여 기초과학과 공학 각 분야의 첨단적인 연구에 중점을 두는 한편 소재산업 관련 연구에서는 세계적인 중심지로 발전하고자 합니다.

또한 성실하고 창의적이며 진취적 기상을 지닌 지성인을 양성하기 위하여 전문교육뿐 아니라 전인교육을 강조하며, 인류 복지 향상을 위하여 산학협동의 폭을 세계의 전 산업체로 확대함으로써 세계 속의 대학으로 발전하고자 합니다.

박태준미래전략연구소

청암 박태준 사상을 기반으로 우리 사회의 미래 전략과 담론을 창출하기 위해 2013년 설립된 포항공과대학교 산하 박태준미래전략연구소는 인류와 국가의 더 나은 내일을 위하여 미래 사회를 조망하고 대응 전략을 연구하며 박태준정신과 리더십을 체계적으로 탐구하고 사회에 전파하고 있습니다.

MIT가 되기까지

비전, 위기, 선택의 순간들

박태준미래전략연구총서 15

빨간소금

데이비드 카이저 엮음 | 노태복 옮김
이종식 감수·해제

매사추세츠공과대학교(Massachusetts Institute of Technology, MIT) 150주년을 대비한 첫 기획위원회에 나를 넣어 준 수전 혹필드(Susan Hockfield) 총장에게 진심으로 감사드린다. 위원회 의장인 케스린 윌모어(Kathryn Willmore)가 이 책의 구상을 지지했으며, 집필이 순조롭게 진행되도록 도왔다. 여러 번의 수정을 겪으면서도 지칠 줄 모르는 열정과 지속적인 투지를 보여 준 각 장의 저자들에게 감사드린다. 조앤 바컨(Joanne Barkan)은 편집 과정에서 자기 일이 아닌 업무까지 훌륭하게 도와주었다. 또한 이미지 작업에 전문적인 도움을 준 전치형(Chihyung Jeon), 데버라 더글러스(Deborah Douglas) 그리고 프랭크 코너핸(Frank Conahan)에게도 큰 은혜를 입었다. 프로젝트를 진행하는 동안 케스린 윌모어와 데이비드 민델(David Mindell)이 MIT 150주년 기금에서 재정 지원을 얻어내 주었다. 마지막으로 이 책의 집필을 묵묵히 지원한 MIT 출판부의 매거릿 애버리(Marguerite Avery)와 엘런 패런(Ellen Faran)에게도 감사드린다.

차례

결정의 순간들

MIT가 2011년에 설립 150주년을 맞는다. 오늘날 과학과 기술, 혁신과 교육의 선도 기관으로 알려진 MIT. 그러나 이 대학의 발전은 굴곡진 길을 따라 이루어졌다. MIT 내부의 여러 결정과 더불어 급변하는 외부 상황으로 인해 요동쳤던 지난 여정이었다. 설립 150주년은 MIT의 지난날을 되짚어 볼 소중한 기회다. 잠시 멈춰서서 뒤돌아보며 과거를 성찰할 때다. MIT가 어떻게 고등교육의 지평을 개척하는 모범이 되었는지, 그리고 다가오는 미래에 마주하게 될 도전과 기회에 이 대학교가 어떻게 대비하고 있는지 살펴볼 시간이다.

MIT는 늘 앞날을 내다보는 곳이었고 여간해선 과거에 연연하지 않았다. 그렇기는 해도, 아직 초기 무렵에 이룬 MIT의 엄청난 성취를 기념하기란 어렵지 않다. 마침, 시의적절한 일이기도 하다. 언제나 MIT의 교수들과 학생들은 대학의 모토인 "멘스 엣 마누스(Mens et Manus)"를 적극 실천해 왔다. 멘스 엣 마누스는 정신과 손을 뜻하는 라틴어 문구다. 그들의 연구 활동 덕분에 자연에 대한 우리의 지식이 매우 풍부해졌다. 물질의 가장 작은 조각에서부터 우주의 가장 큰 구조까지, 그리고 생명의 기본 구성 요소에서부터 경제와 사회의 가장 복잡한 특징들까지 전부 말이다. MIT가 자랑스레 배출한 인물로는 미국국립공학원(National Academy of Engineering) 회원 154명, 미국국립과학원(National Academy of Sciences) 회원 160명, 노벨상 수상자 50명, "천재상(genius award)"으로도 불리는 맥아더펠로우십(MacArthur Fellowship) 수상자 33명, 그리고 심지어 퓰리처상 수상자 4명 등이 있으며, 이 수는 계속 늘고 있다.[1] 설립 이후 줄곧 MIT는 국가를 지키는 일에도 매진했는데, 제2차 세계대전과 냉전 시기의 활약이 특히 유명하다. 시작부터 MIT는 교육 혁신, 기업가 정신, 과학 정책 및 그 밖의 여러 분야에서 지도자들을 배출해 왔다. 150년 동안 MIT는 엔진을 멈추지 않았다. 바로, 소수 전문가의 연구 결과를 모두의 일상생활을 혁신하는 도구로 변환시키는 엔진이었다.

가령 통신과 컴퓨팅 분야를 예로 들어보자. 1870년대 중반, 알렉산더 그레이엄 벨(Alexander Graham Bell)이 MIT의 신생 물리학 실험실에서 한 연구가 전화기의 발명으로 이어졌다. 20세기 중반의 몇십 년 동안 MIT 과학자들은 정보이론, 사이버네틱스 및 인공지능과 같은 분야를 새로 개척했다. 그들은 실리콘칩, 디지털 통신, 시분할 컴퓨팅 및 분산 네트워크에 관한 최신 아이디어를 아무런 사전 지식 없이 구상해 실제 장치로 구현했다. 인터넷의 탄생, 그리고 인터넷의 가장 중요한 속성들 다수(가령, 평범한 이메일부터 높은 보안 수준이 요구되는 자금 이체까지, 모든 정보를 전 세계에 걸쳐 매끄럽게 전달하는 암호화 기술)는 전부 MIT와 밀접한 관련이 있다. 오늘날 MIT는 정보 처리와 공유의 새로운 물결인 최첨단 양자컴퓨터 연구의 중심지다.[2]

MIT는 항공학 연구에서도 위와 비슷한 오랜 사연을 갖고 있다. 한

MIT 학생이 일찍이 1896년, 제대로 작동하는 풍동(wind tunnel)[3]을 설계하고 제작했다. 라이트 형제가 자신들의 첫 비행기를 설계하기 위해 비슷한 기술을 도입하기 무려 5년 전의 일이다. 나중에는 항공우주 전문가 찰스 스타크 드레이퍼(Charles Stark Draper)와 그의 팀원들이 탄도 미사일에서부터 아폴로호 착륙에 이르는 모든 과정에 대한 유도 및 항법 시스템을 고안했다. 항공우주공학과의 여러 졸업생이 미국항공우주국(National Aeronautics and Space Administration, NASA)의 고위직에 재직했다. 지금까지 그 과의 졸업생들은 NASA의 전체 유인 우주 비행 중 1/3 이상에 참가했는데, 우주에 머문 시간이 1만 시간을 넘는다.[4]

MIT의 생물학자들은 1970년대 초반 리처드 닉슨(Richard Nixon) 대통령이 주창한 "암과의 전쟁"에 빠르게 반응했다. 그들의 노력이 초창기 생명공학 산업의 길을 텄으며, 그 분야의 중요한 회사들 다수가 MIT 주위에 포진했다. 더욱 최근에 MIT 연구자들은 미국국립보건원(National Institutes of Health, NIH)의 방대한 인간게놈 프로젝트를 이끌어, 2003년에 인간 게놈의 완전한 염기서열을 최초로 내놓았다. 공적인 자금이 지원된 이런 활동과 더불어, MIT의 생명과학 분야에서는 지난 30년 동안의 민간 자금 지원을 통해 최첨단 연구소들이 다음과 같이 폭발적으로 설립되었다. 화이트헤드생명의학연구소(Whitehead Institute for Biomedical Research, 1982년 설립), 맥거번뇌연구소(McGovern Institute for Brain Research, 2001년), 피카워학습·기억연구소(Picower Institute for Learning and Memory, 2002년), 생명의학 분야에서 MIT-하버드브로드연구소(Broad Institute of MIT and Harvard, 2004년) 그리고 데이비드코크통합암연구소(David H. Koch Institute for Integrative Cancer Research, 2010년).[5]

노엄 촘스키(Noam Chomsky)의 언어학 혁명에서부터 노벨상 수상자인 폴 새뮤얼슨(Paul Samuelson), 프랑코 모딜리아니(Franco Modigliani) 그리고 로버트 솔로(Robert Solow)가 시장, 국제 교역 및 경제성장에 관해 통찰했던 혁신적 개념들에 이르기까지, MIT는 오랫동안 인간의 사고와 행동에 관한 체계적인 연구를 선도한 기관이었다. 이 대학 곳곳의 집중적인 연구 덕분에 그런 개념들이 현실에서 유용한 도구로 활용될 수 있었다. 1985년에 설립된 MIT의 유명한 미디어랩(Media Lab)에서부터 경제학과의 압둘라티프제이밀빈곤행동연구소(Abdul Latif Jameel Poverty Action Laboratory), 그리고 엔지니어링시스템학부(Engineering Systems Division) 내의 MIT에이지랩(MIT Age Lab)을 포함한 여러 연구 활동이 대표적이다.[6]

아울러 MIT는 과학 정책을 선도했다. 칼 콤프턴(Karl Compton) 총장이 재직 초기인 1930년대에 프랭클린 루스벨트(Franklin Roosevelt) 대통령을 위한 연방 과학자문위원회(Science Advisory Board)의 의장을 맡았다. 콤프턴의 조력자인 배니버 부시(Vannevar Bush) 부총장은 제2차 세계대전 때 과학계-정부 파트너십을 위한 새로운 기틀을 설계하고 수립했다. 또한 그는 《과학: 끝없는 프런티어(Science: The Endless Frontier)》라는 유명한 저서를 통해 전후 과학 정책을 마련하는 데 일조했다. MIT 총장 제임스 킬리언(James Killian)은 1950년대 후반에 설립된 대통령과학자문위원회(President's Science Advisory Committee)의 초대 위원장을 맡았다. 이후 MIT는 워싱턴 DC에 꾸준히 자문위원들을 보냈다. 가령 항공우주공학과의 실라 위드널(Sheila Widnall) 교수가 1990년대에 여성으로서는 사상 최초로 공군부 장관에 오르는 새 역사를 썼다. 그리고 MIT에서 가장 최근까지 명예총장을 맡았던 찰스 M. 베스트(Charles M. Vest)[7]가 현재 미국 국립공학원 원장을 맡고 있다.[8]

이러한 여러 활동에는 MIT 설립자 윌리엄 바턴 로저스(William Barton Rogers)가 품은 뜻이 이론과 실천 양면에서 다양한 방식으로 깃들어 있다. 로저스는 새로운 종류의 교육기관을 세울 필요성을 느꼈다. 자연과학의 토대에 관한 충실한 교육과 더불어 실용 기술을 몸으로 배우는 학습을 제공하는 교육기관이 필요했다. 그런 목표를 품고서 로저스는 실험실 기반의 교육체계를 새로 도입했다. MIT 물리학 교수 에드워드 C. 피커링(Edward C. Pickering)이 쓴《물리적 조작(Physical Manipulation)》(미국에서 1873년에 출간된 초창기의 물리 실험 매뉴얼)과 같은 초기 교재들 덕분에 로저스의 혁신적 접근법은 어디에서나 과학 학습의 모범이 되었다.[9] 이후로도 그의 접근법은 MIT의 교수법 혁신을 계속 고취했다. 가령 MIT 물리학자 제럴드 재커라이어스(Jerrold Zacharias)의 구상으로 실현된 1950년대의 물리과학교육위원회(Physical Sciences Study Commission, PSSC)라든가, 1969년에 처음 시행되어 다른 교육기관이 많이 따라 했던 학부생연구기회프로그램(Undergraduate Research Opportunity Program, UROP) 등이 그런 사례다.[10] 더 최근에 이루어진 성과로는 MIT오픈코스웨어(MIT's OpenCourseWare)를 꼽을 수 있는데, 2001년에 시작된 이 대담한 조치 덕분에 인터넷을 통해 대중이 MIT의 강의 대부분을 무료로 이용할 수 있었다. 그리고 2005년에는 세계 최초로 생물공학을 학부 과정에 도입하는 시도가 이루어졌다.[11]

이러한 교육 방식은 창의적 사고를 고취했을 뿐 아니라 최종적인 결실도 좋았다. 최근 수치로 볼 때, MIT 졸업생이 설립해 운영 중인 회사들(전 세계에 걸쳐 2만6,000곳 남짓)이 대략 330만 명을 고용하고 있으며, 연간 수익 2조 달러를 자랑한다. 다 합치면, MIT가 배출한 이 회사들의 경제 규모는 전 세계에서 11번째로 크다.[12]

어느 모로 보나 150년이라는 짧은 기간에 크나큰 성취가 있었다. MIT의 교수진, 행정 보직자 및 직원, 재학생과 졸업생 모두가 마땅히 자부심을 가질 일이다.

그런 여러 성공 사례 이외에, 기념식을 통해서도 MIT의 발전상을 엿볼 수 있다. 50년 전에 열린 설립 100주년 기념식에서 MIT 총장 줄리어스 스트래턴(Julius Stratton)은 "언젠가" 우리가 "한 세기 내내 이 대학의 학문적 목표들과 교습 방법들에 영향을 끼친 생각들의 흐름을 일관되게 설명할 수 있을지 모른다"라는 바람을 내비쳤다. 그가 명쾌하게 밝혔듯이, 그런 발전은 "업계와 학계의 굵직한 시대적 동향이라는 맥락에서 바라봐야만 이해될 수 있다." 스트래턴은 대학이라는 물리적 장소 이면의 생각들, 즉 대학이 어떤 가치를 표방해 왔는지, 그리고 대학의 지도자들이 과연 대학이 어떤 모습이길 희망해 왔는지에 관해 일목요연하게 정리된 이야기를 간절히 바랐다.[13]

이 책은 스트래턴 총장이 도전했던 과제를 이어받는다. MIT의 역사를 백과사전식으로 세세히 나열하기보다, 앞으로 나올 각각의 장은 오늘날 우리가 아는 MIT를 확립하는 데 일조한 결정의 순간들을 자세히 살핀다. MIT의 진로를 바꾼 결정 중 일부는 매우 극적인 결과를 낳았고, 그런 결정들의 중요성이 당시 참여자들에게 명확하게 인식되었다. 반면에 어떤 결정들은 좀 더 미묘해서, 그 효과가 나중에 되돌아보고서야 온전히 드러났다. 첨예한 갈등과 불확실성의 순간들도 MIT의 위대한 성공 사례들과 더불어 이 책에 등장한다.

스트래턴 총장이 내다보았듯이, 한 교육기관을 장기간 살펴보면 많은 것을 배울 수 있다.[14] MIT의 역사는 산업혁명에서부터 후기 산업사회에 이르기까지 고등교육의 수단과 목적에 관한 가정들이 급변했음을 고스란히 보여 준다. 이 기간에 대학의 지도자들은 연구와 교육의 위대한 중심지를 육성하기 위해 상반된 여러 사례(따라 할 모범 사례, 또는 타산지석으로 삼고 피해야 할 사례)를 염두에 두었다. 유럽의 기관들, 특히 당시 싹트던 독일의 연구중심대학들이 19세기 후반과 20세기 초반에 하나의 모범을 제시했다. 어떤 이들은 조심스레 당시 미국 서부에 등장하던 랜드그랜트 대학

(land-grant university)[15]들에 눈길을 보냈다. MIT 설립 이후에 하버드대학교는 경쟁자이자 도플갱어 역할을 번갈아 했고, 짧은 기간 동안 두 대학은 학위 수여 상호 협력 기관(degree-conferring partner)인 적이 있었다.

오랫동안 MIT는 여러 다른 대학에 모범이 되면서, 미국의 대학 역사에서 변천해 온 여러 동향을 대표적으로 드러냈다. 가령, 미국의 많은 칼리지(colleges)와 대학교(universities)가 1910년대와 1920년대에 지역 산업계에서 파트너십과 지원을 구했다. MIT는 이런 관계를 구축하려면 상당한 행정력이 필요하다는 걸 알아차렸다. 그리고 1940년대에는 수십 개 대학이 전쟁 지원 활동에 참여했다. MIT도 약 1억 달러어치(2008년 달러 가치로 환산하면 약 12억 달러)의 국방 관련 연구개발 계약을 따냈다. 이는 다른 어느 대학보다 월등히 많은 액수이며, 심지어 웨스턴일렉트릭(AT&T), 제너럴일렉트릭, RCA, 듀폰 및 웨스팅하우스를 모두 합친 액수보다 세 배나 많았다.[16] 또한 전후에는 학부와 대학원의 등록 학생 수가 미 전역의 칼리지와 대학교에서 급증했다. 이때 MIT는 기록적인 수의 졸업생을 배출해, 이학과 공학의 여러 분야에서 해마다 졸업생 수 목록의 가장 윗자리를 차지했다. 1980년대가 되자 생명공학이 융성하기 시작하면서, 국가적 우선순위가 다시 기업과 대학의 새로운 파트너십 맺기가 되었을 때 MIT가 선봉에 섰다. 한편, 근래에 MIT와 협력 대학들은 평등과 차별에 관한 곤혹스러운 문제에 직면했다. 다른 대학들이 이 문제를 경시하거나 자신들의 무사안일을 정당화하려고 소송까지 불사하겠다고 나섰지만, MIT는 1999년에 이과대학(School of Science) 여성 교수들의 지위에 관한 유명한 보고서를 발표해 이 사안의 모범이 되었다. 정말로 MIT는 미국을 넘어 세계 각국 대학의 모범 역할을 했다. 수십 년 동안 진취적인 교육 기관 설계자들은 이란에서부터 인도, 그리고 기타 국가들까지 전 세계에 "MIT 모델"을 (늘 성공적이진 않았지만) 수출하려고 했다.[17] 그래서 MIT의 진화 과정을 배우는 일은 훨씬 더 폭넓은 교육계의 면모를 들여다보는 창구가 되었다.

모든 역사가 그렇듯이, 기념행사는 비록 과거를 소환하지만 미래를 내다보며 현재 속에서 이루어진다. 늘 우리는 쓸모 있는 과거를 구성해 내려고 하는데, 이 과거는 현재의 관심사와 기대에 비추어 그 핵심과 윤곽을 드러낸다. 그런 활동은 부득이 선별적이기 마련이다. 고의든 아니든 늘 생략이 뒤따른다. 한때는 집단적 기억에 크게 각인되었던 사건과 사람이라도, 다시 떠올릴 때마다 때로는 부지불식간에 필연적으로 관심사에서 멀어지고 우리가 그것들에 부여하는 의미가 약해진다.[18]

자세히 살펴려고 MIT의 과거 순간들을 추려낼 때면, 오히려 현재의 여러 문젯거리가 내 생각에 영향을 끼쳤다. 가령 냉전의 그늘 속에서 새로운 안보 문제가 불거졌을 때 MIT가 연방 정부와 어떤 관계를 맺어야 했으며, 전쟁 도중 또는 전후에 어떤 책임을 맡아야 했을까? 대학의 연구에 대한 정부의 자금 지원과 민간 투자 사이에 최적의 균형은 무엇일까? 한편 수년간 애써서 교과과정을 철저하게 검토했지만, 무엇을 가르치느냐, 그리고 어떻게 해야 가장 잘 가르치느냐는 문제는 MIT의 초기 시절만큼이나 오늘날에도 마땅한 답이 없다.[19] 윌리엄 바턴 로저스의 시대와 마찬가지로, MIT 학생들이 대학을 떠나 직업 활동을 잘 준비하도록 기초과학 지식, 공학적 노하우 그리고 인문학적 소양을 적절히 겸비하는 방법을 찾기란 지금도 여전히 어렵다. 이런 큰 주제를 염두에 두고, 이 책은 MIT를 깊이 아는 학자들을 데려와 이 대학의 역동적이고 매혹적인 역사를 풀어헤친다.

1장에서는 메리트 로 스미스(Merritt Roe Smith)가 로저스의 MIT 설립 과정을 추적한다. 철도와 같은 미국 산업의 성장에 감명받은 데다 젊은 시절 지질 조사 경험이 있었기에, 로저스는 현장 학습과 정치적 감각을 둘

다 중요하게 여겼다. 남북전쟁이라는 어려운 시기에도 로저스는 주 정부가 신설 대학에 베푸는 지원을 용케 얻어 냈다. 끈질긴 로비와 좋은 타이밍이 함께 맞아떨어져 이룬 결실이었다. MIT는 1862년 에이브러햄 링컨(Abraham Lincoln) 대통령이 서명한 모릴토지공여법(Morrill Land Grant Act)의 초기 수혜자 가운데 하나였다. 모릴토지공여법은 실용적인 교과 분야에 대한 고등교육을 개별 주와 연방 차원에서 지원할 수 있도록 했다. 그리하여 로저스는 상당한 액수의 정부 지원금과 더불어 민간 기부자들에게 효과적인 자금 모집 캠페인을 벌여 MIT를 설립할 자금을 확보했다.

MIT가 추구하는 방식의 교육 여건을 마련하는 일은 알고 보니 만만치 않았다. 브루스 싱클레어(Bruce Sinclair)가 2장에서 설명하듯이, MIT의 기술 교육은 "고전학"이나 자유학예(liberal arts) 교과과정의 부속물에 그쳐서는 안 된다는 목소리가 거듭 분명하게 표명되었다. 19세기 후반과 20세기 초반 내내 MIT의 지도자들은 이웃 하버드대학교와 꾸준히 비교하면서 대학의 정체성을 모색하고 정립해 나갔다. 그 비교는 단지 교과과정에 국한되지 않고 훨씬 폭넓은 범위에서 이루어졌다. 사회적 계급 문제가 주요했다. MIT의 옹호자들은 (하버드식의) 젠체하는 엘리트주의와 맞서 싸웠다. 그들은 동시에 MIT 졸업생이 결코 단순한 공장 노동자나 기능공 수준이 아님을 분명히 했다. 하지만 가끔은 그들 스스로 엘리트 의식을 드러낸 적이 있다. 가령, 1893년에 MIT 총장 프랜시스 워커(Francis Walker)가 (이름을 밝히지 않은) 리버럴아츠칼리지(liberal arts colleges)의 유복한 학부생들에게 "학문의 숲에서 빈둥거리고 있다"라며 비아냥댔다. 이는 또한 하버드대학교를 겨냥하는 말이기도 했는데, 지역 사람들이라면 못 알아차렸을 리가 없었다. MIT는 자금 사정이 나쁜 시절에 어려움을 겪었고, 세 번이나 하버드대학교에 거의 인수당할 뻔하기도 했다. 하지만 1916년에 케임브리지로 캠퍼스를 이전하면서부터는 독자적인 전성기가 열렸다.

20세기가 시작되고 몇십 년 동안은 MIT의 정체성을 놓고서 일종의 싸움이 벌어졌다. 서로 다른 비전의 충돌로 일어난 이 갈등을 3장에서 크리스토프 레퀴에(Christoper Lécuyer)가 자세히 밝힌다. 한쪽 편은 1880년대와 1890년대에 독일에서 박사 학위를 받은 교수들로, 이들은 귀국 후 미국에 "순수과학" 정신을 불어넣었다. 반대파는 산업계와의 긴밀한 유대를 강조했다. 이들이 보기엔 MIT와 기업의 사이가 가까워야 MIT가 다음 세대의 기업 경영인들을 배출할 수 있었다. 두 집단 간의 팽팽한 긴장은 1909년 리처드 C. 매클로린(Richard C. Maclaurin)이 MIT 총장에 당선되면서 깨졌다. 수리물리학 전공자인데도 매클로린 총장은 MIT가 업계에 직접적으로 쓸모가 있어야 한다고 역설했다. 기업의 요청에 따라 연구 과제를 맡고, 대학 도서관을 기업 후원자들에게 개방하고, 졸업생 정보를 기업 구직 담당자들에게 제공하는 등 온갖 노력을 기울여 기업 후원을 든든히 받자는 생각이었다. 매클로린의 이런 견해는 1919년에 발표한 "테크 플랜(Technology Plan, 줄여서 Tech Plan)"에서 정점에 달했다. 제1차 세계대전 동안의 심각한 예산 삭감으로 궁지에 몰린 시기에 나온 구상이었다. 1920년대에는 연구 결과를 누가 통제하느냐를 두고 갈등이 고조되고 있었다. 즉 연구한 교수냐, 아니면 연구비를 댄 회사냐의 문제였다. 그런데 차츰 테크 플랜을 비판하는 목소리가 커지면서, 일부 사람들은 그 계획 때문에 대학의 연구 노선이 근본적으로 중요성이 낮은 단기 응용 프로젝트를 추구하는 쪽에 치우쳤다고 우려했다. 1930년대에는 칼 콤프턴 총장 아래서 상황이 다시 반전되었다. 콤프턴 총장은 과학을 잘 아는 인물이 제너럴일렉트릭(General Electric)과 벨전화회사(Bell Telephone Company)의 훌륭한 기업가가 되는 걸 선호했다. 그래서 교과과정에 기초과학을 다시 강조했고, 학과 교수들을 재배치했으며, 재협상을 통해 후원 업체와 MIT

의 관계를 MIT의 학문적 자율성을 더 넓게 보장하는 쪽으로 설정했다.

전시의 인력 동원 때문에 MIT에서 후원에 따른 종속성과 대학 주도의 자율성 간 균형이 훨씬 더 극적으로 망가지고 말았다. 이는 4장에서 데버라 더글러스가 자세히 설명한다. 1941년 12월의 진주만 공격이 있기 한 해 전부터 MIT는 이미 전시 임무에 뛰어들었다. 단파 레이더 설계를 위한 연합군 측 중심 기관인 MIT 방사선연구소(Radiation Laboratory),[20] 일명 "래드랩(Rad Lab)"이 가장 빠르게 성장했다. 1940년 가을에 처음 시작할 때만 해도 전체 인원이 고작 물리학자 20명, 경비원 3명, 물품 보관소 직원 2명 그리고 비서 1명이었다. 하지만 종전 무렵에는 직원이 4,000명, 그리고 운영예산이 **매달** 100만 달러(2008년 달러 가치로 환산하면 매달 약 1,200만 달러)에 달하는 연구 단지로 급성장했다. 캠퍼스 내의 다른 수십 군데 연구소도 전시 활동에 동참해 사격 조준기에서부터 합성 비타민 재료, 그리고 군용 식량의 가공과 포장의 새로운 방법까지 온갖 것을 개발했다. 마찬가지로 중요한 활동으로서 MIT는 수만 명의 징집 병사와 장교를 입교시켰다. 전장에 투입되기 전에 특수 훈련 프로그램을 거치게 하는 과정이었다. 이처럼 중대한 전시 임무를 맡게 되자 연방 정부와의 관계에서 MIT의 위상이 확 바뀌었다. 즉 미국 역사상 연방 연구 자금을 가장 많이 받는 교육기관이라는 새로운 입지가 굳건히 다져졌다.

제2차 세계대전이 끝났는데도, 실질적으로 연구 인력은 캠퍼스로 복귀하지 않았다. 내가 5장에서 논의하겠지만, 오히려 냉전이 격화되면서 대학은 전시 운영 패턴을 그대로 유지했다. 다시 한번 MIT의 지도자들은 '학생이 어떤 기량과 기술을 익혀야 하는가?'라는 문제에 봉착했다. 이 문제는 학부생과 대학원생 등록자 수가 기록적인 증가율을 보이는 바람에 더욱 어려워졌다. 대부분 국방부와 관련 기관들에서 꾸준히 제공한 연방 자금 덕분에, 캠퍼스에는 새로운 연구소가 설치되었고 기존 연구소들은 확장되었다. 따라서 MIT의 연구와 교육은 냉전을 위한 설비들(핵반응로, 레이더 수신기, 전자식 트랜지스터와 실리콘 칩, 관성유도 시스템, 고성능 컴퓨터 등)을 중심으로 돌아갔다. 하지만 최상급의 일부 교수들은 비록 핵 시대의 학생들이라도 역사, 문학 그리고 민주주의에서의 의사결정 패턴을 이해할 필요가 있다고 역설했다. 그들의 주장 덕분에 1950년 MIT 인문사회과학대학(School of Humanities and Social Sciences)이 설립되었다. 하지만 교과과정상의 적절한 균형을 달성하기란 전후의 베이비붐 시기에도 늘 힘겨웠다.

1960년대에는 베트남전쟁이 오래 이어지면서 MIT에서 갈등이 분출되었다. 6장에서 스튜어트 W. 레슬리(Stuart W. Leslie)가 이 사안을 설명한다. 미국 전역의 칼리지와 대학교에서 불붙었던 농성과 행진, 시위 이후로 MIT의 열렬한 반전 분위기는 장기적인 성찰을 끌어냈다. 베트남전쟁에서 (미국의 최대 군수 계약 업체 중 하나로서) MIT의 사명은 무엇이란 말인가? MIT의 핵심 정체성이 이 질문에 걸려 있는 듯 보였다. 학생들과 교수들은 군사기밀 연구가 대학에 속한 과제인지, 그리고 “사회적으로 유용한” 연구가 대규모 국방 계약 때문에 배척된 게 아닌지 토론했다. 이를 우려하는 일군의 학생과 교수가 1969년 3월 4일에 “성찰의 날(day of reflection)”(언론이 “파업”이라고 널리 보도한 날)을 갖자고 요청했다. 강의와 연구가 중단되었고, 대신 과학자의 사회적 책임에 대한 특강이 진행되었다. “3월 4일 운동”은 미 전역의 다른 대학들에도 빠르게 퍼졌다. 한편 MIT의 두 “특수 연구소”, 즉 찰스 스타크 드레이퍼의 계기연구소(Instrumentation Laboratory)와 링컨연구소(Linclon Laboratory)가 불안의 새로운 발화점이 되었다. 주로 방산 업무를 담당하는 이 두 연구소는 지난 20년 동안 급속히 성장해, 예산과 인력 면에서 MIT의 나머지 모든 연구소에 필적했다. MIT가 이 두 곳과의 밀접한 관계를 끊어야 할지, 아니면 연구소의 사명을 재설정해야 할지 고민하는 동안 경찰 진압대가 (몽둥이를 휘두르며) 계기연구소의 문 앞에 있는 성난 시위자들을 해산시켰다. 그야말로 "60년대"가 MIT에 도래했다.

과학자의 사회적 책임이라는 문제는 1960년대 후반의 극렬한 시위가 끝난 후에도 사라지지 않았다. 7장에서 존 듀런트(John Durant)가 과학자의 사회적 책임에 관한 갈등이 1970년대에 특히 생명과학 분야에서 어떻게 첨예해졌는지 분석한다. 1974년에 MIT 생물학자 데이비드 볼티모어(David Baltimore)가 재결합DNA(rDNA) 연구의 잠재적 위험성을 과학자들과 정책결정자들에게 경고하려고 미 전역의 동료 연구자들과 의기투합했다. 그들은 전문가들이 위험성을 평가해 최상의 연구 절차를 권고하기 전까지, 과학자들이 rDNA 연구를 자발적으로 중단해 주길 요청했다. 금세 과학자들에게 알려지기로(때로는 그들로선 당혹스러운 소식이었는데), 다른 집단에서도 이 주제에 관해 단호한 의견을 냈다. 미쳐 날뛰는 프랑켄슈타인의 괴물 이미지를 들먹이며 케임브리지의 야단스러운 시장 앨프리드 벨루치(Alfred Vellucci)가 그 사안에 대한 공개 청문회를 열었다. 시장은 도시 안에서 모든 rDNA 연구를 금지하겠다고 엄포를 놓았다. 그런 소동의 와중에 민간 기관의 연구에 관한 공공의 감독 문제를 놓고서 전례 없는 메커니즘이 등장했다. 바로 케임브리지실험검토위원회(Cambridge Experimentation Review Board)가 출범한 것인데, 이는 과학 교육을 전문적으로 받지 않았으나 해당 사안을 우려하는 시민들로 구성된 조직이었다. 과학자들과 다른 이해 당사자들이 6개월 넘게 회의한 결과, 그 위원회는 rDNA 연구에 대한 일련의 규제 조치와 지침을 마련했다. 공교롭게도 볼티모어 등이 처음에 제시한 내용과 별반 다르지 않았다. 어쨌든 새로운 조치가 시행되고 새로운 소통 창구와 더불어 시민과 대학의 신뢰가 구축되면서, MIT는 생명공학 연구의 선두 주자로 나섰다. 민간 투자가 쏟아져 들어온 덕분에 MIT 화이트헤드생명의학연구소와 더불어 케임브리지 지역 내에 여러 파생 회사가 세워졌다.

1990년대에 MIT는 새로운 유형의 관리감독 체계를 도입했다. 4년 동안 면밀한 조사를 벌인 후 대학은 1999년 3월에 MIT에서 〈MIT의 여성 과학 교수진의 지위에 관한 연구(A Study on the Status of Women Faculty in Science at MIT)〉라는 보고서를 발표했다. 로트 베일린(Lotte Bailyn)이 8장에서 설명하듯이, 이 보고서는 MIT의 이과대학 교수진 내의 제도화된 성차별을 자세히 드러냈다. 불공정한 처우를 거의 모든 범주에서 확인할 수 있는데, 정말이지 해당되지 않는 사안이 없었다. 급여, 실험실 공간, 강의 할당, 위원회 활동 책임 및 기타 여러 사안에 성차별이 두루 퍼져 있었다. 이 보고서는 학술 비평계뿐 아니라 대중 언론에서도 국제적인 관심을 끌었다. 마찬가지로 주목할 점이 있는데, MIT는 불평등을 해소하고 조사를 다른 단과대학으로 확대하는 조치를 신속하게 취했다. 그런데 이 문제는 단지 실태 파악 이상의 조치가 필요한 사안이었다. 이 보고서의 공개와 그 영향 덕분에, 누가 MIT에 어울리는지에 관한 폭넓은 성찰이 일어났다. 누구의 노력이 가치를 인정받는지, 그리고 어떻게 해야 그런 노력을 가장 잘 인정해 줄 수 있을지를 다시 고민해야 했다. '8장에 덧붙이는 글'에서는 보고서 작성을 위한 조사에 착수했던 낸시 홉킨스(Nancy Hopkins)가 그때 이후로 MIT에서 보내는 일상이 어떻게 변했는지를 되짚는다.

마지막으로 에필로그에서는 MIT 총장 수전 혹필드가 MIT의 지난 유산을 미래지향적으로 평가한다. MIT 학제 구성의 명백한 변화 양상(캠퍼스 안팎으로 급성장하는 생명과학 분야가 가장 확실한 사례다), 학부 교과목과정에 대한 열띤 논쟁, 그리고 대공황 이후로 가장 어려운 재정 문제의 한복판에서 MIT는 다시금 중대한 시험대에 서 있다. 먼 훗날 다음번 기념식에 모였을 때 MIT의 교수, 행정 보직자와 직원, 학생과 동창은 판단하게 될 것이다. 지금 당면한 이 결정의 순간을 MIT가 어떻게 헤쳐 나갔는지를.

창립기, 1861~1894년

1864년 7월 2일, MIT의 초기 후원자 중 한 명인 윌리엄 존슨 워커 (William Johnson Walker) 박사가 이런 문구를 썼다. "신께서 이 학교를 번창케 하시기를(God Speed the Institute)."[1] 워커는 보스턴의 은퇴한 외과 의사로, 지역의 신생 회사들에 영리하게 투자해 큰 부를 일구었다. 그는 MIT 설립자 윌리엄 바턴 로저스가 꿈꾼, 과학에 바탕을 둔 새로운 대학에 큰 흥미를 느꼈다. 그가 낸 6만 달러(2008년 달러 가치로 환산하면 85만 달러)의 기부금이 결정적인 순간에 도착했다. 3년 전에 설립되긴 했지만, MIT는 아직 교수진도 갖추지 못했고 수업도 시작하지 못한 처지였다.[2] 문제는 자금 부족이었다. 피비린내 나는 남북전쟁 도중이라 현금 확보가 어려웠다. 그래도 로저스와 후원자 모임(지역 상인, 기술자, 학자)은 굴하지 않고 새로운 "기술특성화대학(polytechnic school)"을 최대한 빨리 꾸려서 운영할 참이었다. 그날은 1865년 2월 20일에 찾아왔다. 남북전쟁이 끝나기까지 채 두 달이 남지 않았을 때였다. 열다섯 명의 학생이 보스턴 서머스트리트(Summer Street)에 있는 머캔타일 빌딩(Mercantile Building) 안의 임대 공간에서 수업을 받기 시작했다.[3] 로저스의 꿈이 실현되었지만, 여기까지 오는 데만 해도 기나긴 시간(36년)이 걸렸다.

어느 교육자가 받은 교육

1804년생인 로저스는 학구적 분위기의 가정에서 자랐고, 버지니아의 윌리엄스버그(Williamsburg)에 있는 윌리엄앤드메리칼리지(William and Mary College)에서 공부했다. 그곳의 교수였던 아버지 패트릭은 1820~1830년대에 지질학이라는 새 분야에 빠져들었다.[4] 미국에서 그 무렵은 혁신적 변화의 시기였다. 젊은 공화국이 오랜 식민지의 족쇄에서 풀려나 공장, 증기기관 및 철도가 이끄는 새로운 시대로 접어들고 있었다.[5] 영국의 비평가 토머스 칼라일의 말로는 "기계의 시대(mechanical age)"였다. 수공예 전통이 몰락하고 수차, 증기기관 및 자동 기계로 작동되는 공장 제조업이 태동하던 역사적 변혁기였다.

로저스와 두 남동생 헨리와 로버트는 신기술에 불편함을 느끼거나 회의적인 태도를 보이는 것과 거리가 멀었다. 대신에 신기술을 배워서 차츰 자신들의 직업 경력을 쌓아 나갔다. 1828년 볼티모어에서 교편을 잡고 있던 윌리엄 로저스는 철도를 주제로 대중 강연을 했다. 여기서 그는 볼티모어오하이오철도(Baltimore and Ohio, B&O)에서 빌려 온 모형을 들고 나왔다. 이 철도는 미국 역사상 가장 초기의 가장 중요한 선로로서, 당시 갓 사용 승인을 받은 상태였다. 그는 세 명의 육군 장교와 친분이 있었는데, 스티븐 H. 롱(Stephen H. Long) 대령, 윌리엄 맥닐(William McNeill) 대위, 그리고 조지 워싱턴 휘슬러(George Washington Whistler) 중위였다. 뛰어난 공병 장교였던 그 셋은 1824년의 종합측량법(General Survey Act) 아래서 존 퀸시 애덤스(John Quincy Adams) 대통령의 지시로 민간 소유의

B&O 철도 건설을 위한 측량 및 개통 공사 작업을 맡았다.[6] 이 일을 하던 중 세 장교는 로저스의 지적 능력에 감탄해 그를 이렇게 설득했다. 과학계 인물로서 그의 "궁극적인 발전"은 토목 분야에 진출해 "국토 개발 사업의 열기에 이익이 될 훌륭한 노력을" 기울임으로써 촉진될 것이라고 말이다. 구체적으로는 당시의 선도 기술인 철도 건설에 뛰어들라는 말이었다. 로저스는 경청했지만, 결국에는 공공사업에 기술자로 참여하기 위해 과학자라는 학문적 경력을 선뜻 포기하려 하지 않았다. 롱과 맥닐이 보낸 "매우 고마운" 추천서에 어느 정도 힘입어, 약관 23세의 로저스는 윌리엄앤드메리칼리지의 자연철학 및 화학 교수인 부친이 작고하자 아버지의 교수직 승계를 제안받았고 이를 수락했다.[7]

1831년 여름, 두 남동생 헨리와 로버트가 보스턴-프로비던스철도(Boston and Providence Railroad)의 노선 측량 팀원인 맥닐, 휘슬러와 합류했다. 로버트는 이듬해에도 이 프로젝트에 다시 참여했다. 두 형제는 철도 건설을 가능케 한 새로운 증기기관 기술과 공학적 역량에 매력을 느꼈다. 둘이 큰형에게 알리기로, 맥닐 대위가 둘이 측량하고 있던 지형의 지질학적 특징을 연구해 보길 권했다고 한다. 윌리엄 로저스도 당시 무엇보다 지질학 연구에 집중하고 있던 터라 둘의 편지를 상당히 흥미롭게 읽었다. 그러면서 순수과학과 과학의 기술적 응용 사이의 관계를 숙고했다. 분명 신기술이 세 형제 모두에게 영향을 끼치고 있었다.[8]

잠시나마 헨리와 로버트는 과학에서 공학으로 실제로 전향했을지 모른다. 하지만 결국 둘은 과학 분야에서 학자의 길을 선택했다. 헨리는 지질학, 로버트는 화학과 의학에 몸담았다. 급속하게 산업화하는 나라에는 유능한 엔지니어가 필요하기에, 로버트는 새로운 분야의 기회는 자기와 같은 학문적 배경을 가진 사람들에게는 제한적이라고 결론 내렸다. 그는 1833년 형 윌리엄에게 이렇게 한탄했다. "웨스트포인트에서 교육받은 이들은 출셋길에 올라서 확실한 성공을 기대할 수 있어요. 그들만 자기 직종에서 안정된 일자리를 보장받는다고요."[9] 로버트가 옳았다. 웨스트포인트에서 교육받은 전직 공병 장교들이 철도 사업을 장악했기 때문이다. 브라운대학교의 프랜시스 웨일랜드 총장은 나중에 이렇게 토로했다. "웨스트포인트라는 단일 교육기관은 우리나라의 여러 칼리지보다 매년 더 적은 졸업생을 배출하는데도, 칼리지 백 군데를 합친 것보다 철도 건설에 더 많은 일을 해 왔다."[10]

로저스 형제들이 "국토 개발" 산업에 동참한 이력은 철도 건설용 측량 활동이 끝이 아니었다.[11] 1835년 버지니아대학교에서 새로 교수직을 얻은 직후, 윌리엄 로저스는 주 정부가 후원하는 버지니아 지질 측량 사업(Geological Survey of Virginia)의 감독관으로 임명되었다.[12] 로저스는 그 사업을 굉장한 기회로 여겼다. 동생 헨리에게 보낸 편지에 썼듯이, 지질학 분야에서 자신의 명성을 높일 뿐 아니라 자기 경력을 "훨씬 더 넓은 활동"으로 확장할 기회로 본 것이다.[13]

하지만 전면적인 측량이 시작되자 로저스는 정치적 압력을 느끼기 시작했다. 버지니아주에는 경제적인 입장이 서로 다른 이해관계자들이 있었는데, 그중 이쪽 또는 저쪽을 편드는 보고서를 내놓으라는 압력을 받던 것이다. 입법 기관을 쥐고 흔들던 동부의 농장주들은 버지니아의 심각하게 고갈된 지력 회복이 목표였다. 그래서 이회토(泥灰土)[14]나 석고처럼 농토를 회복시키는 광물질을 찾는 데 로저스가 집중해 주길 바랐다. 반면에 서부 사람들은 그 측량 활동을 주의 뒤처진 공업 발전을 촉진할 석탄과 철광석을 찾을 기회로 보았다. 로저스는 상충하는 두 세력과 그 때문에 주 전역에서 벌어지는 정치적 대립 양상을 똑똑히 목격했다. 하지만 그는 이 측량 활동을 펜실베이니아주의 지질학자로서 비슷한 임무를 맡고 있던 동생 헨리와 협력할 기회로 여겼다. 두 형제는 산의 형성에 관한 새 이론을 마련한다는 궁극적 목표 아래, 측량 데이터를 편지로 교환했다. 하지만 측량의 경제적 중요성을 강조한 두 주에서의 정치적 압력 때문에 측량 활동의 과학적 측면은 뒷자리로 밀려날 수밖에 없었다.[15]

결국 버지니아주 측량 활동의 결과는 대단히 실망스러웠다. 윌리엄 로저스와 그의 측량팀은 순전히 지질학적 관점에서 많은 것을 배웠지만(이 사업상의 모험 덕분에 버지니아의 과학 발전이 촉진되었고, 로저스의 지질학자로서의 입지가 높아지긴 했지만), 버지니아의 동과 서로 양분된 투덜대는 정치인들과 경제적 이해 집단들을 만족시킬 수는 없었다. 버지니아의 정치적 소용돌이에 휘말려 로저스는 양측 모두의 정치적 공격 대상이 되고 말았다. 1838년에 로저스가 자기보다는 다행스러운 처지였던 동생 헨리에게 보낸 편지의 한 구절은 이랬다. "내 활동에 조롱이 쏟아졌어. 나는 무지하거나 편협한 자들의 손에 휘둘리는 신세야."[16] 헨리는 마침내 연구 논문 〈펜실베이니아의 지질(The Geology of Pennsylvania)〉을 발표해 크게 인정받았다. 하지만 버지니아 의회는 이와 비슷한 윌리엄의 연구 논문 발간에 자금을 대려는 법안을 두 번이나 거부했다. 세월이 흐른 후 그는 동생 헨리에게 이렇게 터놓았다. "의회가 나서 주길 기다리는 건 정말 짜증스러워. 나는 로비 활동을 보기도 많이 봤고 듣기도 많이 들었지만, 내 양심상 딱 질색이고 근처에 얼씬하기도 싫다니까."[17] 그래도 이 과정에서 로저스는 비싼 교훈을 얻었고, 그 경험은 나중에 보스턴에서 공과대학교를 설립하기 위해 로비에 관여하게 되었을 때 큰 보탬이 되었다.

품은 뜻을 펼치다

버지니아주 측량 활동의 여파에 관한 위의 편지를 썼을 무렵, 윌리엄 로저스는 이미 버지니아대학교의 교수직을 사임하고 보스턴으로 옮긴 상태였다. 이 결정에는 여러 요소가 영향을 끼쳤다. 분명, 측량 활동의 불쾌

한 경험과 대학에서의 빈번한 학생 폭력 사건이 겹치자(두 가지 모두 그는 노예를 두는 버지니아 사회의 난폭한 습성 때문이라 여겼다) 다른 곳을 찾아보기로 했다. 게다가 일찍이 여러 번 보스턴에 들러 봤더니, 그 도시는 "지식을 추구하는 정신(knowledge-seeking spirit)"이 가득했고 경제적 여건도 매우 활기찼다. 이런 긍정적인 인상을 받은 데다 마침 동생 헨리가 1844년 보스턴으로 이주했기에, 로저스로서는 그 도시가 더욱 매력 있게 다가왔다. 그리고 가장 중요한 요인을 하나 꼽자면, 로저스는 명망 있는 가문의 젊은 보스턴 여성인 에마 새비지(Emma Savage)와 사랑에 빠졌다. 둘은 1849년에 결혼했다.[18]

1853년 보스턴으로 옮겼을 때, 로저스는 이미 그 도시에서 동생 헨리와 손잡고 공과대학을 설립할 구상을 해 둔 상태였다. 흥미롭게도 그 구상을 먼저 꺼낸 사람은 헨리였다. 1848년 헨리가 형 윌리엄에게 보낸 편지에 따르면, 그는 "유용한 기술을 가르치는 기술특성화대학(Polytechnic School of the Useful Arts)" 설립이라는 주제를 존 에이머리 로웰(John Amory Lowell)과 논의했다고 한다. 그 사람의 아버지는 유명한 직물 제조업자로, 그의 이름을 따서 로웰시로 명명된 도시가 있을 정도였다. 또한 그는 로웰시 주민에게 무료 대중 강연을 제공하는 가족 자선단체인 보스턴로웰인스티튜트(Boston Lowell Institute)의 설립자이기도 했다.[19] 동생의 생각은 윌리엄에게 흥미롭게 다가왔다. 어쩌면 로저스가 동생보다 더 확신한 것이 있었는데, 그것은 건축가, 엔지니어 및 기타 "실용적인 사람들"을 교육하는 데 과학이 핵심 역할을 맡아야 한다는 생각이었다. 그가 동생과 함께 이 주제에 관해 작성한 초기의 문서들에 따르면, 윌리엄은 〈보스턴의 기술특성화대학 계획서(A Plan for a Polytechnic School in Boston)〉를 작성했다. 이 계획서는 그런 학교를 어떻게 조직할지 요약한 다음에 두 가지 주요 학습 과정을 소개했다. 하나는 일반물리학, 화학 및 수학에 "폭넓고 굳건한 기초"를 놓는 과정이고, 다른 하나는 "전적으로 실용적인 분과"로서 "토양과 비료뿐 아니라 (실용적) 기술에 쓰이는 화학물질, 광석, 금속 및 기타 재료들의 화학적 조작과 분석에 관한 지식을 향상하는" 과정이었다.[20] 미국에서 과학 지식이 이제 막 실용적 목적에 쓰이던 시기에 윌리엄 로저스는 그 둘 사이의 관련성을 간파했던 것이다. MIT 생물학자이자 역사가인 새뮤얼 프레스콧(Samuel Prescott)에 따르면, 로저스의 1846년 구상이야말로 "MIT의 모태"가 되었다.[21]

정치적 긴장이 높던 1850년대 미국에서 윌리엄과 헨리 둘 다 지질학 교수로 평판을 쌓아 갔다. 찰스 다윈(Charles Darwin)의 진화론을 포함해 다양한 과학 주제에 관해 글을 쓰고 강연을 했다. 대학 설립을 위한 전반적인 계획을 실현하려면 아직 남은 과제가 많았다. 처음에 윌리엄과 헨리는 힘을 합쳐 지역 교육자들, 상인들 그리고 "뛰어난 실용적인 사람들"을 둘의 프로젝트에 모으는 데 힘썼다. 그러던 중인 1857년에 헨리가 스코틀랜드에 있는 글래스고대학교의 지질학 교수직을 맡으면서, 그 뜻을 실현할 책임은 온전히 윌리엄의 몫이 되었다.

1859년 윌리엄 로저스가 대중 교육에 관심 있는 한 조직에 가담하면서, 드디어 행동에 나설 때가 왔다. 이 조직은 새로 개발된 보스턴의 백베이(Back Bay) 지역의 토지를 무상으로 제공해 달라고 의회에 청원을 올리고 있었다. 비록 청원이 실패했지만, 로저스는 그 프로젝트를 포기하지 않았다. 미국을 양분시킬 1860년의 열띤 대통령 선거 기간에 로저스는 "공과대학교(Institute of Technology)" 설립을 요청하는 수정된 보고서를 입법위원회로부터 승인받는 데 성공했다. 1860년 11월, 로저스와 열여덟 명의 동료로 구성된 위원회가 공식적으로 "MIT 설립 법안(Act of Incorporation of the Massachusetts Institute of Technology)"을 제정해 달라고 신청했다. 이 법안은 처음에는 산업과학대학(School of Industrial Science)

과 더불어 미술관과 예술협회에 관한 내용이 포함되었다. 철저한 검토와 공개 토론을 거친 후에 그 법안이 의회를 통과했고, 1861년 4월 10일 주지사인 존 A. 앤드루(John A. Andrew)에게 승인받았다. 그런데 이틀 후에 피에르 G. T. 보러가드(Pierre G. T. Beauregard) 장군 휘하의 남부군이 사우스캐롤라이나주 찰스턴 항구(Charlston Harbor)에 있는 섬터 요새(Fort Sumter)에 포화를 퍼부었다. 그리하여 갑자기 시작된 남북전쟁은 로저스와 그의 지지자들에게 암울한 기운을 드리웠다. 급증한 전쟁 수행 비용 때문에 계획된 대학 설립을 위한 여러 자원을 확보하기가 더욱 어려워지고 말았다. 실로 새로운 교육 사업에 착수하기에는 최악의 시기였다.[22]

MIT는 사립 법인으로 허가를 받았고 이후로 줄곧 그렇게 운영되었다. 주로 그 때문에 역사가들은 매사추세츠주가 대학의 설립과 초기 발전에 이바지한 역할을 경시했다. 하지만 MIT가 설립된 1861년에서부터 1890년대까지 매사추세츠주의 지원이야말로 이 새로운 교육 사업의 발전과 생존에 결정적인 역할을 했다. 윌리엄 로저스와 그의 지지자들이 처음 허가를 신청했을 때, 그들은 허가 승인을 받았을 뿐 아니라 보스턴의 백베이 내 한 구역의 토지까지 받았다. 하지만 허가 수여 과정의 한 조건으로 주 의회는 MIT가 "설립 보장 기금" 명목으로 1년 이내에 10만 달러(2008년 달러 가치로 환산하면 거의 250만 달러)를 모금하기를 요구했다. 그런데 다수의 민간 기부자를 확보하긴 했지만, 정해진 마감 기한을 맞추는 데 실패하고 말았다. 허가를 취소당할 위험을 피하고자 대학 설립을 준비하던 인사들은 의회가 마감 기한을 1862년 4월까지 연장해 줄 것을 청원해 연장 결정을 받아 냈다.[23] 하지만 여전히 시간이 생명이었다. 왜냐하면 의회가 한 번 더 연장해 주기는 어려울 것 같았기 때문이다.

1862년과 1863년에는 불확실성이 팽배했다. 전쟁은 북부 연방에 불리하게 진행되고 있었다. 그래서 로저스는 자금 지원을 받기가 더욱 어려웠다. 자금 모집에 큰 압박을 느끼고 있던 로저스에게 뜻밖의 기쁜 소식이 날아왔다. 에이브러햄 링컨 대통령이 1862년 7월 2일, 모릴토지공여법에 서명했다는 소식이었다. 새 법에 따르면 북부의 각 주는 주를 대표해 워싱턴에 파견된 연방 의회 의원 한 명당 3만 에이커의 토지를 받을 수 있었다. 매사추세츠주는 워싱턴 의회에 상원의원 2명, 하원의원 10명을 두고 있으므로, 결과적으로 연방 토지 중 36만 에이커를 받을 수 있다는 의미였다. 그리고 이 토지 중 일부는 주 내에 적어도 한 군데의 농업대학 및 공업대학을 설립하고 뒷받침하는 데 사용되어야 했다.

공화당 소속 주지사 존 A. 앤드루가 토지공여금을 사용해서, 애머스트에 설립 예정인 매사추세츠농업대학(Massachusetts Agricultural College)과 MIT를 하버드대학교와 통합시키려고 시도했다. 하지만 윌리엄 로저스는 그 조치에 강하게 반대하는 로비를 펼쳐서, 결국 토지공여금의 1/3을 MIT용으로 확보했다. 주가 제시한 특정 조건들(그중 하나가 모든 학생에게 군사 교육을 시키는 것)을 공식적으로 수용해 MIT는 미국에서 가장 초기의 랜드그랜트 대학교가 되었다. 이와 마찬가지로 중요한 점이 있었다. 주가 이 대학의 독자적 존속을 사실상 공인한 셈이었기 때문에, 앞으로 나타날 민간 기부자들이 보기에 MIT는 장래가 밝고 지원할 가치가 있는 대학이라는 확신이 커졌다는 점이다. 그 결과 중요한 기부가 여러 건 들어와, 1863년 봄에는 설립 보장 기금을 전액 확보할 수 있었다. 다 합쳐서 토지공여금 19만 4,588달러(2008년 달러 가치로 환산하면 대략 380만 달러)가 1865~1900년에 대학으로 들어왔다. 같은 기간에 MIT는 다시 36만 2,000달러(2008년 달러 가치로 환산하면 700만 달러 가까운 금액)의 추가 지원을 주에 요청해 얻어 냈다. 민간 기부금은 이 금액 근처에도 가지 못했다. 그렇기에 주 정부의 원조야말로 MIT의 설립과 장기간 존속에 결정적 요인이었다.[24] 정말이지 매사추세츠주는 MIT의 가장 중요한 초창기 후원

[그림 1–1] MIT 설립자 윌리엄 바턴 로저스가 찍힌 1869년 사진. MIT박물관(MIT Museum) 제공.

자였다.

이론과 실습을 함께

MIT가 미국에서 설립된 최초의 기술특성화대학은 아니다. 그런 특별한 자리는 웨스트포인트에 있는 미국 육군사관학교(1802년 설립)와 이에 필적하는 사립대학인 뉴욕주 트로이(Troy)시에 있는 렌슬리어공과대학교(Rensselaer Polytechnic Institute, 1824년 설립)가 차지했다. MIT보다 앞선 과학 중심의 다른 칼리지들도 있었는데, 대표적으로 하버드에 있는 로런스이과대학(Lawrence Scientific School)과 예일에 있는 셰필드대학(Sheffield School)으로 둘 다 1840년대에 설립되었다.[25] 윌리엄 로저스는 1863년 〈산업과학대학의 범위와 구상(Scope and Plan of the School of Industrial Science)〉을 작성할 때, 이런 대학들과 그곳들의 교과과정을 잘 알고 있었다. 두말할 것 없이 그 대학들의 교육 목표, 프로그램, 장단점에 관한 그의 지식은 보스턴의 새로운 대학을 설립하려는 비전에 영향을 끼쳤다.

로저스가 1860년대에 개발했던 교육 프로그램을 가리켜 "신교육(New Education)"이라고 한다. 이 개념은 찰스 W. 엘리엇(Charles W. Eliot, MIT 화학과의 초창기 교수로 훗날 하버드대학교 총장이 된다)에 의해 대중적으로 알려졌다. 그러나 이 새로운 접근법의 한 중요한 요소는 유용한 기술(useful arts)에 관한 로저스의 오랜 관심에서 나왔다. 특히 30년 전에 버지니아 지질 측량 사업의 감독을 맡았을 때의 경험이 바탕이 되었다. 핵심을 말하자면, 신교육은 과학 이론을 공학적 실천과 결합하고자 했다. 이를 위해 우선 학생들에게 이론적 원리를 가르친 다음, 그것을 현실 세계의 문제에 적용하는 데 중점을 두는 전문화된 "실용적" 교과목을 학습시키려는 발상이었다. 과학적인 넓이와 깊이를 함께 아우르려는 이 목표를 달성하기 위해 로저스는 실험실에서의 교육과 실험 위주의 현장 지향적인 경

[그림 1-2] 1869년과 1870년의 MIT 동기생들. 전쟁은 1865년에 끝났지만, 남북전쟁 당시의 군복은 이 사진이 찍힌 1869년에도 여전히 유행이었다. MIT박물관 제공.

험(hands-on experience)을 강조했다. 그가 보기에 이론과 실천을 함께해서 얻는 현장 지향적인 경험은 흔히들 채택하는 강의-시연-암기 방법으로 이룰 수 있는 것을 훨씬 뛰어넘는 결과를 낳을 터였다. 다른 학교들(가령 렌슬리어)도 실험실이 있었지만, 로저스가 강조했던 것만큼 실험실 중심의 교육을 강조하지는 않았다. 그가 보기에 실험실에서의 경험은 개혁 지향의 교육 의제에서 결정적인 특징이었다. 이 경험을 통해 학생들은 경영 분야, 공학 분야, 산업 현장으로 진출할 준비를 하는 데 최상의 기회를 얻었다.[26]

교육자로서 로저스는 절충주의자였다. 그래서 학부생 교육을 위한 유용한 기술 위주의 교과 개발에 많은 자료를 참고했다. 미국의 학교들에 대한 이전의 경험이 유용하긴 했지만, 유럽에서 받은 영향이 가장 중요했

다. 로저스는 직접 현실을 파악하기 위해 유럽을 찾았고, 아울러 글래스
고대학교 교수인 동생 헨리를 통해서 유럽 교육계의 소식, 교과 자료 및
기타 중요한 정보들을 얻었다. 로저스가 방문했던 유럽 대학 중에서도 특
히 프랑스 교육기관이 가장 인상 깊었다. 그중 파리에 있는 국립기술공예
원(Conservatoire National des Arts et Métiers)과 중앙공과학교(Ecole Centrale
des Arts et Manufactures)[27]에 끌렸다. 독일 카를스루에(Karlsruhe)에 있는
기술학교도 로저스가 눈여겨본 곳이다. 하지만 반세기 전에 웨스트포인
트의 설립이 그러했듯이, 프랑스의 공학 교육 관행이야말로 MIT의 교육
프로그램 구성에 가장 큰 영향을 끼쳤다.[28]

　로저스가 실험실 중심 교육의 중요성을 다년간 심사숙고하고 이 주제
에 관한 글을 써 왔지만, MIT의 실험실 지향 문화가 금세 자리 잡히진 않
았다. 실험실, 특히 실험 장비가 비쌌기에 자금난에 시달리는 MIT로선
빠듯한 예산으로 실험 설비를 운영할 수밖에 없었다. 사실, 좋은 장비를
갖춘 실험실 마련은 1890년대와 그 후로도 계속 해결하기 어려운 문젯거
리로 남았다.

　MIT의 첫 실험실은 1867년에 프랜시스 H. 스토어(Francis H. Storer)
교수가 세웠다. 하버드 출신의 분석화학자 겸 공업화학자였던 그는 로저
스가 내세운 교육 철학의 초기 지지자로서 MIT의 첫 교수진 중 한 명이
었다. 동료 교수인 찰스 W. 엘리엇과 공동으로 스토어 교수는 1867년에
《무기화학 매뉴얼(A Manual of Inorganic Chemistry)》, 그리고 2년 후에《간
추린 정성화학분석 매뉴얼(A Compendious Manual of Qualitative Chemical
Analysis)》을 출간했다. 실험실 중심 교육 프로그램을 보완할 목적으로 사
용하기 위한 교재였다. 두 교재는 대학 화학 강의용으로 널리 채택되었고
꾸준히 개정판이 나왔다. 스토어-엘리엇의 실험실 중심 모형은 금세 표
준으로 자리 잡았고, 다른 대학에서 운영하는 화학 프로그램들의 수준을

가늠하는 비교 척도로 이용되었다.[29]

스토어와 엘리엇이 화학 실험실 문제로 바쁠 동안에 조교수 에드워드 C. 피커링은 물리학 실험실을 위한 계획을 짰다. 처음에 그는 로저스 총장이 MIT에서 물리학을 가르치는 걸 돕기 위해 1867년에 채용되었다. 재능이 뛰어났던 그는 고속으로 승진하더니 1868년에는 로저스의 뒤를 이어 물리학 정교수가 되었다. 로저스가 뇌출혈을 겪고 장기 휴가를 받아 총장직에서 물러나 있을 때였다.[30] 로저스의 가까운 동료이자 후임으로 총장을 맡은 수학자 존 D. 렁클(John D. Runkle)은 피커링을 높이 샀다. 그는 1869년 4월, 로저스의 아내 에마에게 이런 편지를 보냈다. "그가 지닌 훌륭한 자질에 저는 점점 더 깊은 인상을 받고 있습니다. 확신하건대 조만간 우리는 화학에서 그랬듯이 물리학 교육도 혁신할 겁니다."[31] MIT 이사회(MIT Corporation)의 승인 아래 피커링은 1869년 가을, 새 실험실을 완공해 운영에 들어갔다.

피커링의 실험실은 대단히 성공적이었다. 1870년 봄에 그는 자랑스레 밝히길, 60명의 학생이 실험실에서 일하고 있으며 "동일한 시간을 강의에 바친(바쳐서 얻을 수 있는) 것보다 훨씬 많은 실용적 지식을" 얻고 있다고 했다.[32] 학생들은 피커링의 세심한 감독 아래 실험을 통해 유용한 지식을 점점 더 많이 얻고 있을 뿐 아니라, 독창적인 연구를 하고 있었다. 가령 1870년 찰스 R. 크로스(Charles R. Cross)라는 학생이 저명한 《프랭클린연구소 저널(Journal of the Franklin Institute)》에 〈미시적 대상의 초점 거리에 관하여(On the Focal Length of Microscopic Objectives)〉라는 논문을 게재했다.[33] 다른 학생들의 논문 발표도 뒤따랐다. 피커링은 흐뭇한 심경을 이렇게 밝혔다. "뛰어난 제자들이 독창적인 연구에 더 많이 뛰어들면서 (중략) 예상치 못한 결과들이 많이 나왔다. 실험을 통해 물리학을 배우는 이점"이 있기에, "현재 모든 기술 교육의 동향은 이 노선을 따른다."[34] 실험실

[그림 1-3] 1869년경 MIT의 로저스물리실험실(Rogers Laboratory of Physics)의 모습. MIT는 이 실험실 설립 직후에 새로운 실험실 기반 교수법을 시행했다. MIT박물관 제공.

을 중심으로 유용한 기술을 추구하는 로저스의 교육 철학 덕분에 MIT는 점점 더 응용 연구에 초점을 두는 방향으로 나아갔다. 이런 혁신의 결과, MIT는 과학 및 공학 교육을 선도하는 중심지로 전국적인 명성을 얻기 시작했다. 1866년에 이미 피커링의 친구인 한 하버드대학교 교수는 이렇게 말했다. "MIT가 존재감을 드러내기 시작했다."[35]

하지만 신교육과 관련한 모든 것이 순조롭지는 않았다. 수업이 시작되고 4년이 지난 1869년에 로저스의 후임인 렁클 총장이 살펴보니, 기계공학과에는 여전히 학생들을 위한 적절한 실험 설비가 부족했다. 이론과 실습의 올바른 균형을 맞추고자 렁클 총장은 뛰어난 학생들이 보스턴 네이비 야드(Navy Yard)의 정비소에서 일하도록 했다. 또한 여러 지역 제조업체에 학생들을 보내 현장을 견학하게 했고, 심지어 MIT에 특수한 기계공학대학(School of Mechanic Arts)을 세웠다. 러시아 모델을 바탕으로 삼은 이 단과대학은 "지나치지 않는" 선에서 학생들에게 일반적인 제조업 현장의 작업을 알려 주었고, 산업 분야에서 쓰이는 표준적인 수습 제도를 그대로 적용했다. 그렇지만 1882년까지도 이론과 실습의 균형은 이루어지지 않았다. 다른 분야의 교수진과 마찬가지로 MIT의 공학 교수진은 실험실에서의 실천에 관한 온갖 다양한 접근법을 계속 시험했다. 기술 발전 자체가 점진적으로 일어나는 경향이 있듯이, MIT의 공학 교육에 대한 접근법도 마찬가지였다. 문제는 "무엇을 가르치냐가 아니라 어떻게 가르치느냐는 것"이었다. 엘리엇이 1869년 하버드대학교 총장직에 오르면서 취임식에서 했던 이 말은 로저스의 관점과 꽤 가까웠다.[36]

건축학과보다 교과과정 개발에 대한 점진적 접근법이 더 분명하게 드러난 학과는 없었다. 미국에서 가장 선도적이었던 MIT 건축학과는 윌리엄 R. 웨어(William R. Ware) 교수의 지도로 틀이 잡혔다. 하버드에서 교육받은 보스턴 출신의 이 건축가 겸 구조공학자는 하버드의 메모리얼홀(Memorial Hall)을 설계한 것으로 유명했다. 웨어의 진두지휘 아래 MIT의 건축학 교과과정은 지속적인 개편을 거쳤는데, 그때마다 늘 이론과 실습의 균형이라는 로저스의 기조를 따랐다. 웨어는 실용적 측면을 강조하면서도 건축학 교과과정에서 예술과 역사 분야를 강화했다. 건축학이라는 분야의 예술적 요소를 강조했던 것이다. 당대의 많은 다른 건축가 및 공학자와 마찬가지로, 웨어는 몇몇 설계사무소에서 도제식 현장 교육을 통해 건축학 이론 학습을 보완하는 방법을 썼다. 특히 뉴욕의 리처드 모리스 헌트(Richard Morris Hunt)의 설계사무소와 보스턴의 에드워드 S. 필브릭(Edward S. Philbrick)의 설계사무소가 대표적이다. 이후 헨리 반 브런트(Henry Van Brunt)와 손잡고 공동 설계사무소를 열자마자, 그는 비슷한 스타일의 "사무소에서의 교육(office teaching)"을 보스턴에서 펼쳤다. 이런

활동은 그가 1865년 MIT에 몸담은 이후로 계속해 왔던 일이다.[37]

과학을 너무 중시하면 예술적 창조성이 시든다는 비판에 고심했던 웨어는 1866년 8월~1867년 11월을 유럽에서 보내면서 해법을 모색했다. 런던에서 그는 MIT에서 시도해 볼 만한 교수법에 관한 소중한 정보를 얻으려고, 자기 방식과 꽤 다른 체계적인 강의 기반 교육 프로그램에 관해 배웠다. 파리에 있는 중앙건축학교(Ecole Centrale d'Architecture, 현재의 Ecole Spéciale d'Architecture)와 에콜 데 보자르(École des Beaux-Arts)를 방문한 경험은 그의 사고에 훨씬 더 큰 영향을 끼쳤다. 중앙건축학교가 특히 끌렸던 이유는 그 학교의 기술 지향성과 "응용과학의 철저한 토대"를 강조하는 정신이 MIT의 이론-실습 통합 방식과 가까웠기 때문이다. 유럽에서 돌아온 웨어는 건축설계에 대한 프랑스식 접근법이야말로 MIT에서 훌륭한 건축학 프로그램을 마련할 열쇠라고 확신했다.[38]

1868년 가을, 웨어는 네 명의 정규 학생과 열두 명의 "특별 학생들(specials)"[39]이 등록한 설계 수업을 열었다. 이 강의가 점점 인기가 높아지자, 웨어는 에콜 데 보자르의 졸업생 외젠 레탕(Eugene Létang)을 데려와 그 수업을 전담하는 조교수 자리를 맡겼다. 레탕의 지도로 설계제도실(design-drawing room)은 학생들이 기본 원리를 배울 뿐 아니라 새로운 건축 양식을 개발하고 발전시키는 실험의 장이 되었다. 웨어는 "건축을 순수미술의 한 분야"로 줄곧 인식했으면서도, 뚜렷이 차이 나는 두 분야인 건설-시공과 구조-설계를 함께 아우르는 과학 기반의 교과를 마련하려고 애썼다. 두 분야 중에서 구조-설계가 훨씬 차별화된 분야였다. 한편, 그는 학생들이 당대의 지배적인 고딕 양식에서 벗어나 더욱 기능적인 설계를 하도록 권장했다. 1881년에 MIT를 떠나 컬럼비아대학교에서 비슷한 프로그램을 시작할 무렵, 웨어는 이미 완성된 교과 하나를 개발해 둔 상태였다. 그 교과는 미국의 선구적인 건축학 교육자로서 그의 위상을 높

[그림 1-4] 1874년에 촬영한 MIT 건축학과의 설계제도실. 화학과 물리학에서 교육개혁이 성공한 이후, 실험실 중심의 학습이 MIT의 건축학과 학생들을 교육하는 데 핵심 역할을 했다. MIT박물관 제공.

였을 뿐 아니라 "체계적으로 배우는" 건축 교육의 장소로서 MIT의 명성을 더욱 널리 알렸다.[40]

웨어의 교육 방식은 MIT 정체성의 일부가 되었으며, 건축학뿐 아니라 새로 등장하던 공학과 과학의 전문 분야들에서도 전문적 기준을 향상하는 데 일조했다.[41] 과학 기반 교육이 발전할수록 전문성이 더욱 높아지고, 전문성이 더 높아질수록 미국의 경영과 산업은 더욱 현대적인 방식을 따르게 되었다. 결과적으로 MIT는 미국의 기존 수공예식(craft) 훈련을 전문적인 공학 교육으로 바꾸는 근본적인 교육 전환의 중심에 섰다. 가장 명민한 관찰자들만 눈치챌 수 있었지만, 이 전환이야말로 미국이 선구적인 산업국가 및 세계열강으로 떠오르는 데 중추적인 역할을 했다.

멘스 엣 마누스의 승리

1878년에 존 D. 렁클이 총장직을 사임하자, 윌리엄 로저스가 임시로

MIT 총장직에 복귀했다. 로저스가 없는 동안 많은 것이 바뀌었다. 교육적 관점에서 볼 때, 그 기간은 MIT의 정체성이 형성된 때였다. 특히 실험실 위주의 교육 방식으로 유명해졌고, 미국의 선구적인 "이공계 대학(Scientific School)"이라는 위상을 얻었다.[42]

로저스는 MIT의 성공 원인이 "근대적 사고의 영감"이라고 보았다.[43] 하지만 고등교육계의 모든 이들이 근대성을 받아들이진 않았다. 전통적인 고전 교육의 추종자들은 로저스와 MIT를 공리주의의 온상으로 여겼고, 이 실용적 학교의 학생들은 지적인 소양과 신사적 기품을 겸비한 고상한 자질이 모자란다고 얕잡아 봤다. 과학계 내부에서조차 로저스를 비판하는 이가 있었는데, 대표적 인물이 하버드대학교의 루이 아가시(Louis Agassiz) 교수였다. 로저스와 아가시는 걸핏하면 언쟁을 벌였다. 동물학자 겸 지질학자인 아가시는 자연사박물관 중심의 분류학적 전통을 고수했다. 로저스는 더 분석적이고 실험적인 접근법을 대변했다. 신이 자연에 직접 개입한다고 믿는 아가시는 다윈의 진화론을 맹비난했지만, 로저스는 진화론을 옹호했다. 아가시는 순수과학의 이상을 높이 산 데 반해, 로저스는 새로운 산업 질서에 부응하는 유용한 기술 중심의 접근법을 적극 지지했다. 아가시와 로저스의 차이는 남북전쟁 이전에 시작되어 19세기의 나머지 시기에 줄곧 펼쳐졌던, 이른바 "고대인(ancients)"과 "근대인(moderns)" 사이의 지속된 긴장 관계를 조성한 핵심 요인이었다. 결국에는 로저스의 비전이 미국 대학 교육에서 보편적인 모범으로 자리 잡았다.[44]

비록 만성적인 재정 문제에 시달리면서도 MIT는 1865년에 15명의 학생으로 시작해 1881년에는 300명 규모로 성장했다. 처음에 학생들 대다수는 지역 상점이나 업체에서 정규직 직장에 다니며 MIT에서 시간제로 공부하는 "특별" 학생들이었다. 결국 이 "특별" 학생들은 4년제 대학생들에게 자리를 넘겨주었지만, 이는 정규 학생이 특별 학생보다 수가 많아진 1880년대 이후의 일이었다. 그 사이에 로저스 총장은 자기 후임으로 프랜시스 워커를 점찍었다. 훈장을 받은 남북전쟁의 장군이자 뛰어난 정치경제학자였던 그는 1880년에 미국 인구조사국 국장으로 훌륭하게 임무를 완수한 뒤 예일대학교를 거쳐 MIT로 왔다.[45]

워커는 1882년 취임해 MIT에 새로운 정신과 활기를 불어넣었다. 그는 두터운 인맥과 높은 평판을 십분 활용해 기부금을 모집했다. 덕분에 비좁았던 대학의 시설을 확장했는데, 1883~1897년에 백베이 캠퍼스에 다섯 동의 건물을 새로 지었다. 또한 워커는 교수진 규모를 두 배로 늘렸고, 여러 새로운 학과 신설을 이끌었다. 대표적으로는 1882년에 전기공학과, 1888년에 화학공학과를 새로 만들었다. 두 학과 모두 MIT의 명성을 높이는 데 일조했다. 대학은 1880년대와 1890년대에 연간 적자를 계속 겪었지만, 워커 총장 리더십 아래 대학 규모 확장은 줄어들지 않고 계속되었다. 1881년에 입학자 수는 302명이었는데, 1891년이 되자 처음으로 1,000명을 달성했다.[46] 1894년의 연례 보고에서 워커는 이렇게 말했다. "현재 미합중국의 모든 주에는 공학 교과목을 가르치는 대학이 한 곳 이상씩 존재합니다. 그중에는 오랜 역사와 높은 명성을 가진 정통 있는 몇몇 대학이 있는데, 이 대학들은 시대의 요구에 발맞추려고 최대한 빠르게 변화하고 있습니다."[47] 워커는 끝으로 이렇게 결론지었다. "만약 정말로 '모방이 가장 진심 어린 찬사'라면, (중략) 아직 생존하신 MIT의 설립자들께서는 (중략) 신교육의 전투에서 승리했다고 기뻐할 이유가 충분합니다."[48]

이 말을 윌리엄 로저스가 들었다면 분명 흐뭇했을 테다. 하지만 안타깝게도 로저스는 워커 총장이 취임식 연단에서 강연하던 바로 그때 세상을 떠났다. 하지만 누구도 부정하지 않듯이, 윌리엄 로저스의 미래지향적 교

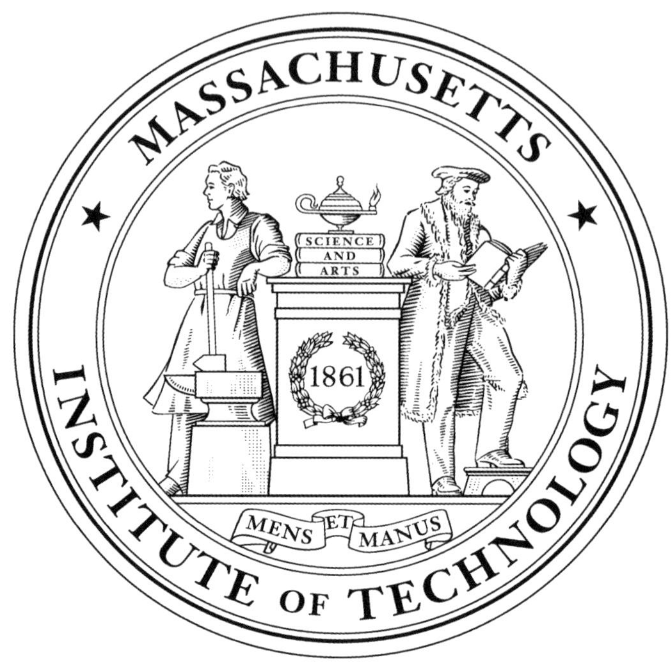

[그림 1-5] MIT 인장에 "멘스 엣 마누스(정신과 손)"이 새겨져 있다. MIT 법인은 1864년 12월, 이 문장을 공식 채택했다.

육 철학과 최우수 교수진 확보 노력 덕분에 MIT는 근대적 산업국가 미국을 건설하는 데 중요한 역할을 맡는 뛰어난 졸업생들을 배출하고 있었다. 그중 한 명이 아서 D. 리틀(Arthur D. Little)이다. 1885년 졸업생인 그는 자기 이름이 포함된 민간 연구소[49]의 설립자다. 또 한 명을 꼽자면 1890년 졸업생 피에르 S. 듀폰(Pierre S. du Pont)이 있는데, 그의 이름은 다양한 분야의 사업을 하는 현대적 기업과 종종 연관된다. 그는 가족이 운영하는 이 회사의 대표를 맡았다. 이 둘 외에도 훌륭한 졸업생들이 많았다. 아마도 가장 큰 칭찬은 미국 역사상 가장 선구적인 발명가인 토머스 앨바 에디슨에게 나왔다. 아들을 어느 대학에 보내겠냐는 기자의 질문에 에디슨은 주저 없이 이렇게 대답했다. "물론 MIT입니다."[50]

MIT의 위대한 대학 인장(印章, seal)에는 정신과 손이라는 뜻의 라틴어 문구 "멘스 엣 마누스"가 새겨져 있다. 이 문구를 누가 처음 지었는지는 아무도 모른다. 우리가 아는 건 MIT 법인이 이 인장을 1864년 12월에 채택했다는 사실이다. 이 인장을 도입할 목적으로 구성된 특별위원회의 권고에 따른 결정이었다. 위원회에 속해 있던 윌리엄 로저스가 두말할 것 없이 인장(그림 참고)의 이미지와 문구를 도안하는 데 중심적 역할을 했다.[51] 이 문구는 MIT를 규정하는 학문적 가치와 더불어 가장 뛰어난 과학자와 공학자를 배출하려는 목표를 적절히 표현했다.

MIT가 성공을 거두는 데는 비전과 정치적 수완을 겸비한 인물들이 필요했다. 특히 공공과 민간의 지원을 받아 내고 혁신적 교과를 비판하는 목소리를 잠재우며, MIT를 하버드대학교와 합치려는 숱한 시도를 물리칠 능력을 갖춘 인재들이 필요했다. 로저스, 렁클, 워커에게 그런 자질이 있었다. 처음부터 그들은 MIT를 외부 세계와 단절시키지 않고 동참하는 길을 택했다. 멘스 엣 마누스. 오늘날까지 이 문구는 MIT 교육의 정수를 표현하고 있으며, MIT와 관련이 있는 누구라도 기꺼이 인정하는 유산이다.

2장

브루스 싱클레어

인수합병

MIT에 관해 말할 때 하버드대학교를 거론하지 않기란 어렵다. 단지 둘이 지척에 있기 때문만이 아니다. 두 학교의 역사는 특이하고 흥미진진하게 얽혀 있다. 사실 1914~1917년에 두 학교는 공동 학위 과정으로 공대생을 배출하기도 했다. 그러니 애초에 두 학교가 하나일지 모른다고 짐작해도 무리가 아니었다. 둘의 통합을 제안한 사람은 하버드에서 장기간 총장직을 맡았던 찰스 W. 엘리엇이 처음이 아니었다. 하지만 그게 아주 타당한 생각이라고 여긴 그는 세 번이나 통합을 시도했다. 반면 MIT 측에서 보자면, 설립자인 윌리엄 바턴 로저스는 물론이고 1881~1897년에 MIT를 이끌었던 프랜시스 워커도 MIT의 특수한 교육 방식은 다른 유형의 고등교육과 절대적으로 분리되어야 한다는 걸 단 한 순간도 의심하지 않았다. 그런 독립성을 유지하는 일이야말로 MIT가 맞닥뜨린 가장 큰 도전 과제였다.[1]

이런 문제가 불거진 이유 중 하나는 하버드도 이미 MIT와 똑같은 임무(장래에 기술 산업을 설계하고 관리할 학생을 양성하는 임무)를 명시적으로 실현하기 위한 단과대학을 설립했기 때문이다. 1847년은 로저스가 MIT의 고등 기술 교육을 위한 첫 아이디어를 공식적으로 발표한 지 갓 일 년이 된 해였다. 그 해에 직물업계의 거물인 애벗 로런스(Abott Lawrence)가 그 아이디어와 비슷한 계획과 그것을 실행할 자금을 갖고 하버드에 왔다. 로런스가 염두에 둔 교육 방식은 꽤 명확했다. 미국에서 고전 교과를 배울 훌륭한 교육 기회는 널렸다면서 그는 이렇게 주장했다. "하지만 과학의 실용적 응용에 헌신하려는 사람들은 어디에 보내야 한단 말입니까?" 이 질문에 스스로 답하면서, 그는 하버드가 이제껏 받았던 가장 큰 선물을 주었다. 바로 "배우고 익힌 바를 실용적 목적에 적용하려는 엔지니어나 화학자, 또는 일반적으로 말해 배우고 익힌 바를 실용적 목적에 적용하려는 과학자(men of science)로 활약하고자 하는" 젊은이들을 위한 교육 여건을 마련할 돈이었다. 자기 뜻이 잘못 전달되지 않도록 그는 함께 부친 편지에 이렇게 못 박았다. 그 돈은 "영구적으로 실용적 과학 지식을 습득하고 설명하고 전파하는 데 바쳐져야" 한다고.[2]

　아래에 소개하는 내용보다 더 노골적으로 로런스의 이런 제안을 철저히 단박에 거부하는 노선을 상상하기는 어려울 것이다. 하버드는 로런스의 바람을 무시한 채 생물학자 루이 아가시를 신설 이공계 단과대학의 교수로 임명하고서는, 그 행위를 정당화하기 위해 초연한 지식 탐구야말로 더 고차원적인 지적 활동이라고 주장했다. 그렇다 보니 비록 이 단과대학이 로런스의 이름을 따서 설립되긴 했지만, 그가 펼치고 싶었던 실용성을 지향하는 교육은 하버드에서 시들해졌다. 그리 어렵지 않은 입학 기준과 간단한 학위 요구 사항에도 불구하고, 1851~1865년에 로런스이과대학 입학생 중에서 고작 15%만 졸업에 필요한 교과를 이수했다. 반면에 MIT는 1869년 입학생이 로런스이과대학의 세 배나 되었는데도 대다수가 졸업했다. 이런 숫자 차이는 해가 갈수록 커졌다. 적어도 보스턴에서는 로런스이과대학이 줄곧 제구실을 못 해서 MIT가 살아남는다고 흔히들 여기게 되었다. 그러자 심지어 매사추세츠 주지사까지 둘을 합치기 위해 무슨 수를 써야 한다고 말했다.

이후 전개되는 드라마에서 엘리엇의 역할은 매우 복잡하다. 집안이 하버드와 오랫동안 가까운 인연이 있었는데도, 그는 로런스이과대학에서 화학 교수 자리를 얻는 데 고배를 마셨다. 대신 그 자리는 아가시와 같은 순수과학의 헌신적 추종자인 월컷 깁스(Wolcott Gibbs)에게로 갔다. 그래서 1865년에 엘리엇은 설립된 지 몇 해 되지 않은 MIT에서 제안한 화학 교수직을 수락했다. 하지만 교수로서 공식적으로 활동한 때는 프랑스와 독일의 기술 중심 대학에서 2년간 공부를 마친 직후부터였다. 이후 그는 장문의 설득력 있는 기고문을 한 편 작성했다. MIT의 야심 찬 비전에 적극 동참하는 열정에다 하버드에서의 경험 때문에 남은 앙금을 버무려 쓴 글이다. 이 글은 1869년 2월, 《애틀랜틱 먼슬리(Atlantic Monthly)》에 〈신교육(The New Education)〉이라는 제목으로 실렸다. 보스턴 지식인들이 좋아하는 그 월간지에서 엘리엇은 과학을 실용 분야에 적용하는 데 관심 있는 이들을 교육하는 별도의 교육기관에 대한 논지를 펼쳤다. 그의 주장은 이후 여러 해 동안 MIT와 로런스이과대학 간의 지속적인 경쟁에서 드러난 핵심적인 문제들을 예리하게 짚어 냈다.

별도의 기술 교육을 위한 근거

엘리엇은 기술 교육을 당시 미국 중산층 생활의 경제적·사회적 현실에 놓고서 살펴보고자 했다. 그래서 먼저 기고문 첫머리에 아들을 어떤 고등교육기관에 보내야 할지 고민하는 한 가상의 부모를 등장시켰다. 아버지는 젊은 아들에게 최선이라면 어떠한 교육도 제공할 수 있었지만, 실용

지향 교육이야말로 자기 아들이 추구하길 바라는 "활동적인 소명"에 가장 적합하다고 확신했다. 로런스가 하버드에 큰 선물을 줄 때 했던 것과 엇비슷한 언어로, 엘리엇은 고등교육이 가져올 폭넓은 기회의 창출을 정치적 자유의 확대와 "광대하고 새로운 영토의 엄청난 물질적 자원" 개발에 연결했다. 그 부모가 아들이 따르길 바랐던 엔지니어링이라는 직업은 "50년 전만 해도 세상에 존재하지 않았지만", 엘리엇은 그것이 향후 이상적인 "미국 남성의 삶"이 되리라 상상했다.[3]

계속 그는 주장하기로, 상상 속의 이 문제는 교육할 아들을 둔 사려 깊은 부모라면 누구나 실제로 마주치는 것이라고 했다. 그런 부모들의 딜레마는 국가의 전통적인 대학들이 "역동적인 삶"에 적합한 교육을 제공하지 못했으며, 게다가 다른 형태의 고등교육은 상상조차 거의 불가능하다는 것이었다. 이어서 짐짓 중립적인 어조로 엘리엇은 수준 높으면서도 실제로 유용한 교육을 제공하는 미국 내 교육기관의 가능성에 관해 설명하는 것이 해당 기고문의 목적이라고 밝혔다.

미국에서 받을 수 있는 기술 교육의 서로 다른 유형들을 설명하면서, MIT의 이 화학 교수는 별도의 교육기관을 새롭게 구성하는 방법만 유일하게 성공하리라고 분명히 밝혔다. 기존 대학의 전체 교과과정의 일부로 포함된 과학 교과는 유니언칼리지(Union College), 브라운대학교와 미시간대학교의 사례에서처럼 다음과 같은 크나큰 단점이 있었다. 즉, 고전 교육과 기술 교육의 목표가 너무 달라서 두 가지를 동일한 교육기관에서 실시한다는 것은 둘 다 망치는 길이라는 점이었다. 엘리엇이 적기로, 누군가는 "아무런 숨은 목적 없이 그냥 좋아서" 무언가를 배우러 대학에 가야 한다. 반면에 기술을 전공하는 학생은 공부가 아무리 지적인 면에서 어렵더라도 "실용적인 목적을 늘 염두에" 두어야 했다. 그는 대학이 기술교육에 부적절하다기보다는, 그 두 종류의 학습은 한 지붕 아래서 동일한

[그림 2-1] 찰스 W. 엘리엇은 1865~1869년에 MIT의 화학과 교수로 재직했고, 이후 하버드대학교 총장이 되었다. MIT에서 짧게 근무하는 동안 엘리엇은 MIT의 사명이 기술 교육을 위한 독립적인 기관임을 명확하게 설정하는 데 일조했다. MIT박물관 제공.

교원들에 의해 제대로 이루어질 수 없다고 보았다. 하지만 서부에서 태동하고 있던 주립대학들을 분명 염두에 두고서, 엘리엇은 그런 식의 교육이 "빨리빨리의 문화(hasty culture)가 패스트푸드만큼이나 자연스러운 설익은 신생 공동체에서" 일시적으로 진행되는 건 어쩔 수 없다고 보았다.[4]

예일대학교의 단과대학인 셰필드이과대학처럼 명성 있는 종합대학에 속한 과학 중심 단과대학들에서도 실용 교육은 볼품없었다. 엘리엇에 따르면 "누구라도, 아무리 무식한 자라도" 셰필드이과대학 화학과에 입학할 수 있었다. 그리고 그런 학문적 기준의 부족이 그 대학 학생들을 "미운 오리 새끼"로 만들었다. 하지만 그가 이런 교육 여건에 대해 가장 거친 비판을 쏟은 곳은 하버드의 로런스이과대학이었다. 행정적인 측면에서 제멋대로였으며, 또한 지적 차원에서 "공통된 훈련(common discipline)"을 전혀 갖추지 못했다. 엘리엇이 지적하기로는 정말이지 그런 게 전혀 없었다. 오직 화학이나 토목공학만 배운 학생(그 밖에 다른 건 "까맣게 모르는" 자)이라도 대학의 학위를 얻을 수 있었다. 엘리엇이 성토하기로, 그 대학은 "평균 18세 미국인 청년의 필요에 비춰볼 때 대단히 부적합한"[5] 곳이었다.

엘리엇이 주장하기로, 그런 모든 대안에 비해 독립적인 과학 중심 대학으로서 MIT는 이상적인 형태의 기술 교육을 제공했다. 응용과학의 다양한 분야에 걸쳐 일련의 4년제 교과 학습을 통해 가장 철저한 교육을 제공했는데, 엘리엇은 이를 가리켜 "진보적이고 실용적"이라고 평했다. MIT를 논하면서 엘리엇은 상호관련성이 두드러지는 다른 두 가지 주장을 내놓았다. 첫째, 그는 기존 대학 문화가 표방하는 다방면에 능통한 인재상에 비해 기술 교육이 한 영역만 편향된 인재를 배출한다는 생각에 반대했다. 로런스의 관점에 호응하면서, 엘리엇은 사람들이 저마다 다른 자질을 갖고 태어나며 교육의 역할은 각자의 선천적인 능력을 계발하는 것이라고 주장했다. 게다가 누군가의 두뇌를 모든 방향으로 균등하게 채워진구(sphere)라고 여기는 발상은 그의 표현에 따르면 "엉터리 비유"일 뿐이다. 더군다나 MIT가 제공하는 것과 같은 적절하게 구성된 기술 교육은 단지 실용적인 학습뿐 아니라 논리적 사고력의 엄밀한 훈련까지 목표로 했다.[6]

미국 고등 기술 교육의 현황을 논하고, 아울러 그것이 국가의 거시적인 목적에 핵심적이라는 이러한 주장은 또 다른 중요한 확신을 불러일으켰다. 엘리엇은 미국의 교육기관들이 "미국의 토양에서 자라나야" 한다고 믿었다. 즉, 사회적·정치적 "관습들" 속에서 숙성된 과실이 되어야 했다. 미국 철학자인 랠프 월도 에머슨(Ralph Waldo Emerson)의 "미국 학자(American Scholar)" 연설[7]을 닮은 주장을 펼치면서, 그는 기술 중심 대학이 전적으로 미국적인 경험과 관심사를 구현해야 한다고 밝혔다. "평균적인 미국인은 평균적인 유럽인처럼 먹고 마시고 잠자고 일하고 놀지 않는다. 유럽인과 다른 도구, 마차, 기차 차량, 증기선, 의복, 약품 및 주택을 원한다." 이런 욕구를 채우기 위해 교육받는 남성들은 미국의 교육기관에서 배워야 하며, 특히 이처럼 기술 교육을 중시해야 가장 큰 결실을 얻을 수 있다. 정치적 자유, 사회적 이동성(social mobility)[8] 및 풍부한 천연자원 덕분에 미국은 전 세계 다른 나라들보다 큰 혜택을 입었다. 그렇기에 미국 교육기관들은 상대적으로 큰 책임을 짊어져야 마땅했다. 엘리엇은 응용과학을 민주적 열망의 실현 수단으로 삼기 위해 설립된 기계공학 관련 기관과 잭슨 시대[9] 특유의 여타 수많은 단체를 관통하던 이상주의를 공유하고 있었다.

이러한 맥락에서 그는 19세기 후반에 적합한 교육 프로그램을 설계했다. 이는 국가의 급성장하는 산업적 미래와 "계몽된 학부모"의 관심사를 염두에 둔 것이었다.[10]

다소 적대적인 인수: 19세기의 시도들

"신교육" 기고문은 그야말로 하버드의 로런스이과대학을 향한 신랄한 고발장이자 열렬한 MIT 지지 선언이었다. 한편으로는 둘을 떼어 놓아야 할 세계 최고의 논거였다. 하지만 고작 몇 달 후 극적인 반전이 일어났다. 기고문의 저자 자신이 MIT를 로런스이과대학에 흡수시키자는 캠페인을 실제로 시작한 것이다. 이런 희한한 방향 전환이 일어난 까닭은 "신교육" 분위기에 힘입어 엘리엇이 하버드의 새 총장으로 선임되었기 때문이다(하지만 그의 기고문에 표현된 고지식한 논조 때문에 투표에서 표가 양분된 것 같다). MIT에서 갓 나와서 MIT 교과과정의 일관성을 확신하고 있던 사람답게 엘리엇은 로런스이과대학의 부진한 행보에 관한 간단하면서도 직접적인 해결책을 제시했다. 바로 직원과 학생을 포함해 MIT 전부를 로런스에 흡수시키자는 방안이었다.

이 생각은 서로 보완적인 두 가지 이유로 그럴듯해 보였다. 한편으로 MIT는 많은 학생을 모으긴 했지만, 넉넉한 기부금을 확보하지 못해 돈이 늘 빠듯했다. 다른 한편으로 하버드는 과학의 응용을 가르치는 데 투입할 자금이 넉넉했지만, 그런 교육을 제공할 능력이 분명 부족했다. 교육계의 많은 지도적인 인물들이 보기에 확실한 해결책은 두 대학의 모든 과학 및 공학 교육을 하나의 운영 방침 속에 통합해, 그 통합 교육에 공통의 자금을 대는 것이었다.

그것이 바로 1869년 가을에 엘리엇이 존 D. 렁클 MIT 총장과 비공식적으로 논의하기 시작한 방안이었다. 그 무렵 로저스의 건강이 나빠져 사임할 수밖에 없게 되자 렁클이 총장직을 넘겨받은 상태였다. 엘리엇의 계획이 권력을 잡기 위한 속임수라고 의심한 이들이 있었지만, MIT에서 전에 함께 근무했던 동료 교수들 대다수는 일단 그를 좋게 보는 쪽이었다. 특히 《애틀랜틱 먼슬리》에 실린 기고문의 영향이 컸다. 둘 사이에 논의가 오가던 초반에 렁클은 이렇게 썼다. "존경하는 엘리엇 총장님, 모두에게 만족스럽고 누구에게도 불공정하지 않은 상호 협력을 위한 어떤 방법을 찾게 되기를 저는 진심으로 바랍니다."[11]

하버드의 넉넉한 재정은 MIT로서는 아주 솔깃한 유인책이었다. 새로운 자금원이 없었던지라 렁클은 로저스에게 쓴 편지에서 이렇게 토로했다. 그로서는 MIT의 최상급 교수들이 더 높은 보수를 찾아 다른 곳으로 이직하는 것을 막을 도리가 없다고. 한편, 다른 양상이긴 하지만 돈은 하버드로서도 문젯거리였다. 즉, 하버드 코퍼레이션(Harvard Corporatoin)[12]은 기술 교육을 위한 자금에 대한 통제권을 포기할 뜻이 없었다. 하버드 코퍼레이션의 이사들은 신설 통합 대학이 평등한 두 기관의 협력체로 여겨지는 것을 우려했다. 그들로서는 도저히 받아들일 수 없는 대가였다. 막상 협상 절차가 진행되니, MIT 이사회의 이사들로서는 통합이 복종을 의미하며 조만간 그들의 특별한 교육 비전(엘리엇이 자신의 "신교육" 기고문에서 열정적으로 표방했던 비전)을 잃게 된다는 점이 점점 더 분명해졌다. MIT측 협상위원회 중 한 명인 리처드 C. 그린리프(Richard C. Greenleaf)가 로저스에게 통렬하게 보고한 내용에 그런 우려의 마음이 잘 담겨 있었다. "저는 우리 학교가 하버드 이과대학의 시체 속으로 흡수되는 걸 막으려고 할 수 있는 모든 걸 했습니다."[13] 로저스도 MIT가 독자적으로 특별하게 존속할 필요성을 확신하고 있었기에, 그런 식의 인수 시도는 로저스의 입장을 더 굳건하게 만들었다.

하버드대학교 총장으로서 엘리엇은 합병을 중재하려고 두 번 더 시도했다. 한 번은 1878년 MIT의 재정이 열악해졌을 때였고, 다음번은 1890년대에 로런스이과대학의 문제들이 여전히 해결되지 않고 있을 때였다. 총 세 번의 시도는 핵심적인 면에서 서로 크게 다르지 않았다. 하버드 측 인사들은 MIT가 더 권위 있는 연합체로 승격되는 마당에 기존의 독립성을 조금 양보해야 한다고 느끼는 편이었다(특히 엘리엇이 통합 대학을 로저스의 이름을 따서 짓자고 하는 바람에 이런 흐름은 더욱 강해졌다). MIT 공학자들로서도 받아들이기 어려운 것은 기술 전공 학생들이 제대로 된 교육을 받으려면 우선 하버드칼리지(Harvard College)[14]를 졸업해야 한다는 규정이었다.[15] 이런 협상 조건들 때문에 결국 MIT 사람들은 자신들의 운명이 고상한 문화인들의 손아귀에서 절대 안전하지 않다고 확신하게 되었다.

 "신교육" 기고문에서 엘리엇 자신이 밝힌 견해와 다소 어긋나게, 엘리엇의 통합 방안에는 늘 공학이 법학이나 의학처럼 일단 하버드칼리지에서 학부 과정을 마친 다음에 밟아야 할 전문교육과정일지 모른다는 생각이 바탕에 늘 깔려 있었다. 로런스이과대학의 보직자들도 줄곧 이런 생각에 젖어 있었지만, 사실 학부를 졸업하고 로런스에 들어오려는 학생들은 별로 없었다. 한편, 로런스이과대학의 학부생 등록자 수는 (1886년에는 고작 14명일 정도로) 계속 줄었다. 점점 더 많은 하버드 학생이 로런스이과대학 입학을 통해 하버드에 들어오는 이득만 챙기고 정작 졸업 학위는 하버드칼리지 명의로 받아 갔기 때문이다. 그 결과 1890년에 하버드칼리지와 로런스이과대학이 함께 하버드 문리과대학(Faculty of Arts and Sciences)의 관할 아래 들어가자, 과연 로런스이과대학이 군이 필요한가라는 의문이 진지하게 제기될 정도였다.

 하지만 딱 1년 후에 로런스이과대학은 신예 전사를 찾아냈다. 너새니얼 사우스게이트 샬러(Nathaniel Southgate Shaler)가 이 단과대학의 학장으로 취임했던 것이다. 샬러는 하버드의 공학 학위가 MIT의 공학 학위보다 더 가치가 높아야 한다고 열렬히 믿었다. 이는 곧 그가 하버드 공학 학위를 MIT의 그것과 차별화해야 했음을 의미했다. 실제로 그는 1893년 8월 《애틀랜틱 먼슬리》에 발표한 기고문에서 MIT가 제공하는 종류의 교육을 공개적으로 정면 비판했다.

샬러는 먼저 MIT의 조직 구조부터 비판했다. 독립 단과대학의 운명은 효과적인 지도력의 확보 여부에 따라 부침을 겪기 마련이지만, 그가 주장하기로 종합대학은 장기간에 걸쳐 운영 토대를 마련해야 지속적인 안정성을 확보할 수 있었다. 게다가 그가 말하기로, "미국의 종합대학은 응용과학을 다루는 단과대학 없이는 불완전하다는 점이 바야흐로 인정되었다." 샬러의 취지는 물론 종합대학이 미국 기술 교육의 "정상적인" 제도적 체계여야 한다는 점이었다. 그는 종합대학이야말로 역사적으로 유일하게 "완벽히 성공한" 교육"기관"이라는 주장을 덧붙였다.

급기야 샬러는 얼마간 악의적으로 두 대학의 교육 내용을 비교했다. 독립적인 기술 중심 대학은 구세계(Old World)의 계급적 경직성에서 비롯되었고 시야가 협소할 뿐 아니라, 학생들도 폭넓은 교육을 받지 못한다고 일갈했다. 또한 샬러는 이렇게 원론적으로 주장했다. "졸업할 때의 학생들이 특정한 직종의 세부 사항에 더 적합할수록, 향후의 발전에 큰 영향을 주는 폭넓은 토대를 갖추기는 더 어렵다." 반면에 그는 오래된 편견을 교묘하게 부추기면서 이런 표현을 들먹였다. "기술직", "직접적인 실용성"에 맞춘 학습, "특정 업무"를 위한 "공예 감각"을 훈련받은 문화적으로 편향된 기술 중심 대학 출신 학생, 그리고 "금전적 기쁨을 좇는 문명화되지 못한(uncivilized) 기질"이 지배하는 교육 방식 등. 그런 이미지들의 맞은편에 샬러는 "종합대학의 진정으로 학구적인 분위기, 배움 그 자체를 위해 배움이 펼쳐지는 곳"이라는 이미지를 배치했다.[16]

교육 방식의 이런 대비를 통해 자기주장을 펼쳤지만, 동시에 샬러는 MIT의 재직 경험상 4년제 공학 교과가 학생들에게 인기가 있다는 걸 잘 알았다. 따라서 최근 하버드에서도 교과 선택 시스템 도입 덕분에 "성실하고 주체적인 젊은이"가 "학구적 문화의 자유로운 분위기 속에서" 유용한 교육과정을 밟을 기회가 생겼다고 주장했다.[17] 만약 현장 실무 경험이 필요하다면, 여름방학에 업체를 선택해 자발적으로 근무 경험을 쌓을 수도 있었다.

이런 교묘한 방식으로 샬러는 직업 경력을 위한 성실한 지식 추구를 아마추어 정신의 발로라고 깎아내렸다. 이어서 훨씬 더 뻔뻔스럽게, 응용과학 교육과 자유학예 교육을 한 지붕 아래 통합하는 능력, 즉 엘리엇이 불가능하다고 말했던 바로 그 능력을 통해서 하버드야말로 "계급의 편견"을 없애는 방법을 보여 주었다고 치켜세웠다. 샬러의 말에 따르면, "공통 기반 위에서의 문화"를 제공하는 미국 종합대학은 직업 간의 그런 낡고 부당한 구별을 일소하는 메커니즘이 될 터였다. 그러므로 공학도 "좋은 교육을 받은 모든 지적인 활동"이 평등하게 평가받는 분위기에서 실시되는 기술 교육을 통해서 다른 전문 직종들과 동등한 지위로 격상될 것이었다. 그리고 샬러의 주장에 따르면, 바로 이 본질적으로 민주적인 정신이 종합대학을 "우리 문화의 상징"으로 만들었다.[18]

그가 MIT를 직접 언급하진 않았지만, 보스턴의 그 누구도 샬러가 어떤 독립적인 기술 중심 대학을 염두에 두었는지 뻔히 알았다. 즉각 MIT 총장 워커가 열띤 반박문을 썼다. 워커는 이렇게 물었다. 만약 종합대학이 교육 기회 확대에 그렇게나 좋은 곳이라면, 왜 로런스이과대학은 그토록 불행한 역사로 점철되었단 말인가? 어쨌거나 기술 교육을 발전시키는 데 중대한 요소는 기관 통합이 아니라 편견 극복이라고 워커는 역설했다. 비유적인 표현을 동원해, 그는 기술 교육이 "고전 문화의 대변인들을 돌보는 데 쓰인다면" 과연 무슨 일이 벌어질지 물었다. 학구적 분위기, 즉 샬러가 말한 "교육적 동반자 관계"로 도대체 기술 중심 대학 학생들이 얼마나 혜택을 본단 말인가? 워커의 반응은 MIT의 특별한 교육 방침에 대한 그의 강한 확신에 따른 것이었다. 신랄한 이미지를 동원해 그는 종합대학 학부생들이 "학문의 숲에서 빈둥거리며", 또한 걸핏하면 고뇌에 잠긴 듯

"큰 종합대학의 온갖 잎사귀와 초목 사이를 어슬렁거린다"라고 일갈했다. 그리고 종합대학 학부생들의 불성실한 생활 방식과 무목적성을 기술 전공 대학생들의 활기, 목적성과 비교하기도 했다. 또한 샬러의 주장에 내재한 사회적 차별의 태도를 공격했다. 왜 꿈 많은 공학도가 "때 묻은 손과 실험실의 헤진 옷을 입었다고 해서 고전학과나 철학과 학생들보다 덜 고상한 계급으로 취급받는" 곳을 더 좋아해야 한단 말인가?[19]

이런 대비를 통해 MIT 구성원들은 힘을 얻었다. 하지만 점점 더 많아진 졸업생들이 자발적으로 나서서 심지어 MIT의 특별한 의미를 표명하기 시작했는데도, 1903년에 기술 교육 목적의 기부금이 하버드에 또다시 들어오면서 논의의 방향이 완전히 급변했다.

이번에는 금액의 자릿수가 훨씬 많은 돈이 들어왔는데, 기부자는 고든 맥케이(Gordon McKay)라는 거부였다. 자수성가한 발명가 겸 제조업자인 이 사람은 운 좋게도 서부 금광 투자로 재산을 상당히 늘렸다(이 일과 관련해 그는 좋은 친구이자 지질학자이며 케임브리지에서 이웃으로 지냈던 샬러에게 전문적인 조언을 듣는 행운을 누렸다). 기부금은 구두 제조 기계의 특허권을 구매한 후 기계를 개선함으로써 얻은 이익에서 나왔다. 그래선지 기계를 다루는 능력이 자기 부의 원천이라고 여겼다. 따라서 맥케이는 자신이 받지 못한 정식 교육을 받을 전문적인 기회를 젊은이들에게 주고 싶었다. 여기서 샬러는 맥케이가 MIT 대신 하버드로 기부금이 가야 한다고 굳게 믿도록 하는 결정적 역할을 맡았다. 샬러는 자기가 이미 기고문에서 펼쳤던 논리를 이용해 맥케이를 확실하게 설득했다.[20] 실제로 애초에 그렇게 하려고 샬러가 기고문을 발표했다고 볼 이유가 충분하다.

의심할 바 없이 샬러는 맥케이의 기부금으로 엘리엇의 합병 방안을 무시하고 로런스이과대학을 독자적으로 키울 심산이었다. 맥케이는 구체적으로 그 돈을 기술 교육에 쓰길 바랐는데, 특히 기계공학에 쓰길 바랐다. 그리고 모든 수준에 걸쳐 골고루 교육 기회가 돌아가길 원했기에, 집안 형편이 넉넉해 교육의 혜택을 많이 받는 학생뿐 아니라 공립학교 졸업생도 하버드에 입학해서 공부할 수 있길 바랐다. 또한 그는 기부금으로 공대 교수들에게 넉넉한 급여가 제공되고, 대규모 실험실과 널찍한 강의실이 제공되길 바랐다. 샬러는 오래 미루어 왔던 안식년을 맞아 1904년 유럽 여행 중에 로런스이과대학에 대한 그런 풍요로운 전망을 상상했다. 하지만 그로선 실망스럽게도 다시금 하버드와 MIT는 모종의 협력 관계를 모색하고 있었다.

거의 성사될 뻔했던 1905년

이번에는 하버드의 엘리엇 총장이 아니라 MIT의 5대 총장인 헨리 프릿체트(Henry Pritchett)가 운을 뗐다. 그가 하버드와의 동맹을 다시 고려하는 이유는 쉽게 알 수 있었다. 무엇보다도 가장 중요한 이유는 맥케이의 돈이었다. MIT의 지도자들은 하버드에서 강력한 경쟁자가 나올 거라는 생각에 몸서리를 치고 있었다. 하버드가 건물도 낫고 설비도 낫고 직원도 낫고, 게다가 특별한 고객이라고 늘 여겨 온 진지하고 성실한 학생들을 모집할 능력 면에서도 나은 곳이라고 여겼기 때문이다. 더군다나 프릿체트 총장도 잘 알고 있듯이, MIT의 강의실과 실험실은 비좁았고 MIT에는 대형 강의실이 없었다. 게다가 보스턴의 백베이에 자리 잡은 탓에 제대로 된 캠퍼스가 없어서 즐거운 대학 생활의 가능성도 거의 없었다. 즉시 보스턴의 신문들이 온갖 소문으로 가득 찼다. 《보스턴 레코드(Boston Record)》가 아주 굉장한 결론을 단박에 내렸다. 즉 MIT 프릿체트 총장이 엘리엇의 뒤를 이어 하버드 총장직을 맡아서 두 교육기관을 운영하리라는 내용이었다. 그 기사는 또한 이 시나리오를 대규모 부동산 거래는 물론이고, 당시 건설 중이던 찰스강 댐(Charles River Dam)의 완공과도 관련

지었다. 《보스턴 트랜스크립트(Boston Transcript)》는 마찬가지로 흥미롭지만 좀 더 단순한 분석 기사를 냈다. 즉 모든 게 "카네기 씨[21]의 계획 중 하나"라는 주장이었다.[22]

이런 이야기들은 전부 나름대로 일리가 있었지만, 시간이 지나면서 사람들은 그런 연관성의 다른 의미들을 생각하기 시작했다. 그리고 그렇게 볼 수 있을 만한 이유가 차츰 드러났다. 그중 가장 설득력 있는 이유는 서부의 주립대학교들로 인해 불붙은 교육 경쟁이었다. 사립 기관에서 제공하는 고등교육에 오랫동안 익숙한 동부 지역에서는 "사실상 교습과 훈련을 거저 베푸는" 공립대학들의 급격한 팽창이 가당치 않은 일이었다.[23] 《보스턴 트랜스크립트》에 따르면, 하버드와 MIT가 비싼 수업료와 그보다 더 비싼 도시 생활비에도 불구하고 학생들을 계속 모을 수 있는 유일한 방법은 "교수법과 결과 면에서 계속 우위를 점하는" 것뿐이었다. 그러려면 분명, 공동의 교육 자원을 모아서 효율적으로 운영할 필요가 있었다.[24] 게다가 MIT의 경영자들을 신경 쓰이게 만드는 다른 사실들이 있었다. 보스턴의 MIT 캠퍼스 부지는 시설을 확장할 여유 공간이 부족했다. 어느 교수의 연구 장비 확충이나 급여 인상은 차치하고, 강의실 증설이나 실험실 여건 개선이 절실한 상황이었는데도 말이다. 하지만 1903년 MIT의 재무 상태에 대한 연례 보고서에 따르면, 적자가 3만4,000달러(2008년 달러 가치로 환산하면 거의 80만 달러)였다. 이는 과거 로런스가 하버드에 기부한 액수와 거의 맞먹는 금액이다. 설상가상으로 지난 십 년 동안의 대학 재정 상태를 분석했더니 지출과 수익의 차이가 꾸준히 벌어지고 있었다. 그 사이 백베이 부동산은 MIT 설립 이후로 가치가 크게 상승했기에, 그런 가치 상승의 덕을 보기 위해 더 넓은 공간을 확보할 수 있는 저렴한 곳으로 대학을 이전하는 편이 나을 듯했다.

게다가 기존 캠퍼스에는 학생들을 위한 기숙사나 운동 시설이 없었다.

초창기 MIT의 학생 대다수가 집에서 생활했으며, 의도적으로 조장된 대학의 근엄한 분위기 때문에 여가 활동을 위한 시설이 전혀 없었다. 하지만 1904년 재학생이 2,000명에 육박하자, 건물 및 캠퍼스 생활의 기반 시설 확충이 정말로 절실해졌다. 마침, 그 무렵에 학내 저명인사 몇몇이 전반적인 문화적·사회적 교류를 위한 다양한 기회를 제공할 수 있도록 MIT도 폭넓은 교과과정을 갖출 필요가 있다고 주장하기 시작했다. 이런 관점을 대변한 대표적인 인물이 존 리플리 프리먼(John Ripley Freeman)이다. 1876년 졸업생이었던 그는 MIT 동문회 회장을 맡은 적이 있었으며, 수력공학 분야에서 광범위한 컨설팅 활동을 하는 성공한 사업가였다.[25] 지난 수십 년간 산업 지형이 크게 달라졌는데, 그는 이 변화를 이끈 선구적 인물들과 폭넓은 인맥을 갖추고 있었다. 덕분에 프리먼은 MIT 졸업생들이 미국 기업들에서 최고의 자리에 오르려면 단지 기술 교육 이상의 것이 필요함을 깨달았다. 마침내 프리먼은 동문학생들에게 강연하는 기회를 빌려 자기 견해를 자세히 밝혔고, 이때 사용한 다음 비유가 특히 공감을 일으켰다. 만약 MIT는 이전 상태에 그대로 머물러 있는데 하버드가 순수과학과 응용과학에 걸쳐 광범위한 교육 프로그램을 개발한다면, MIT는 결국 업계의 '장교급' 고급 인재 대신 그저 그런 '사병급' 인력을 배출하는 처지로 전락하고 말 것이라고 그는 빗대었다. 그렇다면 문제는 단지 프리먼이 염두에 둔, 맥케이의 자금 지원을 받은 하버드의 새로운 실험실들이 가하는 위협만이 아니었다. 더 큰 문제는 학생들에게 기품 있는 문화적 소양을 갖추게끔 하는 하버드의 반박할 수 없는 능력이었다.

프리먼이 폭넓은 문화적 소양을 옹호하는 데는 다른 이유도 있었다. 1901년 그는 찰스강 댐 건설위원회의 수석 엔지니어로 임명되었다. 매사추세츠주 의회 산하였던 그 위원회는 강어귀 근처에 댐을 지을 수 있을지 조사하는 임무를 맡았다. 19세기에 보스턴의 백베이 지역이 개발된 이래

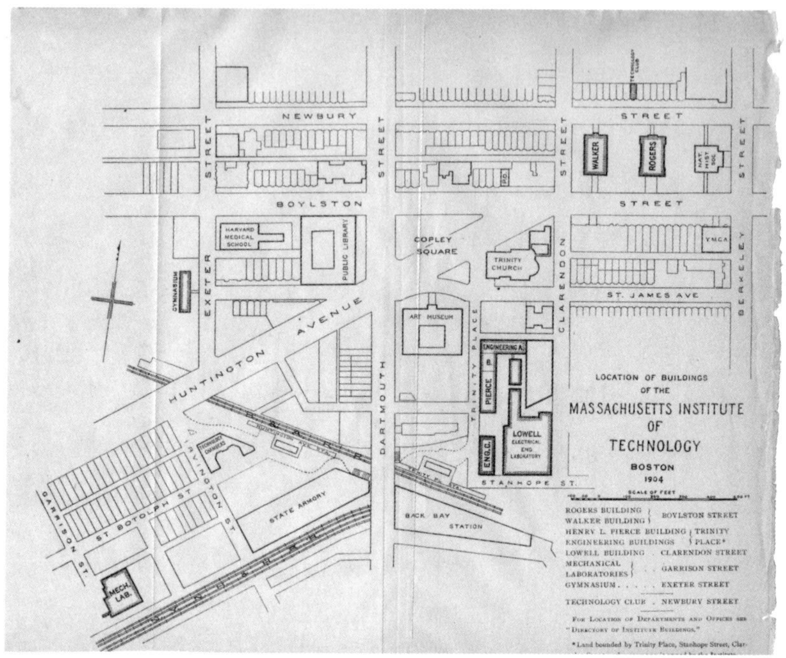

[그림 2-2] 백베이 지역에 자리 잡은 MIT의 1904년 보스턴 캠퍼스 지도. 이 옛 부지에 확장을 위한 여유 공간이 부족하다는 점이 MIT와 하버드 간의 통합을 추진하게 된 한 동기였다. MIT박물관 제공.

로, 강기슭 양안의 추가적인 개발 잠재력은 명백했다. 하지만 여러 가지 의문들(가령, 만약 댐이 건설되면 강으로 유입되는 오물이 물길에 효과적으로 쓸려 나갈 수 있는가?) 때문에 매사추세츠주가 조사위원회를 꾸렸고, 그 위원장이 바로 MIT 총장 프릿체트였다. 1903년에 위원회의 보고서가 발표되자, 보스턴의 금융가 헨리 리 히긴슨(Henry Lee Higginson)이 앤드루 카네기 등과 손잡고 솔저스 필드(Soldier's Field, 찰스강과 이어지는 보스턴 쪽 구역으로 하버드대학교의 맞은편에 있다)를 매입했다. MIT가 그 장소로 이전하거나 그게 아니라도 다른 교육적 용도로 쓸 경우를 대비해서였다.

찰스강에 댐을 만들면 강어귀부터 상류 쪽으로 수 마일에 걸쳐 강 유역이 생긴다. 그러면 조수가 낮을 때 노출되어 악취를 내던 끔찍한 갯벌이

항상 덮이게 될 것이었다. 댐은 또한 강의 급류와 위험한 조수 흐름을 없애서 뱃놀이와 기타 여가 목적의 활동에도 도움이 될 터였다.[26] 이런 발상에서 한 발 나아가, 옥스퍼드와 케임브리지에서처럼 풀 덮인 강둑, 그리고 강 쪽으로 완만한 경사를 이루는 대학 부지가 프리먼의 마음을 사로잡았다. 이제 찰스강을 따라 그런 그림 같은 장면을 다시 창조하는 일이 프리먼의 위대한 도전 과제가 되었다.

하지만 프리먼의 주장은 MIT의 교수진과 동문을 전혀 설득하지 못했다. 1904년 5월이 되자, 분개한 졸업생 단체가 "합병"(MIT-하버드 통합을 반대하는 사람들이 항상 사용하던 용어다) 문제를 논의하려고 특별한 회의를 개최했다. 그들이 가장 크게 통합 반대 목소리를 낸 이유는 하버드와 어떤 식으로든 손을 잡았다가는 MIT가 소중한 독립성을 필연적으로 잃게 될 거라는 우려였다. 단도직입적인 두려움의 표현이었다. 그도 그럴 것이 오랜 세월 애써 미국 교육계에서 입지를 다져 놓았는데, 이제 와서 기술 교육이 자유학예의 성채에 종속되는 상태로 다시 격하할 처지였기 때문이다.

이 합병 찬반 논의는 1905년 봄까지 이어졌다. 그 무렵, 두 교육기관의 운영자들은 서로에게 이로운 협력 방안이 무엇인지를 찾아냈다. 방안의 핵심적 특징은 이랬다. MIT가 두 학교를 통틀어 모든 응용과학 교육을 맡고, 이를 위해 로런스이과대학의 기부금에서 얻은 이익, 맥케이 기부금의 3/5, 그리고 이런 교육 사업을 지원하기 위해 MIT의 자체 자금을 이용할 것. 반대급부로 MIT는 찰스강의 반대편에 있는 솔저스 필드 근처로 부지를 이전하고 기존 교명을 그대로 사용하며, MIT 자체 문제에 대한 효과적인 통제력(일부의 표현에 따르면 "홈 규칙(home rule)")을 유지할 것.

그러나 이 통합 방안이 제시되었을 때 반대측 입장은 대단히 강경했다. MIT 졸업연도별동문대표자협의회(Association of Class Secretaries)의 보고

[그림 2-3] 1904년 MIT 동문회 야유회에서 1876년도 졸업생 동문이 거리 행진을 하는 모습. "76년 독립 정신"이라는 배너 문구에서 볼 수 있듯이, 그들은 MIT와 하버드의 합병안을 분명히 거부하고 있다.[27] MIT박물관 제공.

에 따르면, 설문 조사 결과 MIT 졸업생 중 95%는 MIT가 "절대적 독립"을 유지해야 한다고 생각했다. 학교 행정 당국이 시행한 설문 조사 결과도 별반 다르지 않았다. 동문을 상대로 한 조사에서는 통합 반대가 찬성의 세 배에 달했으며, 교수진 투표에서도 결과는 거의 마찬가지였다. 그런데도 프릿체트 총장은 자신에게 결정할 책임이 있으니 결정할 권한도 있다면서, 학교 이사회를 부추겨 23 대 1로 통합에 찬성하는 투표 결과를 끌어냈다. 격분한 동문은 "이사회의 권한을 아주 터무니없이 행사한" 결과라고 성토했으며, 총장의 옷을 벗겨야 한다는 험악한 말이 오갔다.[28] 하지만 결국 1905년의 MIT-하버드 통합을 무산시킨 것은 교수들이나 동문의 반대가 아니라 법정이었다. 통합 방안의 조건 중 하나는 MIT가 백베이 대학 부지를 팔아서 수익화한 후, 그 수익을 조건부 유증[29]의 형태로 취득한다는 내용이었다. 그런데 법원은 MIT가 그래서는 안 된다고 판결했다. 법원의 결정은 또한 프릿체트가 MIT 총장으로 임기를 계속 이어가면 안 된다는 함의를 담고 있었다. 그해 말 카네기재단의 이사장직 제안을 받자, 프릿체트는 곧장 수락했다.

찰스강의 하버드 쪽에서는 엘리엇 총장이 이 문제에 대한 구체적인 해법을 찾아내야 했다. 그는 예전에 생각한 대로 공학 교육을 대학원 과정에 두고 로런스이과대학을 응용과학대학원(Graduate School of Applied Science)으로 개편할 생각이었다. 새 대학원은 다양한 공학 분야에 대한 학위 프로그램을 7년짜리 교과과정으로 제공했으며, 그 과정을 이수하면 학생들은 하버드칼리지에서 문학사 학위(bachelor of arts)와 공학 석사 학위를 동시에 받았다.[30]

일치단결로 쟁취한 승리

거의 한 해 내내 MIT를 뒤흔들었던 소동은 갑작스레 용두사미로 끝났다. 하지만 맥케이의 돈을 지원받아 응용과학 분야를 통합해서 가르친다는 발상은 여전히 두 기관의 지도적 인물들에게 매력으로 다가왔다. MIT의 여섯 번째 총장으로 취임한 직후 리처드 C. 매클로린은 하버드의 신임 총장 애벗 로런스 로웰(Abbott Lawrence Lowell)에게 편지를 보냈다. 두 학교 간의 연합이 "매우 자연스럽고 바람직하다는" 내용이었다.[31] 하지만 뉴질랜드 태생으로서 영국 케임브리지대학교에서 물리학을 전공한 매클로린은 컬럼비아대학교에서 MIT로 영입된 사람답게 학교 간 경쟁의 복잡한 역학 관계를 잘 알고 있었다. 그래서 그는 시작부터 (하버드와의 통합이나 협력에 열린 태도를 보이는 한편, MIT의 독자적 생존을 위해) 새로운 장소와 새로운 자금을 동시에 찾는 전략을 추구했다. 새로운 캠퍼스라는 발상은 1905년의 통합 논쟁에서 그 필요성이 명백히 알려졌기에 널리 지지받

[그림 2-4] 1916년 찰스강가의 케임브리지에 세워진 MIT의 새 캠퍼스 준공식에 참석한 축제 인파. MIT박물관 제공.

았다. 보스턴과 케임브리지의 여러 곳을 물색하던 중 매클로린은 부지 매입 대금을 얻으려고 동문인 듀폰 가문의 환심을 샀다. 덕분에 그는 1911년에 매사추세츠주로부터 100만 달러(2008년 달러 가치로 환산하면 2,300만 달러)의 보조금을 거뜬히 챙겼다. 당시 MIT 누적 기부금 총액의 무려 세 배에 달하는 액수였다. 이듬해 코닥(Kodak)의 창업주이며 매클로린을 제외한 모두에게 "스미스 씨"로 통하던 조지 이스트먼(George Eastman)이 새로운 부지에 지을 건물 비용으로 250만 달러(2008년 달러 가치로 환산하면 5,700만 달러)를 내놓았다.

이스트먼에게 보낸 첫 편지에서 매클로린 총장은 MIT를 소개하면서, 한 지역에서 작게 시작해 꾸준히 전국적인 위상과 국제적인 명성을 일궈 낸 대학이라고 했다. 더불어 그는 MIT가 얻은 명성은 독보적인 방식으로 과학을 교과과정에 포함시킨 덕분이라고 넌지시 알렸다. 마침내 이스트먼과 사적으로 만났을 때, 매클로린 총장은 하버드와의 협력을 통해 MIT를 세계 최정상의 교육기관으로 성장시키겠다는 자신의 바람을 드러냈다.[32] 하버드와의 협력을 포함해 온갖 논거를 동원해 그는 새롭고 강렬한 MIT의 이미지를 만들어 냈다. 자연과학에 기반을 둔 "위대한 국가 대표 대학"이라는 이미지였다.[33] 이미 입증된 기금 모집 능력이 그의 구상에 큰 추진력이 되었다. 실제로 매클로린은 MIT의 특별하고도 독보적인 운명을 타인에게 아주 잘 설득하는 편이었다. 그래서 1912년 하버드와의 동맹을 위해 로웰 총장과 그가 했던 협상 내용이 공개되었을 때, 마침내 두 대학이 서로 각자의 영역을 확보하는 동등한 입장에서 통합을 이룰 수 있을 것처럼 보였다. 구시렁대거나 반대하는 목소리는 과거의 어떤 관련 기록에서도 찾기 어려웠다.

그런데 매클로린이 헤아려 보니, 솔저스 필드에 근접한 보스턴의 캠퍼스 예정지가 문제였다. 무위로 끝난 1905년 통합안과 관련한 장소였기 때문이다. 그래서 대학이 근래에 소유하게 된 케임브리지의 부지로 이전 예정지를 변경했다. 또 다른 계산된 행동을 통해 그는 존 D. 록펠러(John D. Rockefeller)가 아끼던 건축가인 윌리엄 웰스 보즈워스(William Welles Bosworth)에게 의뢰해 깔끔한 선과 인디아나 산(産) 석회석의 흰 벽면을 자랑하는 새 건물을 설계했다. 이 신고전주의 양식의 건축물은 하버드의 오래된 벽돌 건물에서 풍기는 것과는 다른 느낌의 냉철한 합리성과 추상적 진리를 잘 표현했다. 1916년 6월, 건물 헌정식 행사에서 새 MIT 건물을 처음 보았던 사람들은 외관에 깜짝 놀랐다. "찰스강가에 우뚝 선 위엄 있는 성지"라는 게 한 평가였다. "눈부시게 흰, 장엄한 종착지"라는 평가도 있었다.[34] MIT 사람들에게 새 건물은 공학이 수준 높은 사회적 성취의 영역으로 올라섰다는 증거였다.

강 건너편으로 대학을 이전한 것을 기념해 사흘 동안 벌어진 모든 행사

[그림 2-5] 1916년 MIT의 보스턴 캠퍼스를 케임브리지의 새 캠퍼스로 옮기는 행사 장면. 화려한 장식의 배(17세기 베네치아풍 바지선을 모방해 설계한 배)가 MIT의 교수들과 공식 문서들을 찰스강 건너편으로 실어 날랐다. MIT박물관 제공.

는 옛것에서 새것으로, 과거에서 미래로의 전환을 표방하면서 진행되었다. 17세기 베네치아풍의 바지선[35]들이 늘어선 가운데 화려하게 장식한 배 한 척이 대학의 설립 인가 정관(corporate charter)과 인장, 대학 기록물 그리고 교수들을 찰스강의 보스턴 쪽에서 케임브리지 연안으로 옮겼다. 이전(移轉) 행렬과 뒤따라 상연된 기념 공연 작품, 이른바 〈힘의 가면극(Masque of Power)〉은 중세 문화에 깊이 천착해 있던 건축가 랠프 애덤스 크램(Ralph Adams Cram)이 연출한 작품이었다. 그의 중세풍 취향은 매우 역설적으로 이 상황에 딱 들어맞았다. 가면극 주제의 핵심은 공학과 고귀한 인간적 속성들을 직접 연결하는 것이었다. 공연 작품은 그 자체로 매우 정교했는데, 수많은 참가자는 물론이고 매우 인상적인 춤, 의상, 음악, 조명 효과, 그리고 무대 가장자리의 증기 커튼과 같은 기발한 장치들로 가득했다. 가면극의 절정은 멀린(Merlin)[36] 역을 맡은 크램 자신이 자연의 원소들을 MIT의 정신을 형상화한 모교(Alma Mater) 캐릭터의 양발에 헌정하는 장면이었다. 이렇게 위탁된 자연의 힘은 모교의 보호 아래 미래 세대의 번영을 위해 관리될 것이었다.[37]

사람들에게 감명을 준 것은 작품의 도덕적 분위기가 아니라 미학적 수준이었다. 새로운 건물과 마찬가지로 그 작품은 MIT의 성숙한 격을 보여 주는 또 하나의 증거였다. 공학자들이 보기에, 이 캠퍼스 이전 기념식은 "지난 세월에 일어났던 모든 일의 완벽한 상징이었다. 이제 순전히 공리주의적 관점에 집중할 필요성은 지나갔다. 번데기의 시간을 이겨 내고 탈바꿈한 예술의 나비가 날개를 펼치려 하고 있었다."[38]

이 공학자들은 자신들의 일이 더 고귀한 지적 생활의 토대를, 아니 실로 그 전제조건을 제공한다고 묘사하는 세계관을 가지고 있었다. 그러나 MIT의 물리학자 겸 총장인 매클로린은 반대편 입장을 취했다. 그는 응용과학과 순수과학의 구분을 일소한 다음, 응용과학을 순수과학에 종속시켰다. 이는 이후 MIT의 역사에서 점점 익숙해질 하나의 도식이 될 예정이었다.[39]

정말이지 매클로린은 MIT의 목표들을 변혁한 조치와 더불어 돈을 모으는 수완이 너무나 뛰어났다. 그래서 1917년 법원이 또다시 하버드와의 통합에 반대하는 결정을 내렸지만(이번에는 통합 시도가 맥케이의 유언 조건에 위배된다는 이유였다), 그 결정으로 별반 달라질 게 없었다. 운명을 스스로 통제할 수 있는 때가 드디어 도래했다는 인식이 자리 잡으면서, MIT 구성원들은 법원의 결정대로 맥케이의 자금을 활용할 수 없게 된다 해도 불편해하지 않았다. 하버드와의 향후 협력은 로저스와 엘리엇이 상상했

던 유기적인 형태가 될 것이었다. 두 학교는 이제 각자의 기본 성격을 강
화해 나가는 한편, 특수한 경우에 상호 협력하게 될 터였다.

3장

크리스토프 레퀴에

후원자들, 그리고 계획

MIT는 1910년대 초부터 1930년대 말까지 놀랍도록 철저한 변화를 겪었다. 1861년 설립 이래 공과 위주의 대학으로서 학부 과정만 운영하던 MIT가 본격적인 연구중심대학으로 변모했다. 이 탈바꿈이 대단히 인상적인 것은 공학 위주의 대학이 그처럼 총체적인 변화를 이룬 사례가 드물었기 때문이다. 사실, 이번 장에서 논의하는 기간에 오직 트룹공과대학(Throop College of Technology)만이 그런 변화를 이루었다. 이 학교는 캘리포니아 남부에서 직업 교육을 제공하던 기술특성화대학으로, 1920년에 교명을 바꾸어 캘리포니아공과대학교(California Institute of Technology, 줄여서 Caltech)라는 연구중심대학이 되었다. 다른 공학 위주의 학부 대학 대다수가 연구중심대학이 된 것은 제2차 세계대전 이후, 대체로 1970년대와 1980년대에 들어와서였다.[1]

연구와 대학원 중심 교육으로 전환한 것과 더불어 MIT는 기업들과 점점 더 긴밀한 관계가 되어 갔다. 교수들이 수십 건의 산학협력 과제를 수행했으며, 1919년에는 MIT 운영자들이 테크 플랜을 시작했다. 후원 업체들과 훨씬 더 매끄러운 교류 관계를 맺으려는 방안이었다. 이 후원 업체 중 가장 유력한 곳들이 MIT의 명확한 미래 비전을 발전시켰다. 또한 그런 업체들은 비전을 실현할 자원이 있었다. 하지만 역사가 보여 주듯이, 시작부터 끝까지 MIT의 개편 과정은 험하고 굴곡진 길을 멀리 돌아가는 과정이었다.

세 집단, 세 비전

20세기로 접어든 뒤에도 MIT는 여전히 실용적 성향이 강한 학부 과정 위주의 공대였다. 1차 목표는 실용적인 업계에 진출할 엔지니어를 양성하는 일이었다. MIT는 과학 교과목, 실습 위주의 공학 교과목, 그리고 구체적인 기술 역량을 훈련하는 교과과정을 뒤섞어 제공했다. 학생들은 1년 과정의 미적분학, 그리고 2년 과정의 물리학 수업을 들어야 했지만, 대다수 교과목은 다양한 기술적 업무와 관련한 공학 실습과 훈련에 집중하는 노하우 위주의(descriptive) 강좌였다. 가령, 야금술과 광산학에 대한 강의는 야금 과정들을 세세하게 다루었으며, 미국의 다종다양한 채굴 기계들을 일일이 소개했다. 이런 강의들에 더해 야금술과 광산학에 대한 실험실 실습이 추가로 실시되었다. 학생들은 광석의 취급에서부터 무게 측정, 순도 분석 및 최종 물질 분석에 이르기까지 기계를 작동해 전체 과정을 학습했다. 어느 교수가 1895년에 썼듯이, "마지막 결과가 나올 때까지 전체 과정을 실습함으로써 학생들은 야금학적으로 사고하는 법을 배울 수 있었다." 이와 비슷한 공학 교육에 대한 접근법이 기계공학, 전기공학 및 공업화학 등과 같은 MIT의 다른 교과에서도 실시되었다.[2]

이런 공학 교육 시스템에서는 교수자들이 전문적인 현장 역량을 유지해야 했다. 교수들은 공장 견학을 추진했으며, 여름학기를 열어 학생들이 산업 현장에서 일하도록 주선했다. 또한 교수자들은 보스턴 지역의 업체들에 컨설팅을 제공했으며, MIT의 행정 보직자들은 업계의 엔지니어들을 강사로 초빙했다. 가령 1901년에는 40명의 현업 엔지니어가 MIT에서 강의를 맡아 각자가 종사하는 업계의 최신 기술 발전 동향을 논의했다. 이러한 강좌들에는 AT&T의 엔지니어가 가르친 통신공학 과목에서부터 MIT 졸업생이자 화학 관련 컨설팅 전문가로서 나중에 대형 컨설팅 회사를 공동 창업한 아서 D. 리틀의 셀룰로스 화학 과목에 이르기까지 다양했다.[3]

하지만 새로운 세기가 시작되고 10년쯤 지나자 젊은 교수들과 대학 경영자들은 차츰 공학 교육에 대한 MIT의 실용적 접근법과 학부생 중심 교육에 의문을 품기 시작했다. 그런 교수들 가운데 다수가 독일에서 대학원 과정을 밟았는데, 거기서 그들은 연구 활동에 활발히 참여했으며 대학 실험실과 산업체 간의 긴밀한 협력 관계를 목격했다. 또한 그들은 중서부 대학들이 공과대학을 발전시키던 현실과 더불어, 우수한 학생과 교수를 두고 MIT와 점점 더 경쟁을 벌였던 연구중심대학들의 등장에 불안감을 느꼈다. 격화되는 경쟁에 대처하기 위해 그들은 공학 교과에 기초과학 내용을 더욱 강화하고 아울러 대학원 중심 연구 프로그램 개발을 모색했다. 또한 업계와의 더욱 긴밀한 연계 활동을 선호했다. 그러나 이 젊은 교수들과 대학의 리더들이 언제나 같은 마음이었던 것은 아니다. 공학에 대한 시각이 달랐고, "산학협력"에 저마다 다른 의미를 부여했으며, MIT에 이롭다고 주장하는 프로젝트가 서로 달랐다.

개혁적 집단 중 하나를 이끈 사람이 아서 노이스(Arthur Noyes)다. 그는 1890년 라이프치히대학교에서 박사 학위를 받은 물리화학과 교수였다. 하버드와의 통합 실패에 책임을 지고 MIT 총장 헨리 프릿체트가 사임하자, 노이스가 2년 동안 총장 대행을 맡았다. 노이스와 그를 따르는 개

[그림 3-1] MIT의 기계공학과 학생들이 1900년경 해리스-콜리스(Harris-Corliss) 증기기관의 작동을 분석하고 있다. 이후 십 년이 지나지 않아 MIT의 걸출한 인물들이 우려를 표하기 시작했는데, MIT의 교과과정이 과학 교육을 저버리고 기계 작동법 학습 위주로 너무 협소하게 전개되고 있다고 여겼기 때문이다. MIT박물관 제공.

혁 그룹은 MIT를 과학에 중점을 둔 연구중심대학으로 바꾸고자 했다. 그들은 공학을 실험실 과학으로 여겼고, 교과과정의 대대적 정비를 주장했다. 그들의 주장에 따르면, 공학 교육은 인문학, "기술적 문제의 과학적 탐구", 그리고 "기초과학의 원리와 과학적 방법론에 의한 철저한 학습"에 달려 있었다. 이런 개혁을 통해서만 MIT는 질적으로 탁월한 공학자("국가 산업 발전의 과학적 측면에서 지도자감"이 될 인물)를 배출할 수 있을 터였다.[4]

이 방안에는 연구소 건설과 대학원 과정 과학 교과과정이 필요했다. 1903년에 노이스가 설립한 후 소장을 맡았던 물리화학연구소(Research

Laboratory of Physical Chemistry)가 곧 미국에서 해당 분야의 권위 있는 연구센터가 되었다. 희석된 수용액에 관한 기초 연구와 더불어 연구소는 수은 아크 정류기(mercury arc rectifier)와 같은 뛰어난 기술을 개발했고, 그 기술은 이후 업계에서 더욱 고도화되었다. 물리화학연구소에서 연구했던 많은 물리화학자는 이후 관련 업계에서 연구원으로 활동했다. 또한 이 연구소는 1907년에 최초의 MIT 박사 학위 취득자 세 명을 배출했다.[5]

MIT에 대한 노이스의 프로젝트에서 또 한 가지 중요한 요소는 긴밀한 산학협력 관계로, 특히 과학 기반의 업체들을 대상으로 했다. 노이스는 1908년 친필 보고서에 이렇게 썼다. "어떤 식으로든 과학 지식과 연구 결과에 의존하는 모든 공업, 상업 및 운송업 이해관계자들이 MIT가 교수진의 전문적 조언과 실험 설비를 통해 그들의 문제 해결에 필요한 서비스를 제공할 만반의 준비를 갖추었다고 여기게끔 해야 합니다." 노이스는 특히 듀폰과 제너럴일렉트릭이 그 무렵 설립했던 기업 연구소와 협력 관계를 맺고 그런 연구소를 위해 일할 연구자들을 양성하는 데 관심이 컸다.[6]

노이스와 그가 이끄는 그룹의 경쟁 상대는 화학공학자 윌리엄 워커(William Walker)와 전기공학과 학과장 듀걸드 잭슨(Dugald Jackson)이 속한 교수들로 이루어진 집단이었다. 그들은 MIT를 긴밀한 산학 연계를 통해 엘리트를 배출하는 공과대학으로 변모시키고자 했다. MIT의 공학 교육개혁을 논할 때, 이들은 공학을 경영의 관점으로 보자는 태도였다. 이들은 공학자를 기업 지도자로 여겼으며, 미국 산업의 미래 경영자들을 키워 내길 바랐다. 또한 공과대학은 미국을 위대한 산업국가로 변화시키는 데 이바지해야 한다고 그들은 믿었다. 1911년에 워커가 쓴 글에 따르면, "과학에 종사하는 인력과 실제 제조업체 간의 더욱 긴밀한 협력 관계"를 통해서만 미국 "산업계가 구원을 얻으며, 열악하고 누추한 노동 계층의 생활 조건을 향상하고, 공동체 구성원 대다수의 전반적인 도덕과 영성

의 수준을 높일 수 있을 것이다."[7] 하지만 심지어 워커와 잭슨조차도 의
견이 완전히 일치하지는 않았다. 워커는 중소기업에 도움을 주고 싶었다.
중소기업이 연구 실적과 더불어 과학을 기업 활동에 적극 활용해 경쟁력
있는 업체로 변모하길 바랐다. 반면 잭슨은 공과대학이 상하수도나 전력
인프라 기업 또는 전자 제품 업체처럼 큰 규모의 기업에 이바지해야 한다
고 보았다.[8]

장래의 기업 경영자들을 배출할 목적으로 잭슨은 전기공학 교과를 개
혁했고, 워커는 MIT의 공업화학(industrial chemistry) 교과과정을 화학공
학(chemical engineering) 프로그램으로 개편했다. 또한 1908년 워커는 산
업계와 긴밀히 연결된 공학연구소인 응용화학연구소(Research Laboratory
of Applied Chemistry, RLAC)를 설립했다. 워커의 마음속에는 RLAC가 "철
강업계의 개리제철소(Gary Works)와 시멘트업계의 리하이밸리(Lehigh
Valley)처럼 특정 업계의 최상 연구 및 공략 돌파"를 수행할 전문 연구소
들의 전국적 네트워크의 중심지가 되길 바랐다.[9] 하지만 노이스의 물리
화학연구소와 달리 워커의 연구소는 1910년대 전반기 내내 비교적 작은
규모였다. 산업계에서 큰 주목을 받지 못했으며, RLAC는 소수의 화학자
만 고용했을 따름이다. 그리고 과학적·기술적으로 큰 가치가 있는 문제
들을 그다지 많이 공략하지 못했기에, 결국 MIT가 중심이 된 산학협력
연구실들의 전국적 토대를 마련하는 데 실패했다.[10]

노이스, 워커 및 잭슨의 개혁 시도와 경쟁했던 제3의 영향력 있는 세력
으로 헨리 탤벗(Henry Talbot)과 에드워드 밀러(Edward Miller)가 이끈 그
룹이 있었다. 탤벗은 화학과 학과장이었고 밀러는 기계공학자였다. 이 그
룹은 실용적이었기에, MIT의 현대화를 추진하되 학부생들을 산업 현장
에서 즉시 활용 가능한 인재로 양성해 온 MIT의 전통을 보전하고 싶어
했다. 그들은 자체 연구소 설립 및 제도화된 산학협력 관계 구축과 같은

워커와 노이스의 개혁 프로그램 요소를 받아들였다. 하지만 중요한 차이점이 있었다. 가령, 워커는 (위에서 설명했듯이) MIT의 대학 연구소란 중소기업들을 변화시켜 미국 산업을 더욱 경쟁력 있게 만드는 도구라고 여겼다. 하지만 탤벗이 보기에 대학 연구소는 기본적으로 MIT 교수진이 1880년대 이후로 해 왔던 일을 달성하는 더 효과적인 방법이었다. 그 일은 바로 공학 실습을 꾸준히 시키고 졸업생에게 일자리를 마련해 주는 것이었다.[11]

산업계에 봉사하기

이후로 무게추가 워커와 잭슨 쪽으로 기울었는데, 리처드 C. 매클로린이 MIT 총장으로 임명된 후에 후원 업체들을 모으는 데 크게 성공한 것이 계기였다. 매클로린은 활기 넘치는 뉴질랜드인으로서 케임브리지대학교에서 박사 학위를 받은 수리물리학자였다. 1909년에 총장으로 임명되자, 곧바로 산학 연계 활동을 중심에 둔 제도 개선 프로그램을 시작했다. 그는 자칭 "뉴테크놀로지(New Technology)"를 구축하길 바랐다. "실용적인 문제에 관심을 두며", 아울러 "젊은이들이 과학의 방법들을 조국의 산업 발전에 적용하도록 교육하는" 국가적인 과학 중심 대학을 실현하고 싶었던 것이다. 그의 목표는 또한 "산업계의 문제들에 관한 연구 기관으로서 MIT의 입지를 굳건하게 다지는" 일이었다. MIT를 변화시키기 위해 매클로린은 산업계로부터 후원을 받아 냈다. 구체적으로는 듀폰 가문과 코닥의 창업자인 조지 이스트먼에게 자금을 지원받았다. 이스트먼은 자기 회사의 가장 복잡한 제조 공정들을 MIT 졸업생들에게 크게 의존했기에, MIT 교수진과 학생 전체를 높이 사고 있었다. 1912년 그는 MIT에 250만 달러(2008년 달러 가치로 환산하면 거의 5,700만 달러)를 내놓았다. 여러 번의 기부 중 첫 번째 기부였는데, 1917년까지 총기부금 액수는 600만 달러(2008년 달러 가치로 환산하면 1억 달러가 넘는 금액)에 육박했다. 기부금은 케임브리지의 새 캠퍼스 건축에 쓰였다. 또한 워커, 잭슨, 비슷한 입장의 교수들이 주창한 교육 및 연구 사업들의 자금으로도 활용되었다.[12]

1910년대 중반에 워커와 잭슨은 전기공학과 화학공학에 새로운 석사 학위 과정을 마련했는데, 둘 다 학생들에게 최상의 공학 실습 기회를 제공할 목적이었다. 가령 잭슨은 제너럴일렉트릭과 합동 교과과정을 열었고, 여기서 학생들은 번갈아 제너럴일렉트릭에서 일정 기간 일하고 또 일정 기간 MIT에서 수강했다. 워커가 새로 벌인 사업은 1916년에 설립된 화학공학실습대학(School of Chemical Engineering Practice)이었다. 이 프로그램은 제지, 시멘트, 염료 및 전기화학 공장들이 있는 곳에 설치된 다섯 군데의 "기지(station)"를 중심으로 구성되었다. 화학공학과 4~5학년 학생들을 그곳에서 함께 지내게 하면서, 대규모로 진행되는 화학적 공정들을 현장에서 분석할 기회를 제공했다. 화학공학실습대학은 응용화학연구소를 통해 워커가 원래 꿈꾸던 목표를 구현할 뿐 아니라 중소기업들을 위한 연구를 수행했다. 각 기지의 숙소에는 MIT 교수들이 함께 머물면서 학생들을 가르쳤고, 동시에 기지를 유치한 회사가 관심을 둔 연구 프로젝트를 수행했다. 각 기지의 소장은 MIT에서 급여를 받았지만, 연구비를 회사가 댔다. 또 한 가지 중요한 점을 짚자면, 이런 연구의 결과물은 해당 회사에 귀속되었다. 이는 논란의 여지를 남겼다.[13]

산업계에 봉사하자는 매클로린의 견해는 제1차 세계대전 이후 더 강화되었다. 전쟁의 직접적인 여파에 따른 재정적 손실을 만회하려고 매클로린은 1919년에 새로운 기금 모집 캠페인을 시작했다. 이 캠페인은 큰 자금 지원을 끌어내지 못하고 있었는데, 마침 1919년 6월 이스트먼이 400달러(2008년 달러 가치로 환산하면 대략 5,000만 달러)를 내놓겠다는 의향을 표했다. 다만 그해 연말 전까지 비슷한 금액을 추가로 모금해야만 한다는 조건을 달고 기부금을 약정했다. 전통적인 자금 모집 경로를 통해서는 적절한 자금줄을 찾을 수 없자 매클로린은 기업 후원으로 방향을 돌렸다. 워커도 적극적으로 지원한 덕분에 매클로린은 1919년 가을, 테크 플랜을 시작할 수 있었다. 이 방안에 따라 기업들이 MIT에 매년 수수료를 지급하면 그 대가로 도서관 접근, 졸업생 기록 열람, 교수진의 기술 지원 등의 혜택을 받을 수 있었다.[14]

비록 급하게 구상되긴 했지만, 테크 플랜은 산학협력을 위해 매클로린이 실시한 캠페인의 정점이라고 볼 수 있다. 매클로린과 워커는 개별 교수들이 기업체들과 이미 다져 놓았던 관계를 더욱 굳건하게 만들었다. 또한 둘은 자신들의 경험을 바탕으로 산학협력 교과 개발 및 연구소 설립을 위한 후원 기업들을 모집했다. 하지만 테크 플랜은 또한 이전의 관행과는 상당한 차이점이 있었다. 이전의 산학협력 과정은 연구소나 학과 차원에서 실시되었다. 반면에 테크 플랜은 MIT 본부 차원의 핵심 기관 중 하나로 워커가 수장을 맡은 산학협력연구처(Division of Industrial Cooperation and Research)가 운영했다. 테크 플랜의 새로운 점 하나는 그 규모였다. MIT의 행정 보직자들이 그처럼 큰 규모로 산학협력을 시도한 적은 일찍이 없었다. 1919년 10월~1920년 1월에 200개 이상의 기업이 이 계획에 동참해, 테크 플랜 가동 첫해에 거의 50만 달러(2008년 기준으로 530만 달러가 넘는 금액)를 끌어모았다.[15]

참여한 기업들은 지역, 규모 및 적극성 면에서 매우 다양했다. 대다수 기업이 뉴잉글랜드와 동부 연안의 주에 기반을 두었지만, 중서부의 회사들도 상당수 있었다. 참여 업체에는 AT&T, 제너럴일렉트릭과 같은 주요 전자 회사들, 그리고 대형 철강 및 고무 업체들이 있었지만, 직물, 제지 및 기계 공구 업체와 같은 중소기업도 다수 있었다. 테크 플랜에 참여하는 기업들의 동기는 다양한 듯했다. 대기업들은 엔지니어를 충분히 많이

[그림 3-2] MIT 학생들이 1920년에 제너럴일렉트릭 공장에서 모터를 검사하고 있다. MIT-제너
럴일렉트릭 간의 전기공학 산학협력 과정의 일환이었다. MIT박물관 제공.

확보하고, 특히 MIT 졸업생들을 우선 채용하길 원했을지 모른다. 중소기업 중 일부는 테크 플랜을 일종의 "과학계가 제공하는 보험"으로 여겼고, MIT를 자신들의 "산학연계연구소"라고 보았다. 테크 플랜 덕분에 이런 업체들로서는 제품 개발이나 제조 공정에서 뜻밖의 어려운 상황에 놓였을 때 MIT의 기술적 전문 지식을 활용할 수 있었다.[16]

테크 플랜은 과학자와 연구 중심 공학자를 교육하길 바랐던 노이스와 그와는 결이 다른 워커 주변의 그룹 사이에 갈등을 증폭시켰다. 노이스는 테크 플랜을 노골적으로 반대했다. 테크 플랜이 "순수과학 연구를 질식시킬" 것이고, "MIT의 모든 활동을 응용 연구에 몰아넣을" 것이며, "기술을 상업화하고", 아울러 MIT를 "기업 집단에 종속시킬" 것이라고 성토했다.[17] 결국 노이스는 1919년 11월에 사임하고 트룹공과대학으로 옮겨, 그곳을 주요 과학 중심 대학인 칼텍(Caltech)으로 변모시키는 데 선도적인 역할을 했다. 지도자로서 가장 선명한 목소리를 내던 대변인을 잃자, MIT를 연구중심대학으로 변모시켜야 한다고 외쳤던 그룹은 세력이 크게 약해졌다. 물리학과와 화학과의 소수 교수진만으로 구성된 해당 그룹은 1920년대의 대부분 기간 내내 MIT의 소수파로 전락하고 말았다.[18]

테크 플랜이 아직 발전의 초기 단계인 상태에서 매클로린 총장이 갑자기 세상을 떠났다. MIT의 방향은 워커가 이끄는 운영위원회의 손에 맡겨졌다. 위원회의 다른 위원들에는 세 번째 교수 그룹의 지도자인 탤벗과 밀러가 있었다. 앞서 말했듯이, 그들은 MIT를 현대화하면서도 학부생들에게 산업계에서 곧바로 유용하게 쓰일 기술을 훈련시키는 전통을 유지하길 원했다. 워커는 테크 플랜과 산학협력연구처를 과학에 기반을 둔 경쟁력 있는 산업을 육성하기 위한 도구로 활용하려고 했다. 워커는《사이언스(Science)》에 이런 글을 실었다. "테크 플랜은 기술 연구를 제조업체에서 활용하고, 과학을 산업계의 문제들에 더욱 활발하게 적용하며, 산업

[그림 3-3] 리처드 C. 매클로린은 1909~1920년에 MIT 총장으로 재직했다. 그가 1919년에 출범시킨 테크 플랜은 MIT와 후원 업체들과의 관계를 강화하기 위한 노력의 일환이었다. MIT박물관 제공.

계 지도자들에게 과학의 가치를 깊이 이해할 수 있게 해 줄 더욱 효과적인 수단이다."[19] 산업계 지향적인 연구를 촉진하고 기업체와의 계약 관계를 계속 갱신할 수 있도록 워커는 한 가지 정책을 적극 옹호했다. 즉 업체 관계자들의 MIT 견학과 문제 파악을 위한 제조업체 방문을 추진함으로써, 계약 업체에 서비스를 제공할 기회를 적극적으로 모색하는 정책을 주창했던 것이다. 워커는 또한 산학협력연구처가 수주해 온 산업체의 연구 과제들을 개별 교수들에게 배정할 권한과 일종의 "연구 인력의 벌집 같은 네트워크"를 만들 권한을 요구했다. 이 네트워크를 통해 적절한 인력을 붙여 교수들의 연구 과제 수행을 지원하겠다는 발상이었다.[20]

밀러와 탤벗은 워커가 테크 플랜을 통해 추진하려는 목표에 과감히 맞섰다. 둘의 주장에 따르면, 그 계획은 MIT를 산업계의 부속 연구소로 전락시키고 말 것이었다. 그래서 워커가 기업체로부터 새 과제들을 받아오지 못하게 했고, 개별 교수들에게 과제를 위탁하는 권한을 워커에게 부여하지 않는 방향으로 부결했다. 밀러와 탤벗은 기어이 워커가 운영위원회와 산학협력연구처 처장직에서 물러나도록 만들었다. 얼마 후 워커는 교수직을 그만두고 케임브리지에 본부를 둔 신생 화학제품 회사인 듀이&알미(Dewy & Almy)의 특허과 과장으로 자리를 옮겼다. 밀러와 탤벗은 찰스 노턴(Charles Norton)에게 산학협력연구처 처장직을 맡겼다. 노턴은 석면을 이용한 발화 지연 재료 개발로 유명한 물리학자였다. 워커가 테크 플랜을 통해 MIT의 자원을 미국 산업을 더욱 "과학적"으로 만드는 데 활용하려 했던 것과 대조적으로, 밀러와 탤벗은 테크 플랜이 무엇보다도 MIT의 이익에 부합하기를, 아울러 기업체들, 특히 중소기업들에 봉사할 수 있는 MIT의 역량을 강화하기를 바랐다. 둘은 산학협력연구처에 네 가지 목표를 부여했다. "MIT가 교직원을 계속 유지할 수 있도록 급여를 인상할 것", "교수들에게 추가적인 연구 기회를 제공할 것", 교수들이 산업계의 기술 동향을 계속 파악할 수 있도록 지원할 것, 그리고 연구소를 갖추기 어려운 소형 기업들에 이바지할 것. 새로운 노선에 따라 산학협력연구처는 동문의 기록을 보관했고, 교수들과 기업체들 간의 회의를 주선했으며, 업체 후원을 받는 교수들의 연구 활동을 조율했다. 이런 활동은 또한 테크 플랜에 참여하지 않은 기업들에까지 확대되었다.[21]

탤벗과 밀러(그리고 나중에는 새뮤얼 스트래턴(Samuel Stratton) 총장)의 진두지휘 아래 산학협력은 MIT 조직 문화의 핵심이 되었다. 연구비가 1920년에 5만6,452달러에서 1927년에는 26만4,797달러(2008년 달러 가치로 환산하면 대략 70만 달러에서 330만 달러)로 커졌다. 노턴이 추산하기로, 1929년이 되자 교수진의 1/3 이상이 산업계를 위한 연구, 제품 검사 및 상업적 분석 활동에 적극적으로 관여하고 있었다. 마찬가지로 교수들의 기술 컨설팅도 대대적으로 늘어났다. 심지어 공학 계열 학과 학과장들 대다수가 보스턴 시내의 컨설팅 회사들을 지도했다. MIT 교수진의 절반 이상이 1920년대 동안 외부 기업체의 사안들에 관해 정기적으로 컨설팅에 참여했다. MIT를 규율했던 관례상의 규칙도 바뀌었다. 제1차 세계대전이 끝난 뒤로는 교수 임용과 학과장 임명이 점점 컨설팅 및 연구개발 업무의 성과에 따라 결정되었다. 가령 1922년에 노턴은 산학협력연구처 처장을 맡았을 뿐 아니라 물리학과 학과장까지 겸직했다.[22]

이렇다 보니 MIT의 연구 활동에 대한 일부 통제권이 기업에 넘어가기도 했다. 대다수의 연구 계약에서 기업은 연구 결과의 공표를 막을 권리를 얻었다. 1920년대에 기업 후원을 받는 연구 활동으로 가장 크게 두각을 드러냈던 RLAC는 후원 업체들 때문에 활동의 자유가 크게 줄었다. 대다수 기업은 자기들이 의뢰한 연구의 결과를 RLAC가 발표하는 것을 금지했다. 산업계 후원에 심각한 문제가 있다는 사실이 교수들에게 점점 더 명확해졌다. 1924년 노턴이 MIT 지도부에 연구 프로젝트가 기본적으로 기밀이기 때문에 자신도 "산학협력연구처를 통해 우리 교수진이 맡은 연구개발 업무의 속성과 범위에 관해서는 자세히 언급할 권한이 없다"라고 보고했을 정도였다.[23]

기술 교육기관에서 연구중심대학으로

1920년대 후반부터 MIT의 목표를 연구중심대학으로 설정하자는 움직임이 제기되었다. 이번에는 개혁의 동기가 MIT 교수들이 아닌 외부에서 왔는데, 유력한 두 기업가가 그 주인공이었다. 바로 제너럴일렉트릭의 대표인 제라드 스워프(Gerard Swope)와 벨전화연구소(Bell Telephone Laboratories) 소장인 프랭크 주잇(Frank Jewett)이다(스워프는 MIT 이사회의 집행위원회를 이끌었으며, 주잇은 전기공학과의 자문위원회 소속이었다). 몇몇 (화학공학과와 같은) 학과들을 제외하고, 1920년대 MIT의 학부생 교육은 실습에 방향이 맞춰져 있었다. 하지만 스워프와 주잇이 보기에, MIT가 1880년대 이래로 배출했던 실천 지향적 엔지니어는 이제 더 이상 산업계에 필요하지 않았다. 둘은 MIT가 과학을 확실하게 이해하는 엔지니어를 배출하길 원했다. 과학 기반의 기술과 산업에 창조적인 역할을 할 수 있는 엔지니어를 원했던 것이다. 우선 스워프와 주잇은 전기공학과에서부터 개혁의 바람을 일으켰다. 학부생 교과과정과 대학원생 교과과정 모두에서 과학을 더욱 강조했고, 심화 과정 마련에 적극적이었다. 또한 그들은 물리학 연구 프로그램의 확대를 추진했다. 그 결과 1920년대 말에 이르자, 역설적으로 연구 활동이 가장 활발한 물리학자들은 물리학과가 아니라 전기공학과에 포진해 있었다.[24]

전기공학과에서 성공을 거둔 후 스워프와 주잇은 개혁 조치를 MIT 전체로 확대했다. 스워프는 1930년에 칼 콤프턴에게 총장직을 제안했다. 유명한 실험물리학자이자 미국국립과학원의 회원이었던 콤프턴은 프린스턴에서 물리학과 학과장을 맡았으며 제너럴일렉트릭에 컨설팅을 제공하기도 했다. 스워프와 주잇은 자기들과 뜻이 맞는 콤프턴에게 "기초과학이라는 훨씬 더 강력한 요소"를 MIT의 공학 교과과정에 도입할 권한을 부여했다. 또한 둘은 이런 교과과정 개혁은 기초과학 분야의 학과들을 강화하고 공학 분야 학과에도 "연구자들"을 임명할 때 가장 잘 구현되리라는 속뜻을 내비쳤다.[25]

스워프와 주잇의 지향을 현실화하고자 콤프턴은 연구중심대학이라는 비전을 수용하는 유능한 교수들과 보직자들에게 의지했다. 이런 인물 중에 배니버 부시와 프레더릭 케이스(Frederick Keyes)가 있었다. 부시는 MIT가 최초로 배출한 공학박사 학위 졸업생 중 한 명이자 아날로그 컴퓨팅의 선구자였으며, 전기공학연구소의 소장을 맡고 있었다. 케이스는 화학과 학과장으로서 노이스 밑에서 박사후과정 연구원으로 일한 적이 있었고, 나중에는 MIT에 무기화학 및 유기화학 분야의 연구소들을 설립했다. 콤프턴은 이스트먼의 기부금으로 교과과정을 개편했고, 강력한 자연과학 분야 학과들과 연구 프로그램들을 신설했다. 또한 콤프턴은 공학에 쏠린 자원을 이학 쪽으로 돌렸다. 특히 그는 가스공학과 연료공학 등 운영비가 많이 드는 몇몇 학위 과정을 폐지했고, 록펠러재단에서 후원금을 얻어 냈다.[26]

1930년대에 콤프턴 총장은 노이스가 이십 년 전에 옹호했던 노선을 따라 교과과정 개편을 단행했다. MIT의 목표는 그가 쓴 1930~1931학년도 결산 보고서에서 설명했듯이, 단순한 "테크닉 교육(technical education)"이 아닌 "테크놀로지 교육(technological education)"을 제공하는 것이었다. 그가 말하는 테크놀로지 교육이란 "근본적 원리에 대한 교육"과 더불어 "그런 원리를 가장 기본적인 과정과 문제에 응용하는 법을 가르치는 교육"을 뜻했다. 그리고 궁극적인 목표는 "조직, 생산, 개발과 관련한 크고 어려운 문제들을 다룰 수 있는 지도자를 배출"하는 것이었다. 이런 목표들을 달성하고자 그는 학부 교과과정을 재구성했다. 학부생은 첫 두 해 동안 수학, 물리학, 화학, 영어, 역사의 기초 학습에 매진해야 했고, 고학년으로 올라간 후 전공 선택의 기회가 주어졌다. 이런 새로운 교육체계는 1~2학년을 위한 강의 방식에 큰 영향을 끼쳤다. 가령 화학과는 공학도와 화학도에게 제공했던 전통적인 입문 강좌 대신에 더 통합적인 화학 개론 강좌를 새로 개발해야 했다. 이런 개편은 상당한 내부 갈등을 일으켰는데, 결국 기존의 강의와 상당히 유사한 과목을 제공하는 수준으로 귀결되었다. 다만, 신규 교과목은 확실히 공학자보다는 화학자 양성에 초점을 맞춘 것이었다.[27]

콤프턴은 물리학과도 대대적으로 변화시켰다. 연로한 교수들을 퇴임시켰고, 응용공학물리학 전공자인 노턴을 대신해 이론물리학자인 존 클라크 슬레이터(John Clarke Slater)를 새로이 학과장으로 임명했다. 또한 전기공학과 소속의 물리학자들을 물리학과로 이동시켰고, 로버트 밴더그래프(Robert Van de Graaff)를 비롯한 전도유망한 프린스턴 출신의 박사 학위 소지자들과 국가 연구 펠로우(National Research Fellows)들을 연구원과 신임 교수로 임용했다. 1930년대 중후반에 콤프턴은 기상학 및 생물학 분야에서도 학과 신설을 추진했다. 스타 과학자들을 MIT 교수진에 합류시키는 조치와 더불어, 그는 새로운 연구 기관을 지었다. 우선 이스트먼이 기부한 자금을 이용해 조지이스트먼연구소(George Eastman Laboratories)를 세워 물리학 및 화학 분야의 연구팀들을 유치했다. 또 하나의 중요한 연구센터는 매사추세츠주 사우스다트머스(South Dartmouth)에 위치한 라운드힐연구소(Round Hill Laboratory)였다. 그곳에서 MIT 교수들은 1920년대 중반부터 무선통신 시스템에 관한 실험을 수행해 왔다. 또한 라운드힐연구소에서 밴더그래프는 핵물리학 연구를 위해 전례 없이 강력한 정전형 가속기(electrostatic accelerators)를 설계하고 제작했다.[28]

콤프턴과 (1932년에 부총장 및 공과대학 학장이 된) 부시는 비슷한 정책을 여러 공학 분야 학과에서 실시했다. 우선 연구 지향성이 강한 저명한 공학자들을 요직에 임명했다. 예를 들어 제롬 헌세이커(Jerome Hunsaker)는 MIT가 배출한 1세대 공학박사 중 한 명이었고 미 해군을 위한 항공기 설계를 이끌었던 인물로, 기계공학과 학과장으로 임명되었다. 기계공학과를 쇄신하기 위해 헌세이커는 물리학자를 여럿 초빙했다. 금속공학 분야에서도 MIT 지도부는 물리학자 두 명을 추가로 영입했다. 콤프턴은 응용과학 관련 경력이 있는 인물들을 전기공학과와 화학공학과에 임용했

[그림 3-4] 1930년대 MIT 총장 칼 콤프턴(오른쪽)과 MIT 부총장 배니버 부시. 콤프턴과 부시는 1930년대에 MIT에서 개혁을 단행하며 연구와 교육에서 기초과학을 중시했고, 산업계의 후원자들과의 관계에서 MIT의 자율성을 크게 회복시켰다. MIT박물관 제공.

는데, 이 두 학과는 이미 연구 중심 학과로 변해 있었다. 조지이스트먼연구소 설립과 더불어 이런 교수 임용 추세는 MIT가 자연과학 분야를 다시금 중시하고 있다는 지도부의 의지를 극적으로 보여 주었다.[29]

산업계와의 관계에 대한 노이스의 접근법과 비슷하게 콤프턴과 부시는 기업들과의 결속을 지지했다. 둘은 산학협력이 MIT의 핵심 임무라고 여겼지만, 산학협력이 대학의 다른 임무, 즉 교육과 연구를 방해하기보다는 발전시키길 바랐다. 이런 구상에 따라 콤프턴과 부시는 산학협력 활동에서 MIT가 주도권을 쥘 수 있게끔 하려고 애썼다. 대공황 발발로 이런 노력이 한층 더 동력을 얻었다. 산학협력 연구 계약이 크게 주는 바람에 워커 그룹의 세력이 약해졌기 때문이다. 1934년 콤프턴은 운영난에 빠진 응용화학연구소를 폐쇄했다. 워커가 설립한 이후 독자적으로 기업들을 상대해 왔던 그곳은 후원 기업체들 때문에 활동의 자유가 심하게 제약받는 상태였다. 또한 콤프턴은 원래 테크 플랜을 실행하려고 조직되었던 산학협력연구처에 기업체와의 연구 계약 조건을 통제하는 새로운 임무를 부여했다. 1932년 이후로 모든 연구 계약은 "총장의 지휘 아래 직속으로 활동하는 산학협력연구처장에게 승인을 받아야" 했다. 이제 산학협력연구처장은 계약 조건으로, 산학 연구 결과를 발표할 권리가 대학 연구진에 있으며 MIT의 자율성이 존중되어야 함을 명기했다.[30]

늘어나는 MIT의 연구 프로그램을 지원하기 위해 콤프턴과 부시는 또한 MIT가 후원을 받는 조직의 범위를 연방 정부까지 확장했다. 1933~1935년에 프랭클린 루스벨트 대통령의 과학자문위원회 위원장을 맡은 콤프턴은 연방 정부가 학계의 과학 연구에 막대한 지원을 해 달라고 촉구했다. 1936년과 1937년에는 미국국립표준국(National Bureau of Standards) 국장인 라이먼 브릭스(Lyman Briggs)를 도와서 표준국이 비영리 기관들에 연구 보조금을 지급하는 것을 허용하는 법안 제정을 촉구했

[그림 3-5] 1931년에 화학 및 물리학 연구를 위한 조지이스트먼연구소가 위치한 MIT의 제6호동 건물을 짓고 있는 모습. 사진 발명가이자 사업가인 조지 이스트먼이 몇 해 전에 기부한 거액의 자금 덕분에 MIT 총장 칼 콤프턴은 기초과학 위주의 개혁 조치를 다수 실행할 수 있었다. MIT박물관 제공.

다. 하지만 이런 노력은 결실을 보지 못했다. 루스벨트 행정부의 핵심 인사들과 일부 미국 과학계 기득권층이 대학에서의 연구 활동에 대한 연방 정부의 지원 확대를 적극적으로 반대했기 때문이다. 이 때문에 비영리 기관들에 장학금과 연구 보조금을 지원하는 연방 정부 기관인 국립연구관리국(National Research Administration)을 신설하려던 콤프턴의 계획이 좌절되었다. 이런 시도가 실패했는데도 콤프턴은 MIT의 연구 프로그램을 지원해 달라고 연방 정부에 끈질기게 요청했다. 1932~1935년에 MIT는 새로운 고전압 전력 전송 시스템을 개발하기 위해 테네시강유역개발공사(Tennessee Valley Authority)와의 계약을 따내기 위한 협상에 나섰다. 몇 년 후 콤프턴은 한 묶음의 제안서를 들고 신설된 미국국립보건원과도 접촉했다. 이 두 가지 시도는 실패했다. 그렇기는 해도 MIT는 1930년대 후반에 민간항공국(Civil Aeronautics Authority), 미군, 그리고 미국 상무부로부터 점점 더 많은 연방 연구비를 수주해 왔다. MIT의 연구 활동을 위한 연방 지원금은 1936년 2만3,000달러에서 1940년에는 4만4,000달러(2008년 달러 가치로 환산하면 36만 달러에서 68만 달러)로 거의 두 배가 되었다.[31]

콤프턴 총장이 제너럴일렉트릭의 스위프와 벨전화연구소의 주잇의 요청으로 1930년대에 실시한 개혁은 MIT의 방향을 바꾸었다. MIT는 전면적인 연구중심대학으로 변모했다. 칼텍과 더불어 MIT는 1934년에 엘리트 연구중심대학들의 연합체인 미국대학협회(Association of American Universities)에 가입했다. MIT의 자연과학 분야 학과들은 위상이 한층 높아졌다. 또한 산업계와의 관계 속에서 MIT가 누리는 자율성의 수준이 더 높아졌다. 연구 역량이 새로 강화된 덕분에 MIT는 1930년대 말이 되자 제너럴일렉트릭의 경쟁자로까지 부상했다. 밴더그래프와 그가 이끄는 연구팀은 백만 볼트 전압의 X선 발생 장치를 암 치료를 위해 헌팅턴메모리얼병원(Huntington Memorial Hospital)에 설치했다. 그러자 대학의 오랜 후원자였던 스위프가 1938년에 "MIT가 제너럴일렉트릭과의 부적절한 사업 경쟁에 뛰어들어" 회사의 의료 장비 사업을 방해한다고 불만을 제기하기까지 했다.[32]

1930년대 말이 되자 MIT는 40년 전과 전혀 다른 기관이 되어 있었다. 즉 실용적인 엔지니어를 양성해 산업 현장에서 즉시 활용 가능한 인력을 공급하던 기술 중심 교육기관(polytechnic institution)에서 물리학·화학·전기공학·화학공학 분야에서 선도적인 연구 및 대학원 프로그램을 갖춘 본격적인 연구중심대학으로 발전했다. 학부 교과과정에서도 물리과학

(physical sciences) 계열 과목의 학습이 훨씬 강화되었고, 미국 산업에 창조적으로 이바지할 공학자와 기업 경영자를 배출하는 것을 목표로 삼았다. 이 시기의 MIT 교수들은 20세기 초에 비해 산업체를 위한 연구를 훨씬 더 많이 했다. 또한 점점 더 많은 과학자를 길러 기업 연구소에 취직시켰다. 아마도 이보다 더 중요한 사실은 행정 보직자들과 교수들이 산업계와의 관계를 관리하는 전문적인 역량을 갖추게 되었다는 점일 것이다. MIT라는 대학의 자율성이나 교육과 연구에 관한 사명을 타협하지 않고도 기업과 협력하는 법을 터득하게 된 것이다.

4장

데버라 더글러스

MIT와 전쟁

1941년 2월, 전쟁의 불길이 유럽, 북아프리카 그리고 극동에서 타오르고 있었다. 비록 미국은 공식적으로 중립을 지켰지만, 루스벨트 행정부는 전란에 휩싸인 우호국들에 군사 물자와 장비를 최대한 지원하고 있었다. MIT의 과학자와 공학자 대다수는 (미 전역의 다른 동료들과 마찬가지로) 미국이 조만간 참전하리라 여겼고, 이미 국가의 임박한 전시 활동에 동원되고 있었다. 하지만 그들 중 누구도 그토록 전쟁이 캠퍼스 풍경과 연구 의제들뿐 아니라 MIT가 학생들을 교육하는 방식까지 뒤바꿀 줄은 미처 내다보지 못했다.[1]

같은 달, 열아홉 살의 허버트 골드스타인(Herbert Goldstein)이 자신의 꿈을 향한 발걸음을 뗐다. 그는 MIT 물리학과의 대학원 과정에 입학 신청서를 제출했다. 검은 머리카락에 안경을 쓴 이 총명한 젊은이는 일찌감치 그 전 해에 뉴욕시립대학교(City College of New York)를 파이베타카파(Phi Beta Kappa)[2] 회원으로서 졸업했으며, 모교 물리학과에서 장학금을 줄 테니 대학원에 진학하라는 제안을 받은 수재였다.[3] 하지만 그의 목표는 MIT였다. MIT에 입학 신청서가 접수된 지 딱 열흘 만에 그는 MIT 물리학과 학과장인 존 클라크 슬레이터 교수에게 답신을 받았다. 슬레이터가 골드스타인에게 알리길, 혹시 골드스타인이 다른 대학원에도 합격할 때를 대비해 일단 "선호하는 후보자 명단"에 포함되어 있다고 했다.[4] 얼마 후 4월 1일에 MIT의 입학 담당관이 골드스타인에게 연락했다. MIT 입학은 결정되었지만, 그가 신청했던 수업료 면제 장학금이 거절되었다는 내용이었다.[5] 골드스타인은 곧바로 슬레이터에게 전보를 보냈다. "트래셔(Thrasher) 교수님이 보낸 장학금 신청 거절 통지가 잘못된 것인지 알고 싶습니다." 슬레이터는 이런 답변을 보냈다. "학과에서는 적극 찬성했지만, 정작 장학금을 줄 자금이 부족한 것이 못내 아쉬웠네."[6]

이처럼 뼈아픈 실망감을 느낀 터라, 4월 8일에 그가 앞서와 다른 소식을 받고서 얼마나 행복했을지는 누구라도 짐작할 수 있다. 지원자 한 명이 MIT 물리학과 대학원 입학을 자진 철회하는 바람에, 만약 골드스타인이 원한다면 수업료 면제와 조교 장학금은 물론이고 1941~1942학년도에 500달러의 급여까지 받을 수 있다는 것이었다.[7] 골드스타인은 이튿날 전보를 날렸다. "4월 8일 서한에 적힌 입학 제안을 무조건 받아들이겠습니다. 감사합니다."[8] 그런데 이후 여러 날을 의기양양하게 지내고 있던 골드스타인은 아주 힘든 결정을 내려야 했다. 정통파 유대교도였기에 그는 안식일을 지켰다. 토요일에 수업이 있을 수 있는데, 그렇다고 강의 일정 변경을 요청할 수 있을까? 그랬다가는 단지 자기 종교가 문제라는 걸 드러내는 꼴이 되지 않을까? 유대인 학생과 교수가 많았던 뉴욕시립대학교에서는 문제가 되지 않았던 일이다. 또한 골드스타인이 합격했던 로체스터대학교에서도 문제가 되지 않을 것이다. 왜냐하면 그곳의 저명한 교수이자 골드스타인과 서신 왕래가 있었던 빅터 바이스코프(Victor

Weisskopf)가 매우 독실한 정통파 유대교도여서 어려운 문제가 생길 일이 적었기 때문이다. 하지만 여러 친구 및 동료와 대화를 나눠 보니, 그 무렵 많은 엘리트 미국 대학교에 널리 퍼져 있던 유대인 학생들과 교수들에 대한 차별 문제가 곧바로 실감이 났다.[9]

결국 그의 아버지인 해리가 나서서 유대교 랍비인 이스라엘 업빈(Israel Upbin)에게 조언과 도움을 요청하는 편지를 썼다.

> 종교적인 이유로 토요일 강의가 없도록 수업 일정을 조정해 달라고 (공교롭게도 입학 허가의 최종 담당자인) 물리학과 학과장 슬레이터 교수에게 요청하는 편지를 내 아들이 써 보낸다고 가정해 보겠습니다. 충분히 예상되듯이, 그런 요청을 받자마자 슬레이터 교수는 의구심에 사로잡힐지 모릅니다. 아마도 이 학생은 삐뚤어진 성격에 정서적으로 불안정하고 예민한 기질인 데다가, 반사회적이며 자기주장이 강하고 감정 기복이 심하고 사람들과 어울리길 꺼릴 거라고 여길지 모릅니다. 한마디로 광신도라서, 명백히 짜증을 불러일으키고 거북함을 초래할 사람이라고 말입니다.[10]

아버지는 계속해서, 자기 아들이 그런 요청서를 가을학기까지 기다렸다가 내는 건 대단히 치욕스러울 것 같다고 했다. 둘의 바람은 랍비가 하버드 교수 네이선 아이작스(Nathan Isaacs)에게 서한을 보내는 것이었다. 그 교수는 정통 유대교도로, 하버드 총장 애벗 로런스 로웰의 잘 알려진 뿌리 깊은 반유대인 정서에도 굴하지 않고 유대 율법을 당당히 따르는 걸로 유명했다. 아마도 랍비가 아이작스 교수를 설득해, MIT의 슬레이터 학과장에게 부탁해서 특별히 아들의 부탁을 들어 달라고 할 수 있을지도 몰랐다. 업빈이 아이작스에게 편지를 보냈지만, 그 하버드 교수는 깊은

[그림 4-1] 열아홉 살인 1941년에 허버트 골드스타인은 MIT 물리학과 대학원에 입학 허가가 났을 때 매우 기뻐했다. MIT의 모든 신입생은 자신의 사진을 제출해야 했다. 사진 위에 적은 ("콤프턴의 후계자!!"라는) 문구에서 골드스타인의 포부가 드러난다. MIT박물관 제공.

병이 들어 있었기에(1941년 12월에 세상을 떠났다) 그 편지에 답장을 보내지 못했다.[11]

허버트 골드스타인의 결심, 즉 과학자가 되어 자기가 선택한 물리학 분야에서 전시의 조국에 이바지하겠다는 마음이 적대적인 반응과 맞닥뜨릴까 두려워하는 마음을 이겨냈다. 그래서 5월 5일, 그는 조교 업무를 받아들이겠냐는 슬레이터 학과장의 질문에 답변서를 보냈다. 골드스타인은 이렇게 썼다. "존경하는 학과장님. 어떤 직책이라도 기꺼이 받아들이겠지만, 가능하다면 우수한 연구실에서 근무하는 게 더 나은 경험이 될 듯합니다." 바로 그다음에 골드스타인은 숨을 한 번 크게 들이쉬었을지 모른다. "그리고 드리고 싶은 부탁이 있는데, 제가 토요일에 쉴 수 있도록 학과 일정을 짜 주셨으면 합니다. 이런 부탁을 드리는 까닭은 안식일을 지키기 위해서입니다. 그렇게 해도 제가 맡은 전체 임무에 차질이 없도록 다른 날에 추가 업무를 기꺼이 맡겠습니다."[12] 슬레이터는 곧 답장을 보냈다. "골드스타인 군에게. 5월 5일에 보내 준 편지 잘 받았네. 토요일에 업무가 없도록 흔쾌히 일정을 조율하겠네."[13] 다음 달에 나온 조교 업무 일정표를 보니 한 학기에 250시간만 일하면 되었다. 물리학과의 모든 조교가 예상하는 시간대로였다. 5월 그날에는 미처 짐작하지 못했지만, MIT를 선택함으로써 그는 조국의 전시 활동에 도움을 주고 싶다는 자신의 소망을 실현하는 데 가장 안성맞춤인 대학에 입학했다.[14]

전쟁에 활용된 "기술"

1940년 9월 19일, MIT 총장 칼 콤프턴이 워싱턴 DC의 한 극비 회의에 참석했다. 레이더 연구의 최일선에 있던 영국과 미국의 과학자들과 함께 간 자리였다. 이미 콤프턴은 신설된 미국국방연구위원회(National Defense Research Committee, NDRC) 소속으로서 그곳의 D 부서를 이끌고 있었다. 레이더를 포함해 측정 기기와 제어 장치를 다루는 부서였다. 앨프리드 루미스(Alfred Loomis)가 파티로 위장하고서 워드먼파크호텔(Wardman Park Hotel)에서 비밀 회합을 주선했다. 그는 월스트리트 금융가이면서 과학에 식견이 넓었으며, MIT 이사회의 종신이사이자 NDRC의 마이크로파 연구 조직의 수장이었다. 그날 밤이 깊어지고 있을 때, 영국 손님들이 작은 나무 상자 하나를 열더니 검은색의 자그마한 금속 장치를 꺼내 들었다. 튜브와 전선이 붙어 있는 하키용 퍽(puck)처럼 생긴 장치였다. 에드워드 보언(Edward Bowen)과 존 콕크로프트(John Cockcroft)가 나직이 발표하기로, 그 장치는 10kW 전력의 10cm 파장 마이크로파 펄스를 발생시

[그림 4-2] 에드워드 보언(왼쪽 의자), 리 듀브리지(Lee Dubridge, 가운데), 그리고 10cm 공동전자관을 든 이시도어 라비(Isidor Rabi, 오른쪽). 보언은 영국에서 개발 중이던 마이크로파 레이더 개발의 핵심 인물로서 1941년 9월, 미국 관리들과의 극비 회합에 시제품 단계의 전자관을 가져왔다. MIT 방사선연구소는 이 회합으로 인해 탄생했는데, 듀브리지가 소장을, 라비가 책임 연구원을 맡았다. MIT박물관 제공.

킬 수 있는 공동전자관(空洞電磁管, cavity magnetron)이었다. 작동이 되기는 하지만, 둘에 따르면 영국이 독일과 전쟁 중인지라 과학자들이 영국 정부에 우려를 표했다고 한다. 그 유망한 신기술을 무기화하기 위한 본격적인 연구에 착수하려 해도, 당시 영국은 이를 뒷받침할 자원이 없기 때문이었다.[15]

그들이 미국 과학자들에게 한 부탁의 요지는 이랬다. 영국은 지금껏 발견된 가장 중요한 기술 중 하나를 미국에 건네줄 준비가 되어 있으니, 대신 그걸 본격적으로 개발하는 데 전면적인 지원을 해 달라는 것이었다. 그 자리에 있는 모두에게 잊을 수 없는 순간이었다. 누가 보더라도, 만약 마이크로파 레이더를 개발할 수 있다면 군용 장비로 매우 요긴하게 활용할 수 있을 터였다. 이 파장의 전파를 이용한다면, 군은 훨씬 더 멀리 있는 적 항공기, 선박 또는 폭탄을 더욱 정밀하게 탐지할 수 있고, 지면 반사, 구름 또는 파도로 인한 간섭이 적을 것이다. 파장이 짧을수록 장비를 더 작게 만들 수 있기에, 이 새로운 공동전자관으로 특수한 레이더 시스템을 개발하면 비행기와 선박에 장착할 수 있다. 이것은 전쟁에서 아주 큰(어쩌면 **가장** 결정적인 기술적 우위를 확보할 수 있는) 군사적 이점이 될 것이다.[16]

미국이 아직 참전하지 않았지만, 미국 과학·기술계에서 중립을 지키자는 쪽은 극히 적었다. 그 무렵 미국 전역은 미국이 유럽의 전화에 휩싸이는 상황의 위험성을 주제로 선거 토론이 한창이었다. 하지만 그날 워드먼파크호텔의 네 미국인은 주저하는 마음을 조금도 드러내지 않았다. 대신에 연구개발이 즉시 시작될 것이라고 영국 과학자들을 안심시켰다.[17] 미육군과 해군은 긴 파장의 레이더 시스템에 집중할 것인데 반해(이미 이 기술에 대한 연구개발이 이루어져, 그해 초반에 런던 상공에서 치러진 브리튼 전투에서 성공적인 역할을 했다), NDRC는 이제 막 드러난 유망하지만 아직 입증되지 않은 마이크로파 기술에 집중할 예정이었다. 하지만 NDRC가 새 연구소를 어디에 설치해야 할 것인가? 마이크로파 레이더 기술이 빠르게 발전하려면 군 인력과 산업계 및 학계의 민간 전문가들을 한데 모을 구심점이 필요했다.

1940년 10월 17일, 이제 콤프턴은 워싱턴에 와 있었다. 16번가와 P가의 교차점에 있는 카네기과학연구소(Carnegie Institution)에서 배니버 부시와 회의가 있었기 때문이다. 1938년까지 부시는 MIT에 있으면서 교수 겸 부총장 그리고 공과대학 학장을 역임했다. 이제 그는 카네기과학연구소의 소장이자 NDRC의 위원장이었다. 콤프턴과 부시를 그날 아침 만나게 한 사람은 금융가인 앨프리드 루미스(MIT 이사회 종신이사), 에드워드 볼스(Edward Bowles) 그리고 (미국국립과학원의 원장이자 벨전화연구소의 이사장인) 프랭크 주잇이었다. 회의의 목적은 마이크로파연구소의 위치를 결정하는 것이었다. 여러 가지 이유로 그런 연구소를 (부시와 루미스의 첫 선택지인) 워싱턴에 두기란 불가능하다고 결론이 났다. 서부 연안의 두 대학이 부지를 제공하겠다고 밝혔지만, 둘 다 주요 파트너들과 너무 먼 곳인 것 같았다. 그리고 비록 이 회의에서 언급하진 않았지만, 부시와 루미스는 벨전화연구소에 이 연구를 맡기자는 주잇의 앞선 제안에 강경하게 반대했다. MIT가 그런 복잡한 연구를 수행할 능력이 부족하다는 주잇의 주장에 둘은 (아마도 눈치 없게) 발끈했다. 주잇의 제안은 이미 그 전날에 거부되었지만, 그는 두 번째 회의에도 꿋꿋하게 참석했다. 이후로도 벨전화연구소는 연구 활동에 결코 자사의 자원을 아끼지 않았다. 벨전화연구소의 참여가 없었다면, 과연 신생 연구소가 훗날 그토록 큰 성공을 거둘 수 있었을지는 불분명하다. 그럼에도 연구실을 벨전화연구소에 두지 않기로 한 결정 때문에 주잇은 이후로 모교인 MIT에 평생토록 다소 씁쓸한 감정을 품게 되었다.[18]

부시, 루미스, 볼스 및 주잇이 콤프턴에게 단순하면서도 긴급한 질문 두 가지를 던졌다. MIT가 1만 평방피트(약 929m²)의 가용한 연구소 부지를 갖고 있는가? MIT가 이스트보스턴공항(East Boston Airport, 현재의 보스턴로건국제공항(Boston Logan International Airport))의 설비에 접근할 권한을 얻어 낼 수 있는가? 콤프턴은 비서인 제임스 킬리언에게 전화를 걸어 첫 번째 질문을 전달했다. 몇 시간 동안 백방으로 알아본 후 킬리언은 전화로 이렇게 말했다. 만약 볼스의 연구실을 비울 수 있다면, 연구를 시작할 자리가 생긴다고 말이다. 워싱턴에 모인 사람들이 분명 웃음을 터뜨리긴 했지만, 어쨌든 볼스는 동의했다. 다음 주에 NDRC는 그 계획을 공식적으로 승인했고, 1년간의 연구소 운영비와 50여 명의 급여를 대기 위한

45만5,000달러어치의 계약(2008년 달러 가치로 환산하면 거의 700만 달러의 계약)이 체결되었다. 이는 상당한 액수로, 1939~1940학년도의 MIT 총예산 330만 달러(2008년 달러 가치로 환산하면 5,000만 달러)의 거의 14%에 달했다. 하지만 그건 신설 마이크로파연구소가 앞으로 이룰 성과에 비하면 대단하지 않았다.[19]

어니스트 O. 로런스(Ernest O. Lawrence, NDRC 마이크로파위원회 위원이자 캘리포니아대학교의 스타 물리학자)가 새 연구소의 소장 자리를 제안받았지만 거절했다. 자신이 하고 있던 대형 사이클로트론(cyclotron, 입자가속기의 일종)에 관한 연구를 계속하고 싶었기 때문이다. 그래도 새 연구소의 기틀을 마련하는 데 그가 핵심 역할을 했다. 로런스가 나서서 또 한 명의 스타 과학자를 데려왔으니 말이다. 바로 그의 제자였던 리 듀브리지(Lee Dubridge)였다. 당시 듀브리지는 로체스터대학교의 물리학과 학과장이자 문리과학부 학장을 맡고 있었다. 듀브리지에게는 설득이 크게 필요하지 않았다. 훗날 그는 이렇게 회상했다. "로런스는 그 프로젝트에 관심이 있는 정도였지만, 나는 직접 맡아서 하고 싶었다."[20] 그는 1940년 10월 16일, 소장직을 수락했다. 부시는 바로 이렇게 되기를 바랐다. 즉 도전 과제를 정하고 적임자를 찾아 그 남자(적임자는 거의 언제나 "남자"였다)를 자리에 앉혀 일을 곧바로 시작하게 하고, 행정적인 사안들은 나중에 처리하는 방식이었다. 신설 연구소가 대다수의 직원을 모으는 하나의 전범이 될 이 방식은 부시가 MIT의 행정 보직자로 일한 경험(1930년대에 콤프턴 총장 밑에서 MIT의 주요 학과들을 신설하면서 얻은 경험이었다)에서 나왔다.

로런스와 듀브리지는 연구소에서 일할 최고의 물리학 인재들을 모집하기 시작했다. 11월 6일이 되자 이시도어 라비(Isador Rabi, 컬럼비아대학교)와 휠러 루미스(Wheeler Loomis, 일리노이대학교)가 연구팀에 합류했다. 12월 1일이 되자, 총 12명의 물리학자가 거기서 연구를 시작할 수 있었다. 듀브리지는 가장 명민한 과학자들이 마이크로파 레이더의 이론적 문제들을 공략하기를 바랐다. 듀브리지가 생각하기에 만약 연구팀이 다 함께 왜 영국의 공동전자관이 작동하는지 이해할 수 있다면, 군사용으로 그 기술을 개발하는 일이 더욱 빠르고 효율적으로 진행될 터였다. 당연히 이 생각은 콤프턴과 통했다. 콤프턴으로선 국가에 이바지할 목적으로 새 연구소를 MIT에 유치한 것이었다. 하지만 자신이 처음엔 미처 짐작하지 못한 수준의 조직으로 MIT를 탈바꿈하려는 야망을 이뤄 보려는 속내도 아마 있었을 것이다. 신설된 이 방사선연구소(이 시설의 진정한 연구 목적을 숨기려고 지은 이름이었다)는 집중적이고 역동적인 연구 환경을 이미 마련해 나가고 있었다.[21]

한편 골드스타인이 가을학기가 되어 캠퍼스에 왔더니, 생판 처음 보는 (다들 그렇게 부르는) '래드랩'이 들어서 있었다. 그런데 그가 MIT의 대학원 기숙사 6층에 있는 방에 짐을 풀고 있을 때도 인부들이 유명한 그레이트 돔(Great Dome) 건물 바로 뒤에 3만8,000평방피트(약 3,520m²)의 건물 (24번 건물)에서 마감 공사를 서두르고 있었다. 이 건물은 빠르게 늘어나는 물리학자, 공학자, 기술자 및 다른 전문가가 거주할 공간이었다. MIT는 이미 총 380만 달러(2008년 달러 가치로 환산하면 5,800만 달러)어치에 달하는 55건의 계약을 체결했고, 320명의 과학 관련 인력을 포함해 466명의 직원을 고용했다. 과학기술 인력 중 (골드스타인의 지도교수인 슬레이터를 포함해) 70명은 MIT 소속으로, 시간을 나눠 강의와 래드랩에서의 연구 임무를 번갈아 했다. 한편, 화학공학 연구용의 신설 연구소 한 곳도 화학전부대(Chemical Warfare Service)의 자금으로 건설 중이었다. 두 건물 때문에 꽤 많은 주차 공간이 사라졌고(지금과 마찬가지로 당시에도 논란거리였다), 야외 육상 트랙의 위치를 옮겨야 했다.

(기술 훈련을 받는 남성들에게 입대 연기를 허용하는 정책 덕분에) 징집이 학생

들에게 아직은 영향을 끼치지 않았다. 하지만 많은 이들, 특히 입학처 교직원들은 그런 상황이 언제 바뀔지 촉각을 세우고 있었다. 학생들은 캠퍼스의 일부 구간이 폐쇄되었음을 알아차리기 시작했고, 노동자들이 점점 더 많이 교정에 들어왔다. 등록 학생 수는 거의 똑같았지만, MIT는 기상학, 항공공학 및 화학공학 등의 분야에서 군대와 다양한 정부 기관을 위한 특별 교육 과정을 마련해 나가고 있었다. 레이더학교(Radar School)가 MIT에 새로 생겼다. 1945년 신입생을 환영하는 올텍 스모커(All-Tech Smoker) 행사에서 콤프턴 총장은 학생들의 작은 희생이 요청된다면서도 그건 대의를 위해서라고 했다. "현재 중요성 면에서 다른 어떤 사안이나 활동도 히틀러, 그리고 반민주적이고 반인류애적인 나치의 활동을 분쇄하는 일에 비견될 만한 것은 없습니다."[22]

1941년 12월 7일, 일본이 진주만을 공격했을 때 콤프턴은 다시 학생들에게 학업을 계속할 것을 당부했다. 제1차 세계대전 동안 많은 학생이 군 복무를 위해 학업을 그만두었다는 점을 그는 짚었다. 그가 보기에 학생들의 의도는 숭고했으나, 학위를 받고 나서 자신들의 전문적인 과학적·기술적 역량을 그 목적에 활용하는 것만큼 국가에 큰 도움이 되지는 않았다. 진주만 공습 이후 심상찮은 변화들이 있었다. 가장 중요한 것을 꼽자면, 그해 겨울에 긴박해진 학사 일정이 새로 시작되었다. 1942년 졸업반 학생들의 경우, 학기가 15주에서 11주로 축소되었다. 콤프턴과 많은 교수가 교육 경험 축소에 원론적으로 반대했지만, MIT 교학위원회(Academic Council of MIT)는 1942년 6월에 투표를 통해 여름학기를 도입하기로 했다. 학부생들이 4년 대신에 3년 미만으로도 졸업할 수 있도록 하기 위해서였다. 또한 "문화적 소양을 넓히고 지적인 취미 활동을 하는 데 대체로 바람직한 여러 전공 외 교과목들이 전시에 긴급히 쓰일 과목들"로 대체된 사실을 학생들은 알아차렸다. 곧 등화관제, 공습 대비 훈련,

전시 국채(War Bonds) 매입과 적십자 모금 운동, 그리고 심지어 특별 재활용 조치들이 흔해졌다. 학생 신문《더 테크(The Tech)》의 발행인란에는 이런 구호가 담겼다. "떠오르는 해[23]를 가라앉혀라." MIT 공동체 전체는 국가와 보조를 맞춰 전쟁 승리라는 단 하나의 목표에 집중했다.[24]

군대식 분위기가 캠퍼스 곳곳에 팽배해지기 시작했는데, 그런 분위기는 특히 몇몇 학과에 의미가 컸다. 슬레이터는 이 변화의 핵심을 짚으면서 "사방팔방에서 몰려온 물리학자들이 MIT를 급습"했다고 일갈했다.[25] 하지만 그 사람들은 민간인 과학자였다. 반면에 항공공학과는 군대 인력으로 가득 차 있었다. 밤낮을 가리지 않고 MIT 교수들은 육군과 해군의 장교들에게 항공공학, 계측학 및 기상학의 기본 지식을 가르쳤다. 신설된 'MIT 라이트 형제 풍동(MIT Wright Brothers Wind Tunnel)'이 항공업계의 수요를 맞추기 위해 2교대로 가동되기 시작했다. 아마도 다른 MIT 학과들보다 앞서 항공공학과는 졸업생 수를 늘려야 한다는 강한 압박을 느꼈을지 모른다. 1940년 5월, 의회 연설에서 루스벨트 대통령은 미국이 매년 적어도 5만 대까지 항공기 생산 능력을 늘려야 한다고 역설했다. 항공업계로선 그 수의 겨우 1/10만 생산할 수 있는 현실이었기에, 그 연설은 항공공학자에 대한 엄청난 수요를 불러일으켰다. 따라서 MIT와 같은 대학들은 연구 작업에 대한 의뢰가 더 많이 쏟아져 들어오는 와중에도 학생들을 가르칠 시간을 늘려야 했다.[26]

군–산–학 복합체의 탄생

찰스 스타크 드레이퍼 교수, 즉 항공공학과의 모두가 부르는 이름대로 하자면 "독(Doc)"[27]은 계측기의 황제였다. 구겐하임항공연구소(Guggenheim Aeronautical Laboratory, 일명 33번 건물) 2층의 폐쇄된 문 뒤에서, MIT의 극비계측기개발연구소(Confidential Instruments Development Laboratory) 소속인 그와 학생들은 미 해군이 안고 있는 가장 중대한 문제 하나를 해결하려고 온 정신을 집중하고 있었다. 바로 사격 통제 문제였다. 항공기가 점점 더 빨라지면서, 의도한 목표물을 명중시키기란 갈수록 어려워지고 있었다. 1940년 6월, 드레이퍼 교수는 스페리자이로스코프사(Sperry Gyroscope Company, 스페리사)와 재정적 협력 관계를 맺었다. 그가 설계한 독특한 항공기 선회계를 예측 계산(lead computing) 사격 조준기로 변환하기 위해서였다. 그는 연구를 계속하기 위해 자금 지원이 절실했고, 스페리사는 대학 연구 동향을 살피고 싶었다.[28]

1940년 12월에 최초의 시제품인 "독의 구두 상자(Doc's Shoebox)"가 작동되고 있었다. MIT에 방문 수학 중인 여러 장교와 과학자에게 보인 시연은 상당한 관심을 불러모았다. 이후 시제품을 개량해 오늘날 혁신적인 새로운 유형의 사격 조준기로 일컬어지는 장치가 제작되었다. 하지만 처음에 스페리사는 그런 장치를 제조하기는 어렵다고 여겼다. 표면적으로 볼 때 문제는 드레이퍼 교수 발명품의 원천 기술이 스페리사의 기존 장비를 무용지물로 만들 우려가 있는 듯했다는 것이다. 하지만 진짜 문제는 아마도 기술 이전에 관한 것이었을 것이다. 드레이퍼 교수와 학생들은 고치고 수정하고 새로 조정하는 과정을 끊임없이 반복했다. 해군이 그 계측기에 대한 주문 수량을 점점 더 늘리고 있을 때(12개, 50개, 그리고 이어서 2,500개), 스페리사의 엔지니어들과 중역들은 자기 제자들만 그 프로젝트에 참여할 자격이 있다고 여기는 독 교수의 태도에 아연실색했다. 기본적으로 드레이퍼 교수는 자기가 일하는 MIT 연구소의 환경과 분위기를 스페리사가 똑같이 재현하기를 바랐다. 1942년 2월, 해군이 주문량을 2만 1,000개로 늘리고 매달 최소 1,000개를 요청했을 때는 문제가 참을 수 없을 만큼 심각해졌다.[29]

마침내 드레이퍼 교수와 스페리사는 주문량을 소화해 낼 방안을 함께

[그림 4-3] MIT에서의 학교생활은 1941년 12월, 일본의 진주만 공습 며칠 만에 완전히 달라졌다. 학생 신문 《더 테크》의 표제 기사들에 그런 변화가 잘 드러나 있다. 《더 테크》 제공.

찾아냈다. 이렇게 된 데는 피드백 제어 분야의 선구자인 MIT 서보메커니즘연구소(Servomechanism Laboratory)의 고든 브라운(Gordon Brown) 교수와의 협력이 한몫했다. 해군은 총 8만5,000개의 마크(Mark) 14 사격 조준기("대규모 목표물에 대한 사격 통제 장치")를 구매했다. 왜냐하면 그 장치는 사용하기 쉽고 실제 전투에서 아주 정확했기 때문이다.[30] 최종적으로 드레이퍼 교수와 MIT는 이 프로젝트와 다른 여러 전시 활동에 이바지한 공로로 크게 주목받았다. 하지만 그 연구의 중요성은 사격 조준기 자체를 넘어서 새로운 종류의 파트너십 형성으로 확대된 데 있었다. 해군(및 육군)은 NDRC의 사례에서처럼 민간 과학자들이 군사 기술 연구를 주도하는 상황이 마냥 기쁘지만은 않았다. 가령 NDRC가 래드랩의 연구 활동을 감독했고, MIT가 법적으로 그 연구실을 주관하는 기관이었다. 하지만 드레이퍼의 연구소, 스페리사 그리고 해군 사이의 파트너십은 달랐다. 드레이퍼의 연구소는 NDRC의 사격통제위원회(Fire Control Committee)와 완전히 분리되어 있었고, 완전히 다른 계약 관계에 따라 관리되고 있었다. 게다가 MIT는 드레이퍼의 연구소가 새로운 교수법의 모델이 될 수 있음을 금세 알아차렸다.

MIT 어디에서나 대학 연구소의 이 새로운 혼합형 모델이 자리 잡았다. 이 연구소들은 교육과 현실의 문제 해결을 함께 섞었다(그 비율은 담당 교수진에 따라 달랐다). MIT 총장 콤프턴은 "연구팀이 정부와 산업계를 위해 착수한 특정한 연구 프로젝트들이 기술 발전을 이끌고 그 기술이 교과과정에도 반영되는" 시스템을 열광적으로 지지했다.[31] 특별히 재능 있는 학생들은 곧장 다른 학생들을 가르칠 뿐 아니라 핵심 프로젝트를 수행하거나 심지어 이끌기도 했다. 예를 들어, 드레이퍼 교수는 스페리사에서 해결해 달라고 부탁받은 문제를 대학원생 제자인 로버트 시먼스(Robert Seamans, 나중에 NASA의 부국장과 공군부 장관이 될 인물)에게 맡겼다. 비록 산업계에서 처음 비롯된 문제이긴 하지만, 드레이퍼 교수는 진동 측정 장비에 관한 그 연구가 시먼스의 박사 학위 논문 주제가 될 거라고 알려 주었다.[32] 한편, 브라운 교수는 제자인 제이 포레스터(Jay Forrester)의 총명함과 관리 능력에 감탄해서 그를 재빨리 서보메커니즘연구소의 부소장에 앉혔다. 포레스터가 일찍부터 큰 성과를 보이자, 브라운 교수는 그를 한 특수 해군 프로젝트에 임명했다. 새로운 종류의 전투 시뮬레이터를 제작하기 위한 이 프로젝트를 포레스터는 최초의 실시간 디지털 컴퓨터를 제작하는 프로젝트 휠윈드(Project Whirlwind)로 탈바꿈시켰다.[33] 슬레이터는 래드랩에서 벌어진 비슷한 상황을 떠올리면서 이렇게 표현했다. "그 연구소는 아주 유능하고 총명한 사람들이 엄청나게 많이 모인 곳인데, 그들은 자기들이 다루던 문제들에 대해 경험이 거의 없었다. 대학원에서 데려온 새파란 청년들이 많았다. 그들이 거둔 위대한 성과를 놓고서 '애송이들의 기적'이라고 전쟁 후반기에 불렀다."[34]

허버트 골드스타인도 바로 그 '애송이' 중 한 명이었다. MIT에서 보낸 첫해를 마무리하기 전에 그는 종합시험의 필기 테스트에 합격했고, 듀브리지 소장은 그때부터 골드스타인을 래드랩에 데려오려고 안달이었다. 1942년 가을이 되자 골드스타인은 래드랩에서 시간제로 일하면서 **한편으로** 박사 학위 논문을 준비하고 있었다. 지도교수인 슬레이터는 전자관 이론을 종합적으로 이해하는 데 도움이 될 문제들을 고르라고 종용하기 시작했다. 아버지에게 보낸 편지에서 골드스타인은 1942년 12월 하순의 한 회의를 이렇게 묘사했다. "슬레이터 교수님의 제안으로 저는 교수님의 방식 중 일부를 다른 관심사들에까지 확대해서 적용하고 있었습니다. 그건 아주 간단한 일이어야 마땅합니다. 하지만 일찌감치 저는 특이점과 무한대에 맞닥뜨리고 있었어요. 그런데 저로선 잘못한 게 없습니다. 제길! 제가 어떻게 해야 할지는 명백했어요!"[35] 이듬해 2월에 골드스타인은 지도교수에게 새로운 제안서를 보냈다. 슬레이터는 승인하면서 골드스타인에게 6월의 졸업자 명단에 신청할 수 있을 거라고 알렸다. 그러고는 이렇게 덧붙였다. "나는 6주 동안 자리를 비울 테니, 논문이 작성되었을 때쯤 돌아오겠네."[36]

박사과정 학생들 대다수는 박사 논문의 초고를 완성하기 전 마지막 몇 주를 떠올리면 복잡미묘한 감정을 느낄 것이다. 지적으로도 신체적으로도(골드스타인은 풍진에 걸리는 바람에 일주일 동안 격리되었다) 감정적으로도 어려운 시기다. 골드스타인은 온갖 계산으로 고군분투했지만, 그의 편지들을 보면 차츰 문제를 깊이 이해하게 되었음을 알 수 있다. 더욱 중요하게는 래드랩 동료들에게 지지를 받았다는 사실이 드러난다. 그는 아버지에게 이렇게 썼다. "가장자리 효과(edge effect)[37]가 오류의 원인이라고 저는 지금도 확신합니다. 그리고 (물리학자 줄리언) 슈윙거(Julian Schwinger)도 동의했는데요, 하지만 그걸 어떤 식으로 고찰해야 할지는 또 다른 이야기입니다."[38] 골드스타인은 가까스로 용케 초고를 완성했다. 그다음에는 독자들의 질문 공세, 수정 및 항변이 이어졌다. 그가 쓴 편지들에는 눈물 날뻔한 상황에서부터 기쁨의 악수까지 모든 내용이 충실히 담겨 있다. 졸업을 앞두고 설레면서도 한편으로는 장래의 진로가 고민되었다. 그래서 슬레이터 교수에게 진로 관련 조언을 듣고 싶은 마음이 간절했다. 하지만 슬레이터가 6주라고 했던 유럽 여행은 석 달간의 유럽 체류로 바뀌고 말았다. 슬레이터는 한참을 돌아오지 않다가 제자가 졸업한 지 한참 후에야 돌아왔다. 그땐 속성으로 마친 박사 학위 때문에 조금 어리둥절한 상태의 스물한 살 청년 골드스타인은 이미 래드랩의 이론 분과에서 전임 연구직을 맡고 있었다.[39]

이처럼 전시의 MIT 교육은 매우 이례적이었다. 훗날 콤프턴이 회고하기로, 전쟁 기간은 믿기지 않을 만큼 버거웠지만 그 시절의 단순성이 그립다고 밝혔다. 그는 이렇게 썼다. "문제가 얼마나 어렵고 많든지 간에 해결을 위한 단 한 가지 기준이 있었다. 그 기준은 이랬다. '이것이 MIT 전체가, 또는 개인적으로 우리 중 어느 한 명이라도 전쟁에 도움을 줄 수 있는 가장 쓸모 있는 일인가?'"[40] 학생 모두는 전시의 일반적인 불안감에 사로잡혔는데, 특히 징집과 관련한 불안감이었다. 누구나 간절히 국가에 이바지하고 싶어 했지만, 대다수는 자기 머리로 대의에 봉사할 수 있기를 바랐다. 한편 친구들과 가족들은 징집되어 전 세계로 배치되었는데, 그런 상황으로 인해 미국에 남은 이들은 때때로 죄책감을 느껴야 했다.

[그림 4-4] 43분과(이론 분과)는 래드랩의 전체 프로젝트를 대상으로 어려운 이론적 문제들을 다루었다. 이 분과가 수행한 잡음과 안테나에 관한 선구적인 연구와 더불어 줄리언 슈윙거(칠판에 있는 사람)는 특별히 중요한 것으로 알려진 도파관 이론을 개발했다. 허버트 골드스타인(두 번째 줄, 카메라에 가장 가까운 쪽)은 고작 2년 만에 박사과정을 마치고 1943년에 이 분과에 합류했다. MIT박물관 제공.

1944년 가을, 골드스타인은 긴 일기를 적기 시작했다. 언젠가는 아버지가 읽길 바라고서 쓴 일기였다. 골드스타인은 연합군이 독일을 이기고 있는지를 묻는 아버지의 질문에 답하고 싶어 애가 탔다. 지난 3년 동안 그는 래드랩 시스템들 및 다른 전쟁 기술들과 더불어 자신이 느꼈던 내밀한 감정들을 세세히 기록했다. "아직도 우리가 죽은 자들을 묻고서 부헨발트(Buchenwald)[41]에서 고통받았던 이들을 위해 눈물을 흘리고 있는데, 우리 문명 전체를 쓸어버리겠다고 위협하는 또 다른 전쟁의 유령이 벌써 출현했다." 미래 핵전쟁으로 인한 대학살이 골드스타인에게는 나치의 유대인 대학살만큼이나 고통스러웠다. "어떤 빛, 어떤 희망은 있다. 하지만 주님의 길에 대한 나의 신앙만이 완전한 절망에서 나를 지켜 준다. 내가 이 일기를 다시 읽게 될 미래의 어느 날, 내가 지금의 이 두려움을 빙긋 웃어넘길 수 있기를."[42]

콤프턴 총장도 비슷한 우려를 표했다. "장래에 우리가 다시는 전쟁의 끔찍한 충동이 아니라 평화에 이바지하려는 강력한 동기로만 힘을 행사하도록 하나님은 허용하신다." 그러면서도 콤프턴은 확신에 차서 이렇게 결론 내렸다. "또 다른 전쟁을 막을 한 가지 대비책은 평화시에 강해지는 것이다."[43]

전쟁의 종결은 교정 곳곳에서 벌어진 광범위한 활동의 종결을 의미했다. MIT는 방독면과 화염방사기에서부터 동결건조 음식과 공중 야간 촬영에 이르기까지 모든 일에 관여했다. 미국 물리학자의 20%가 래드랩에서 일했는데, 이보다 더 많은 물리학자를 동원한 것은 원자폭탄을 개발한 맨해튼 프로젝트뿐이었다. 전후 물리학자들 대다수는 원래의 대학으로 돌아갔다. 하지만 골드스타인과 같은 일부는 이리저리 새 직장을 찾아다녔다. 래드랩에서 대부분 여성이었던 "컴퓨터"(컴퓨터라는 기계가 나오기 전까지, 이 단어는 공학자들이 연구 분석을 하는 데 필요한 수많은 계산을 보조로 수행하는 직업을 가리켰다)나 기술자로 일했던 대다수 인원은 가정생활로 돌아갔다. MIT 학사 일정은 연 2학기제로 되돌아갔다. 그리고 콤프턴은 이런 결정이 내려지자마자 MIT의 모든 이들에게 휴가를 떠나라고 강력히 권고[44]했다.[45]

하지만 전쟁은 MIT를 거의 모든 면에서 영구적으로 바꿔 놓았다. 흥미롭게도 MIT의 가장 의미심장한 성취 가운데 하나는 물리적 장비와는 전혀 무관했다. 바로, 부시와 콤프턴이 전쟁 전에 맺은 관계 때문에 MIT가 전시 계약 협상의 선구자가 된 것이다. 거의 1억 달러(2008년 달러 가치로 환산하면 약 12억 달러)에 달하는 약 400건의 계약을 체결함으로써, MIT는 단일 기관으로서 최대 규모의 전시 연구개발 용역을 따냈다. 콤프턴은 감탄하듯 이렇게 썼다. "MIT가 전시 계약으로 맡은 연구개발에 쓴 돈은 설립 이후 지난 80년 동안 지출한 돈과 맞먹는다."[46] 이 막대한 경비 지출로 인해, 콤프턴을 포함해 MIT의 다른 모든 이들은 전후의 시기를 이전과는 다른 시각으로 보게 되었다.

1945년 11월 10~12일에 MIT는 그레이트 코트(Great Court) 잔디밭 전역에서 〈과학의 승리(Victory in Science)〉라는 제목의 전시회를 열었다. 7만 5,000명 이상이 행사에 참여했다. 이 행사를 통해 보스턴 지역 대중들은 전시에 개발된 다종다양한 신기술을 처음으로 접할 수 있었다. MIT의 미래는 군과 산업계의 미래와 떼려야 뗄 수 없는 관계가 되었고, 이는 역으로 향후 과학적·기술적 발견과 실천의 기본 성격을 결정짓게 되었다. 래드랩은 폐쇄 절차를 밟고 있었다. 하지만 그렇다고 MIT가 매우 생산적인 연구개발 환경을 포기할 뜻은 없었고, 물리학과 또한 마이크로파 분야에서 새로 확립한 명성을 방기하고 싶어 하지 않았다. 전기공학과는 해군이 프로젝트 휠윈드에 계속 자금을 대기로 결정하자 흥분에 사로잡혔다. 드레이퍼 교수와 사실 거의 모든 MIT 교수들은 연방 연구 자금이 계속

학교로 흘러들어오길 바랐다. 그들이 볼 때 MIT는 비록 전시에 가장 중요한 공헌을 한 유일한 미국 대학은 아닐지라도, "연방 정부의 문제들"을 해결하는 데 독보적인 능력을 입증한 최고의 엘리트 기관 중 하나였다.[47] 그들도 배니버 부시의 표현대로 "과학은 끝없는 프론티어"라고 믿었다.[48] 바야흐로 군-산-학 복합체가 연구의 새로운 형식이 되었다.

과학과 기술에 대한 이런 식의 열정은 연구를 교육보다, 대학원생을 학부생보다, 신임 교원을 연로한 교원보다, 그리고 심지어 정부를 산업계보다 우위에 올려놓았다. 이런 변화들은 여러 긴장을 초래했는데, 종종 더욱 근본적인 사안들에 대한 논쟁으로 불거지기도 했다. 예를 들어 MIT가 기밀 연구를 교내에서 허용해야 하는지, 또는 MIT가 공산주의의 위협에 어떤 방식으로 대처해야 하는지와 같은 사안들이었다. 전쟁 동안 MIT는 민족주의 이념을 분명 수용했지만, MIT가 전후에는 더욱 국제적인 관점을 가지기를 바랐던 이들이 있었다. 그러나 이런 논쟁들이 있었다고 해서 확실한 사실들이 바뀌지는 않았다. MIT는 더 커졌으며, 시설이 더 나아졌고, 교수진이 더 유능해졌으며, 학생 수가 갈수록 더 늘고 있었다. 게다가 장래의 연구에 자금을 얻기 위해 연방 정부와 (특히 국방 분야에서) 영구적인 협력 관계 맺기를 더더욱 간절히 원하고 있었다.

이런 변화들은 1940년 10월의 어느 오후, 워싱턴 DC에서 칼 콤프턴이 내린 단 한 번의 결정으로 생긴 결과가 아니었다. 오히려 이는 국가의 가장 재능 있는 인물들이 내린 (사적으로든 공적으로든) 집단적인 결정들의 산물이었다. MIT의 성취를 일궈 낸 요소들은 다음과 같았다. 한 젊은이가 유대교 안식일에 근무하지 않도록 기꺼이 허용해 준 교수의 배려. 전쟁으로 인해 의욕은 충만하지만 경험이 미숙했던 대학원생들이 호된 연구개발의 현장에서 기적을 일으키도록 뒷받침한 여건들. MIT 동문임을 의미하는 증서를 소중히 여기며 교수들과 직접적으로 새로운 관계를 맺

[그림 4-5] 1945년 11월에 개최된 MIT의 〈과학의 승리〉 전시회에는 7만5,000명이 참가했다. 허버트 골드스타인이 안내 문구를 작성한 이 전단을 보면 전시의 규모가 드러난다. 이 전시를 통해 일반 대중은 MIT의 다양한 전시 활동을 처음으로 자세히 알게 되었다. MIT박물관 제공.

은 군 장교들. 흘러넘치는 열정으로 매일 20시간을 일하고 전 세계를 다니며 필요한 분야라면 어디에서든(때로는 자기 전문 분야에서, 또 때로는 스스로 개척한 분야에서) 조언과 지원을 마다하지 않은 교수들. 중대한 결정 앞에서 절대 우유부단하지 않았던 대학의 행정 보직자들. 민간 과학자들이 정부 기관들이 가하는 흔한 제약(그리고 심지어 논란거리인 계약들) 아래서도 큰 성과를 낼 걸로 믿고 아낌없이 지원한 미국이라는 국가. 이들이 내린 저마다의 결정의 순간들이 쌓이고 쌓여 마침내 새로운 유형의 연구소, 새로운 유형의 학생, 새로운 유형의 교수 그리고 새로운 정신이 생겨났다. 오늘날 우리가 아는 바로 그 MIT(기술적 창의성, 과학 발견 그리고 교육 혁신의 중추로 전 세계에 알려진 MIT)가 이렇게 탄생했다.

5장

데이비드 카이저

전후의 성장통

1949년 MIT의 엄선된 교육조사위원회(Committee on Educational Survey)는 이렇게 선언했다. "우리는 역사상 가장 값비싼 충돌의 여파 속에 살고 있습니다. 그리고 우리 시대의 불안정성과 불확실성은 지금 여기 MIT에서 우리 앞에 맞닥뜨린 문제들에도 드러납니다."[1]

이 위원회는 맨해튼 프로젝트에 참가했던 MIT의 화학공학자 워런 K. 루이스(Warren K. Lewis)의 지도로 일찍이 1947년에 결성되었다. 임무는 간단명료했다. 바로 MIT의 운영 상황을 면밀하게 살펴서 전후의 현실에 적응할 최상의 방법을 대학 본부에 조언하는 일이었다. 이제 되돌아갈 길은 없었기에("1950년의 세계는 1940년의 세계가 아니고, 우리 대학도 결코 전쟁 전과 동일한 기관이 될 수는 없다"), '과연 MIT는 어떤 종류의 공간이 되어야 하는가?'라는 질문을 던질 수밖에 없었다.[2]

루이스의 위원회는 MIT 운영의 일거수일투족을 모조리 들여다보았다. 위원들은 교육 철학과 입학 기준에 대한 고상한 토론에서부터 교육 내용과 교과목의 구체적인 사안들에 이르기까지 모든 것을 꼼꼼하게 살폈다. 그들은 군사 연구 계약이 대학에서 어떤 의미와 역할을 가져야 하는지에 관한 상반되는 태도들을 신중히 저울질했다. 또한 반짝거리는 새 연구실에서부터 비좁은 강의실과 낙후한 생활 공간까지 대학 시설들을 일일이 평가했다("우리 학생들이 다른 대학 학생들을 손님으로 맞이한다면 여러모로 당혹감을 느낄 것"이라고 그들은 탄식했다).[3] 위원회는 교수들의 대학 거버넌스 참여 촉진 및 캠퍼스 생활 환경 개선과 관련한 여러 구체적인 권고안을 제시하기도 했다.

걱정거리 목록의 맨 위에 엄연하고 단순한 사실 하나가 자리했다. 바로 MIT가 너무 빠르게, 그리고 너무 크게 성장하고 있다는 사실이었다. "규모는 모든 조직의 성격에 중요한 요소다"라고 그들은 설명했다. 전시 기간의 "팽창적 분위기"가 "MIT의 성격 자체에 미묘하고도 심오한 변화를" 일으켰다. 측정될 수 있는 모든 양적 지표가 급격한 성장을 가리켰다. 이는 정부와 연구비 계약의 "달러 액수", 학교 시설의 급격한 확장, 교직원 및 학생 수의 갑작스러운 증가 등 여러 면에서 드러났다.[4]

MIT가 전시 연구 활동에 전면적으로 관여했으니, 어느 정도의 성장은 필연적이었다. 하지만 '루이스위원회'가 경고했듯이, 일관된 정책 없이 성장을 위한 성장을 무작정 추구할 수는 없었다. "과도한 확장의 위험성"이 너무나 컸다. 학생 및 교직원 수의 급증은 캠퍼스 구성원들의 일체감을 약화할 우려가 있었고, 전쟁 전의 학부생 교육과 대학원생 교육 간 균형을 뒤집었다. 연방 자금이 투입된 연구 프로젝트의 확대로 인해 불필요한 관료 조직이 많아졌다. 한편으론 정부 지원금의 유혹에 휘말려 "가장 재능 있는 일부 동료들의 에너지와 관심사"가 창의적인 교육과 연구에서 벗어나 근시안적인 "수익 창출" 프로젝트들로 향했다. 게다가 MIT 본부와 교수들이 정부 지원금에 속박될 위험성이 있었다. 그런 상황에서 만약 국가의 우선순위가 갑자기 바뀌면 MIT의 재정 상태는 어떻게 될까? "우리의 능력과 자원을 무목적적으로 분산시키는 것을 방지할 수 있는 어떠한 한계 안에서 전체적인 규모를 안정시키기 위한 진지한 노력을 권고한다"라고 루이스위원회는 조언했다.[5]

MIT의 기하급수적 성장에서 특히 놀라운 특징은 다음 두 가지였다. 바로 연방 정부의 후원을 통한 연구 자금 지원, 그리고 급증하는 학생 등록 수였다. 전후의 이러한 사정 때문에 고민에 빠진 곳은 MIT만이 아니었다. 정말이지 이와 같은 환경은 냉전기 미국 전역의 여러 대학의 상황을 대변했다. 하지만 MIT에서 유독 극심했다. MIT는 전국 대학들 가운데 정부 계약 건수의 비율이 가장 높았고, 여러 학과에서 기록적인 수의 졸업생이 쏟아져 나왔다.[6] 급성장의 들뜬 분위기와 풍요 속에서 루이스위원회의 경고에 귀를 기울이는 사람들은 극히 적었다. 20년 후에 국가의 우선순위가 바뀌고 성장이 주춤해진 뒤에야, 캠퍼스의 많은 이가 기하급수적 성장에 따른 비용을 찬찬히 살피기 시작했다. 비판적인 논자들에게 "찰스강의 펜타곤"이라는 신조어로 종종 조롱받던 MIT는 1960년대가 되자, 냉전 시대 미국의 몇몇 다른 대학처럼 거대하게 부풀어 있는 보기 흉한 코끼리로 변해 있었다.[7]

후원받는 연구: 정부 자금으로 운영되는 신설 연구소들

제2차 세계대전의 마지막 해 동안 대학에 투입된 국방 예산은 무려 4,000만 달러(2008년 달러 가치로 환산하면 거의 5억 달러)에 달했다. 이러한 자금 지원은 대체로 MIT 방사선연구소의 레이더 연구와 같은 대형 프로젝트에 쓰였는데, 적대 행위가 끝나자 급감했다. 루이스위원회가 조사를 시작했을 무렵만 해도 MIT에 대한 연방 정부의 연구비 지출은 전시의 최고액에서 75% 감소했다. 하지만 감소 폭에도 불구하고 위원들은 여전히 그

액수가 너무 높다는 인상을 받았다. 1949년에 루이스위원회가 경고하기로, 연방 지출은 이미 MIT의 모든 측면(관료 조직, 등록 학생 수 등)을 "적정 규모" 이상으로 팽창시켰다.[8]

그런데 위원들은 미처 몰랐다. 그들이 보고서를 제출한 지 채 몇 달도 지나지 않아, 미국이 한국전쟁에 참전하고 MIT가 또다시 국가의 전시 동원 활동에서 주도적 역할을 하게 될 운명이라는 것을. MIT 총장 제임스 킬리언은 1952년 연례 보고서에서 이렇게 설명했다. "한국전쟁이 MIT에 갑작스럽지만 거부할 수 없는 연구개발 수요를 일으켰고, 대학 구성원들은 그들의 특별한 재능을 국가의 재무장 프로그램을 돕는 데 다시 쏟게 되었다." 이어서 킬리언이 말하길, "정부와의 계약 아래 실시된 우리의 연구 규모는 급증했다. 총액은 비상시가 아니었다면 우리가 원했을 수준보다 훨씬 더 커졌다." MIT의 운영 예산은 새로운 전쟁 발발 후의 첫해에 36% 뛰었고, 이듬해엔 다시 31% 늘었다. 이는 제2차 세계대전 이후 가장 가파른 성장률이었다.[9]

제2차 세계대전 이후의 상황과 달리, MIT의 운영 규모는 한국에서의 충돌이 교착 상태에 빠진 이후에도 줄어들지 않았다. 캠퍼스에는 동원 해제령이 내려지지 않았다. 대신에 MIT에 투입된 정부의 국방 예산은 심지어 1960년대 후반까지 기하급수적으로 계속 증가했다. 인플레이션을 고려해서 조정하면, 정부의 자금 지원을 받는 연구의 규모는 1948~1968년에 6년마다 두 배가 되었다.[10]

1950년대와 1960년대 내내 MIT 운영 예산의 대략 80%는 수주한 연구 후원 자금에서 마련되었다. 물론 후원 자금을 받아 수행하는 연구는 리처드 C. 매클로린 총장이 지역 산업계와의 관계 향상을 위해 실시한 1919년 테크 플랜 초창기 이래로 줄곧 MIT에 긴요했다. MIT의 산학협력연구처는 심지어 후원의 주체가 민간 영역에서 정부로 극적으로 바뀌었는데도 제2차 세계대전과 한국전쟁 내내 외부 계약을 계속 관리했다. 가령 1950~1951학년도에 산학협력연구처는 연구 계약으로 1,500만 달러(2008년 달러 가치로 환산하면 거의 1억3,500만 달러) 이상을 처리했다. 계약 가운데 96% 이상이 연방 정부에서 나왔다. 사실상 거의 전부가 국방부, 원자력위원회(Atomic Energy Commission) 그리고 국가항공자문위원회(National Advisory Committee on Aeronautics, NACA)의 지원이었고, 겨우 3%만 기업에서 나왔다. 20년 후에도 패턴은 놀랄 만큼 비슷했다. 1969년에는 후원 연구 계약의 96%가 연방 정부 기관들에서 나왔고(이번에도 대체로 국방부, 원자력위원회, 그리고 NACA의 후속 기관인 NASA였다), 민간 기업에서는 1% 미만이었다. 이 경향을 반영해 산학협력연구처는 1956년에 후원연구처(Division of Sponsored Research)로 이름을 바꾸었다.[11]

이 자금 중 대부분은 특수한 간학제적 연구소들과 연방 위탁 연구센터들에 돌아갔다. 이런 자금 배분은 MIT의 유명한 두 연구 시설에 의해 처음 시작되었는데, 바로 계기연구소와 전자공학연구소(Research Laboratory of Electronics)였다.

1934년에 항공공학자인 찰스 스타크 드레이퍼가 설립한 계기연구소는 제2차 세계대전 이전에는 업무 시간을 군사용 계약과 민간 기업용 계약으로 나누어서 운영했다. 전쟁이 발발하자 드레이퍼는 자이로스코프(gyroscope)[12]에 대한 광범위한 지식을 활용해 군사용 유도 및 사격 통제 기술을 여럿 개발했다. 전후에는 전적으로 군사 연구 계약을 수주해 그 연구비로 계기연구소가 우주 시대를 열었다. 탄도 미사일부터 달 착륙 아폴로호 우주선에 이르기까지 모든 비행체에 쓰이게 될 관성유도 시스템을 개발하면서, 드레이퍼의 연구실은 MIT에서 가장 크고 자금 지원을 많이 받는 연구소의 한 곳으로 급성장했다.[13]

1945년 후반에 설립된 전자공학연구소는 제2차 세계대전 동안 캠퍼스에서 실시된 레이더 연구에서 확장해 발전된 곳이다. MIT의 방사선연구소, 일명 "래드랩"은 군사용 레이더를 개발하고 생산하기 위해 1940년에 설립되었다. 비록 레이더에 관한 연합군의 방대한 연구 본부였지만, 반드시 MIT 구성원들에 의해 좌우되었다고 볼 수는 없다. 루이스위원회가 1949년 보고서에서 농담 삼아 말했듯이, 그 연구소는 전시에 다른 기관들에서 연구자들이 유입되는 바람에 "외국의 침략을 받은 듯한 인상을 풍겼"다. 그래도 "대체로 외국에 의한 점령이 길어지면 으레 그렇듯 유화적인 분위기가 차츰 생겨났다."[14] 전쟁이 끝나기도 전에 MIT 교수들과 행정 보직자들은 (물리학자인 칼 콤프턴 MIT 총장과 손을 잡고 물리학자 슬레이터와 줄리어스 스트래턴이 주도해) 래드랩과 같은 연구센터들에 MIT 본연의 모습을 되찾아 주려고 했다. 한편 군과 관련된 후원 기관들은 레이더 개발과 같은 프로젝트에 결정적으로 중요하다는 점이 입증된 과학자 및 엔지니어와의 인맥을 잃지 않으면서, 전시의 작전에서 벗어나 차츰 평시의 활동으로 전환하길 고대했다. 그 결과 다 함께 머리를 맞대어 1945년에 합의를 도출했다. 전시 래드랩의 기초 연구 조직을 물리학과와 전기공학과가 함께 참여하는 새로운 전자공학연구소로 전환한다는 내용이었다. 군의 각 부서에서 금세 굵직한 자금 지원이 최첨단 전자공학기술, 통신, 레이더 및 미사일 원격 측정에 관한 연구를 지원하기 위해 신설 연구소로 쏟아져 들어왔다(그리고 최초의 자금 지원과 더불어 막대한 여분의 래드랩 장비들이 인계되었다).[15]

전자공학연구소는 금세 하나의 모범이 되었다. 1945년 12월에 다섯 학과(물리학과, 화학과, 전기공학과, 화학공학과, 금속공학과)의 자원을 바탕으로 출범한 원자력과학·공학연구소(Laboratory for Nuclear Science and Engineering)가 전자공학연구소의 패턴을 명시적으로 따른 사례였다. 전자공학연구소의 경우와 마찬가지로, 군 관련 후원 기관들이 나서서 새로

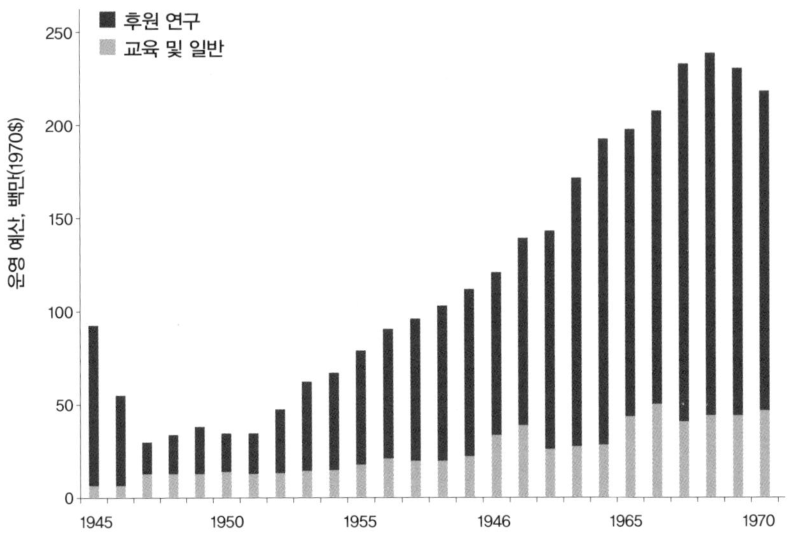

[그림 5-1] 1945~1970년의 MIT 연간 운영 예산 그래프로서, 1970년의 인플레이션 수준에 맞춰 조정한 달러 가치를 백만 달러 단위로 표시한 것이다. 각 막대의 하단은 교육과 일반 운영의 지출을 나타내고, 상단은 대체로 국방 관련 연방 기관들이 후원한 연구개발 지출을 나타낸다.

운 원자력 연구에 자금을 댔다(이 연구소의 설립자인 물리학자 제럴드 재커라이어스가 민간 기업의 투자를 유치하고자 시도했지만, 민간 기업들은 거의 관심을 보이지 않았다). MIT의 첫 싱크로트론(핵입자 간의 상호작용을 탐구하는 데 필요한 강력한 입자가속기의 일종)이 1950년에 가동되었는데, 이는 해군의 지원 덕분에 가능했다. 또한 1958년에 완공된 MIT의 실험용 원자로도 원자력위원회가 대부분의 자금을 댄 사례였다.[16]

한편, 펜타곤은 MIT에 또 다른 연구소들을 세우는 데 적극적인 역할을 했다. 한국전쟁 발발 6개월 후, 미 공군 장교들이 MIT 지도자들에게 접근해 대학이 이미 규모가 컸던 방산 관련 연구를 한층 더 확대해 달라고 요청했다. 이 논의에서 링컨연구소가 생겨났다. 링컨연구소는 전자공학연구소의 파생 연구소로, 항공 방어 시스템 연구개발에 집중했다. 전시의 압박 아래서도 MIT 행정 보직자들은 "프로젝트 링컨(Project Lincoln)"에 착수한다는 발상에 열성을 보이지 않았다. 한 가지 걱정거리는 링컨연구소가 전자공학연구소와 경쟁하게 된다는 점이었다. 그런 프로젝트들은 다른 "위험들"을 제기했는데, 킬리언 MIT 총장도 1952년 연례 보고서에서 이 점을 시인했다. "대규모의 기밀 군사 연구 프로젝트를 떠맡게 되면 어떤 교육기관이든 당혹스럽고 무거운 부담을 지게 된다"라고 킬리언은 설명했다. 이어서 링컨 같은 프로젝트들이 "더 이상 필요 없어지는 때"가 오기를 "우리는 간절히 바란다"라고 말했다. 그러면서도 이렇게 결론지었다. "기술특성화기관은 특수한 자원을 갖추고 있는지라, 다른 종류의 여러 교육기관과 달리 국방 관련 연구를 맡을 책임을 지기 마련이다."[17]

링컨연구소의 운영 규모는 재빠르게 확대되었다. 몇 년 만에 직원이 2,000명으로 늘었고, 1954년에는 여전히 MIT의 감독 아래 있었지만 핸스컴공군기지(Hanscom Air Force Base)와 가까운 매사추세츠주 렉싱턴(Lexington) 근처로 위치를 옮겼다. 1949년에 소련의 첫 원자폭탄이 개발된 후로는 (그리고 1957년 스푸트니크 위성의 발사 전까지) 대다수의 미군 전략은 소련 폭격기에 대응하는 미국의 취약점에 초점을 맞추었다. 이에 대한 대책으로서 링컨연구소의 첫 주요 프로젝트는 반자동 지상 환경(Semi-Automatic Ground Environment, SAGE)이었다. 이는 새로운 디지털 컴퓨터들로 연결되어 미 대륙 전역에 걸쳐 분산 배치된 레이더와 방공 무기들의 네트워크를 가리킨다. SAGE 프로젝트의 중심에는 MIT 과학자 제이 포레스터가 개발한 유명한 휠윈드 고속 디지털 컴퓨터가 있었다.[18]

MIT 캠퍼스 곳곳에 흩어져 있던 수십 군데의 작은 연구소가 이런 모범을 따라서 1950년대와 1960년대 내내 생겨났다. 가스터빈연구소(Gas Turbine Laboratory)에서부터 해군초음속풍동(Naval Supersonic Wind Tunnel), 공탄성구조연구소(Aeroelastics and Structures Laboratory), 서보메커니즘연구소, 재료과학·공학센터(Center for Materials Science and

[그림 5-2] 1950년대 초중반에 MIT의 신설 링컨연구소의 과학자들과 공학자들은 레이더 장비와 (이 사진에 나오는) 훨윈드 컴퓨터 같은 전자식 컴퓨터를 개발했다. 유사시에 침공하는 소련 폭격기 를 추적하는 대륙 간 조기 경보 시스템을 구축하기 위해서였다. MIT박물관 제공.

Engineering) 등의 모든 시설이 연방 조직, 그중 대다수가 군사 조직의 꾸준한 후원 덕분에 번성했다. 물리학자이자 오크리지국립연구소(Oak Ridge National Laboratory)의 소장인 앨빈 와인버그(Alvin Weinberg)가 1962년에 언급했듯이, "MIT가 정부 연구소들이 많이 부속된 대학교인지, 아니면 매우 훌륭한 교육기관이 부속된 정부 연구소들의 집합체인지 구별하기가" 어려워졌다. [19]

학생 수는 얼마여야 하는가? 학생들은 무엇을 배워야 하는가?

연구소와 장비 외에도 다른 많은 부문에 막대한 자금이 투입되었다. 사실, 정부 후원자들과 대학 본부는 지출액이 급증한 까닭을 납품한 장치들이나 설치한 기기들 때문이 아니라 학생 수 때문이라고 했다. 레이더와 원자폭탄과 같은 전시 프로젝트들의 여파로 인해 이런 인건비 중심의 회계 관행이 널리 퍼졌다. 미 전역의 정치인들과 전문가들이 "과학 인력"을 자신들의 새로운 구호로 삼았다. 훈련된 과학자와 공학자의 "비축량"이 (특히 소련과의 냉전이 깊어지면서) 국가의 긴급한 우선순위가 되었다. 대규모 신규 연방 장학금 지원에서부터 징병 유예 정책의 재정비에 이르기까지, 정책이 미사여구를 띠기 시작했다. 이 모든 것이 더 많은 학생을 국가의 과학 교육 현장으로 유입시키고 그곳에 붙잡아 두어야 한다는 명목 아래 추진되었다. 소련이 미국의 두 배나 되는 과학자와 공학자를 교육하고 있다는 (의심스러운) 보고서들이 불길을 부채질했다. 시급한 인력 확보라는 문제의식이 전국 모든 대학 교육정책의 토대가 되었다. 역시나 이번에도 선봉은 MIT였다.[20]

국가의 "특수한 요구"를 거론하면서, MIT 총장 킬리언은 어떻게 MIT가 "특수한 책임"을 다하기 위해 노력해 왔는지를 자신의 1955년 보고서에서 설명했다. 제일 먼저, 무엇보다도 MIT는 등록 학생 수를 크게 늘렸다. 급증한 제2차 세계대전 참전 용사들이 (G.I법(G.I Bill)[21]의 도움을 받아) MIT 강의실을 거쳐 간 이후에도, 대학은 등록 학생 정원을 높게 유지했다. 전쟁 전 수준보다 80%가 높았다. 학부생 수가 많이 늘어났지만, 비율로 보자면 가장 빠르게 증가한 쪽은 대학원생 수였다. 1900년에 대학원생은 MIT 학생 수의 0.4%를 차지했고, 비록 꾸준히 늘긴 했지만 1930년에도 17% 미만이었다. 그러다 전쟁 직후 대학원생 수가 기하급수적으로 늘어나기 시작했다. 1960년대 후반이 되자 MIT 전체 학생의 꼬박 절반이 대학원생이었다.[22]

신설된 간학제적 연구소들이 대학원생을 배출하기 위한 효율적인 엔진이 되었고, 바로 그런 측면에서 종종 정당성을 부여받았다. 예를 들어 1945년 후반에 원자력과학·공학연구소에 대한 해군의 지원을 협의하고 있을 때, 해군 연구발명청(Office of Research and Inventions)[23]의 해럴드 보언(Harold Bowen) 제독은 MIT 총장 콤프턴에게 구체적 조건을 이렇게 제시했다. 연구소가 "이 계약에 따른 연구개발 업무를 귀 대학의 교육 프로그램과 통합시켜야" 한다는 내용이었다. 이어서 그는 이렇게 말했다. "더 많은 학생이 이 기회를 학위 취득을 위한 학점 이수용으로 활용할 수 있을수록, 귀 대학의 교육 프로그램을 이수한 젊은이들을 확보하려는 해군의 궁극적인 관심사에 더욱 이바지할 수 있을 것입니다." 다른 군사 기관들 및 원자력위원회에서 나온 보조금과 연구비도 비슷한 기대와 함께 대학에 기탁되었다.[24]

계획이 통했다. 설립 이후 20년 동안 원자력과학·공학연구소는 거의 300명의 대학원생 논문과 1,000건의 학부생 논문을 생산하는 훈련소 역할을 했다. 한편 1946~1958년에 전자공학연구소는 600건의 학생 논문을 지도했고, 계기연구소에서도 비슷한 수의 논문이 나왔다. 이런 거대한 새 조직에 힘입어 여러 MIT 학과가 해당 분야에서 전국 최대 규모로 성장했다. 1958~1959학년도에 MIT가 미국에서 수여된 모든 공학박사 학위의 1/8을 차지했다.[25]

이런 경향은 일찍이 루이스위원회의 조사가 진행된 1940년대 후반부터 명백했다. 위원회가 언급하기로, 교내에서 후원 연구의 확대는 "학부 교육을 희생시키고 대학원 교육에만 집중하는 결과로 이어졌다." 실제로 전쟁 직후 교내의 복도마다 MIT가 학부 교육을 완전히 없애야 하는지를 놓고 갑론을박이 이어졌다. 그런 제안이 워낙 곳곳에서 쏟아져 나왔기에 루이스위원회는 보고서에서 이 사안을 여섯 번이나 다루었다. 하지만 한사코 학부 교육 전면 폐지라는 제안을 단호히 거부했다. 한편으로 학부 교육 기간을 5~6년으로 늘려야 한다는 제안과 같은 또 다른 급진적인 주장도 나왔다(마찬가지로 루이스위원회에서 거부되었다). 학생들에게 전문 기

술 분야에서 빠르게 증가하는 지식을 흡수하는 동시에 전인적인 일반교
양교육을 이수할 충분한 시간을 주자는 발상이었다.[26]

이런 과감한 제안을 거부하긴 했지만, 루이스위원회는 다음과 같은 근
본적인 질문을 던지지 않을 수 없었다. MIT의 모든 학생이 배워야 할 것
은 무엇인가? 점점 더 비대해지는 등록 학생 규모 앞에서 그런 질문을 하
지 않을 수 없었다. 전쟁 전의 일상으로 되돌아가자는 제안은 무엇이 되
었든 MIT의 전광석화 같은 팽창 앞에서 힘을 잃었다. 루이스위원회는
과거 MIT의 초창기를 특징짓는 협소한 직업훈련식(vocational-style) 기
술 교육으로 회귀해서는 절대 안 된다고 역설했다. 대신에 MIT는 구체
적인 연구 주제나 전공 분과와 무관하게, 학생들의 창의적 사고를 더 잘
함양하기 위해 기초과학을 강화해야 했다. 이런 균형 잡기는 이후로도 오
랫동안 도전 과제로 남아 있었다. 교수들이 참여하는 여타 각종 위원회도
1960년대와 1970년대에 이 사안을 다시 다루었다. 매번 그들은 학생들
에게 교과목 선택에 더 큰 유연성을 허용하면서도, 학부생들이 전공 분야
내에서 적절한 깊이의 교육을 받을 수 있도록 보장하는 새로운 방법을 찾
고자 했다.[27]

이상적인 학생이란 어떤 학생인가에 관한 특정한 비전을 품고 루이스
위원회는 각종 교과 개편 권고안을 내놓았다. 위원회가 진단하기로, 전후
시대의 특수한 도전 과제들을 해결할 수 있는 공학자를 길러 내려면 MIT
가 학부 교과과정을 개선해야 했다. 레이더와 원자폭탄의 사례에서 극명
하게 드러나듯이, 과학과 기술의 문제들은 사회적·정치적 문제들과 긴밀
히 얽혀 있었다. 원자력 시대에 "순수하게 기술적인" 프로젝트와 "정치와
관련된" 프로젝트 사이의 경계선은 유례를 찾아볼 수 없을 정도로 흐려
졌다. 위원회의 결론에 따르면, "MIT가 사회를 위해 할 수 있는 가장 중
요한 봉사는" 학생들이 자기 직무가 인간 실존에 미칠 결과를 이해하고

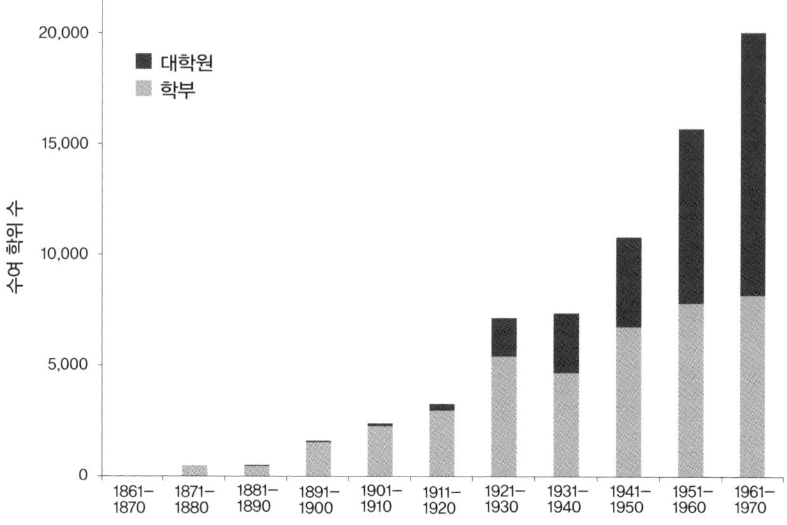

[그림 5-3] 1861~1970년에 10년 단위로 MIT가 수여한 학위의 수. 각 막대의 아랫부분은 학부 과정 졸업자의 수를 나타내고, 윗부분은 석사 학위, 박사 학위 및 "고급 엔지니어링(advanced engineering)" 학위를 포함하는 대학원생 과정 졸업자의 수를 나타낸다.

판단할 수 있도록 교육하는 것이었다. 그런 고귀한 목표는 MIT에도 이익이 될 것이었다. 인문학과 사회과학을 강화하면 MIT 졸업생들을 괴롭히던 문화적 "열등감"을 치유할 수 있을 터였고, MIT가 일방적으로 기술만 가르친다고 여겨 발길을 돌렸을 폭넓은 잠재적 입학 신청자들에게도 긍정적인 인상을 줄 것이었다. MIT의 "인간화·인문화(humanizing)"라는 주제를 위원들이 매우 중시했기 때문에 최종 보고서의 40%가 이 주제에 할애되었다.[28]

루이스위원회는 전후의 도전 과제에 대응하기 위해서 MIT에 인문사회과학대학(School of Humanities and Social Sciences)을 신설해 공과대학, 이과대학 및 건축설계대학과 동등한 지위에 올리자고 권고했다. 새로운 분야의 최상급 교수진을 초빙하고 필수 교과목의 목록을 확대하며, "교양(civilizing)" 선택 강좌를 다채롭게 제공하고 인문학 및 사회과학 분야의 최첨단 대학원 과정을 적극 발전시킬 때만 MIT가 비로소 "우리 세대가 직면한 가장 어렵고 복잡한 문제들을" 훌륭하게 공략할 수 있을 것이었다. MIT의 모든 학생은 위원회의 권고에 따르면, "과학, 기술, 인문 문화(literary cultures)의 상호연관성을 인식하고, 아울러 사람들의 사고와 행동을 끌어내는 다양한 힘들에 대한 감수성을 기를" 기회가 필요했다. 위원들이 보기에, 차제에 제안되는 인문사회과학대학은 단지 또 하나의 신설 단과대학이 아니었다. "우리는 전통적인 인문 문화와 기술 문화의 기계적 결합 이상을 요구한다." 그들은 진정한 "통합"을 추구했다.[29]

MIT는 루이스위원회 보고서의 이 핵심 권고안을 재빨리 채택했다. 인문사회과학대학(School of Humanities and Social Studies)이 이듬해인 1950년에 설립되었다(1959년에는 이름이 'School of Humanities and Social Sciences'로 바뀌었는데, 루이스위원회의 권고안 원안을 반영한 결과였다). 인문사회과학대학은 신설되자마자 성장하기 시작했는데, 이는 루이스 보고서에서 표방한 이상주의 때문이라기보다는 MIT 전체를 과열 상태로 몰아넣었던 것과 동일한 냉전 시대의 특혜들 때문이었다. 1950년에 MIT의 연구자들은 "프로젝트 트로이(Project Troy)"라는 기밀 연구를 시작했다. 이 연구는 국가의 냉전 대비책으로서 선동 및 심리전 기법들을 향상하는 방법에 방점을 두었다. 프로젝트 트로이는 해군연구청(Office of Naval Research)과 국무부(Department of State)에서 자금을 지원받았다. 이런 관(官)과의 관계를 바탕으로 MIT는 국제학센터(Center for International Studies)를 1951년에 설립했다. 펜타곤과 중앙정보국(Central Intelligence Agency, CIA)으로부터 줄곧 상당한 자금을 지원받은 이 센터는 신생 인문사회과학대학에 부설된 최초의 주요 연구 기관이었다. 프로젝트 트로이와 이 연구센터 모두 인문사회과학대학을 MIT의 나머지 활동들과 통합하는 데 분명 일조했다. 비록 루이스위원회가 의도한 방식은 아니었겠지만 말이다. 군이

[그림 5-4] MIT의 350MeV 싱크로트론. 원자력과학·공학연구소가 운영한 이 입자가속기는 핵력의 속성을 연구하기 위해 소립자 간의 상호작용을 탐구했다. MIT박물관 제공.

MIT에 끼치는 영향을 줄이기는커녕, 인문사회과학대학은 이과대학과 공학대학이 닦아 놓은 전후의 성장 패턴 속으로 재빨리 녹아들었다.[30]

가치와 사명에 대한 새로운 셈법

1970년은 루이스위원회가 권고안을 제시한 지 20년이 지난 때였다. 이 해에 또 하나의 엘리트 패널이 다시 한번 MIT가 현재 어디에 있으며 향후 어디로 나아가야 하는지를 놓고 전면적으로 성찰하기 위해 조직되었다. MIT의 수학자 케네스 호프먼(Kenneth Hoffman)이 위원장을 맡은 이 위원회는 루이스위원회 시절과는 완전히 다른 분위기 속에서 소집되었다. 제2차 세계대전이 끝났을 때는 흩뿌리는 색종이 조각 아래서 온 군중이 환호했지만, 지금은 성난 시위대와 폭동을 진압하려는 경찰이 서로 충돌하고 있었다.

호프먼위원회는 1940년대 후반 이후로 MIT를 줄곧 지탱해 온 냉전 구도의 뼈아픈 붕괴와 직면했다. 1960년대 중반부터 국방부 관료들은 무제한적 기초연구가 투자 대비 최선의 성과를 산출했는지 재검토하기 시작했다. 1970년 미국 국방예산법에 대한 맨스필드 수정안(Mansfield Amendment to the Defense Appropriations Act of 1970)이 제정되었는데, 이는 군사 기획자들이 이미 자체적으로 추진해 왔던 조치를 법제화한 결과였다. 구체적으로 말하면, 국방 예산을 활용해 미국 대학들에 연구비를 지급할 때 군과 직접적 관련성이 있는 프로젝트에만 국한되도록 하는 조치였다. 이로써 과학자들을 동원하기 위해 대학에 눈먼 보조금을 지급하는 관행은 사라지게 되었다. 한편 베트남에서의 치열한 전쟁 때문에 국가의 자금 수요가 증가하는 상황에서 "스태그플레이션"(인플레이션이 고조되면서 동시에 경제성장이 정체되는 상태)을 가리키는 첫 징후가 나타나자, 교육 부문에 대한 연방 지출이 대폭 삭감되었다.[31] MIT는 연방 보조금에 크게 의존하고 있었기에 충격파를 가장 먼저 맞닥뜨렸다. 예산이 곧장 줄어들기 시작했다. MIT는 1971~1973년에 예산 부족액이 1,000만 달러(2008년 달러 가치로 환산하면 5,000만 달러 이상)였는데, 수십 년 만에 맞는 첫 적자였다. 줄곧 늘어나던 등록 학생 수가 정체되더니 곧 줄어들기 시작했다.[32]

호프먼위원회가 1970년에 내놓은 보고서 〈위기 시대의 창조적 개선(Creative Renewal in a Time of Crisis)〉은 루이스위원회의 가장 중요한 여러 경고와 권고 사항(한국전쟁과 그 후로 오래 지속된 냉전 시기에 대체로 외면당해 왔던)을 재조명했다. 가령 루이스위원회가 일찍이 1949년에 언급했듯이, 후원 연구 프로젝트를 통한 자금 유입은 상당한 이익을 MIT에 안겨 주었다. 이 이익은 주로 세계 정상급 연구 설비와 이런 인프라가 제공할 수 있는 전례 없는 교육 기회들의 형태로 찾아왔다. 하지만 루이스위원회는 또한 군사 후원이 초래할 수 있는 막대한 비용을 경고한 바 있다. 막대한 규모의 후원 프로젝트를 추진하면, 회계, 관료 조직 및 유사한 "방만한 활동"에 막대한 시간과 자원을 지출할 수밖에 없다. 후한 기부금의 원천이 전반적인 운영 규모만큼이나 우려스러웠다. 대중들의 인식 속에서 MIT와 "전쟁 무기"가 너무 가깝게 연상되는 현실이 MIT에 결코 좋게 작용할 리가 없었다.[33] 오랜 누적 끝에, 마침내 위기가 표면화되었다. 베트남 전쟁과 더불어 1969~1970년에 MIT를 포함한 전국에서 벌어진 대학 캠퍼스 시위가 도화선이었다. 호프먼위원회가 1970년 보고서에서 언급했듯이, "본래 거의 이견 없이 국가에 대한 봉사의 하나로 착수되었던" MIT의 "전쟁 관련 연구"가 "가치관의 변화"라는 맥락 속에서 갑자기 다른 양상을 띠었다.[34]

호프먼위원회가 판단하기로, 1970년에 MIT가 직면한 많은 다른 문제도 20여 년 전 루이스위원회가 부각했던 문제들과 희한하게 닮아 있었다. 교원과 학생 모두 여전히 교과과정에 불만이 있었다. 너무 많은 과목이 창의성과 판단력 함양 대신에 문제 해결 기법에 좁게 초점을 맞추고 있었다. 학부생이든 대학원생이든 통합적인 관점을 학습할 기회를 충분히 얻지 못한 채 복잡하게 구성된 여러 전공과목을 중구난방으로 배우고 있었다. 몰려드는 학생 수 또한 큰 걱정거리였다. 1969~1970학년도에 모든 학부생이 이수한 학점의 절반 이상이 수강생 100명 이상의 대형 강의에서 나왔다. 이런 대규모 교과들은 특히 학부 1학년생에게 문젯거리였다. 신입생들의 자연과학 교과목 학점 이수 시간의 93%가 수강생 100명 이상의 대형 강의를 듣는 데 쓰였다. 심지어 졸업반이 되어도 학생들의 학점 이수 시간의 20% 남짓이 여전히 그런 북적북적한 강의에 쓰였다.[35]

알고 보니 인문사회과학대학도 루이스위원회가 바랐던 만병통치약이

[그림 5–5] MIT 물리학자 앤서니 P. 프렌치(Anthony P. French)가 1964~1965학년도에 콤프턴 강의실(Compton Lecture Hall, 26동 100호실)에서 빽빽이 들어찬 학생들에게 일반물리학을 가르치고 있다. MIT박물관 제공.

절대 아니었다. 호프먼위원회가 실망스럽게 보고한 내용에 따르면, 이 단과대학은 학생들에게 자신들이 하는 일의 사회적·정치적 의미를 확실하게 이해시키기보다 또 하나의 전문 분과 학문들의 집합체가 되어 있을 따름이었다. 학생들은 학업 부담에 짓눌려 쩔쩔매고 있었고, 협소한 의미의 전문용어들이 난무하는 가운데 인문사회과학대학 교수들은 각자의 분야에서 논문 게재 압박(publish-or-perish demands)을 심하게 받으며 다른 분야와 단절되어 있었다. 게다가 MIT 본부가 인문학 및 사회과학을 과학 및 공학과 동등한 수준으로 끌어올리고자 노력했는데도, 이공계 분야의 구성원들은 (학생이든 교수든) 대체로 인문사회과학대학 구성원들을 MIT의 사명을 추구하는 데 덜 중요한 파트너라고 여겼다. MIT가 해야 할 "진정한" 일이 급할 때는 이들을 무시해도 그만이었다. 앞선 루이스위원회처럼 호프먼위원회도 MIT 교과과정 내에서 인문학과 사회과학의 위상과 권위를 즉각 드높여야 한다고 촉구했다. 다시금 위원회는 캠퍼스 바깥의 정황들(우리 주위를 휘감고 있는 사회적·정치적 소요)까지 거론하며, 기술적 노하우와 더불어 "지식과 가치"를 캠퍼스에 조성해야 한다고 역설했다.[36]

20년간 이어진 MIT의 거침 없는 성장 덕분에 눈부신 혁신이 이루어졌고, 국가 방위가 크게 향상되었으며, 거의 3만6,000명의 졸업생이 과학기술 분야의 일터에 진출했다. 하지만 분명 대가가 따랐다. "MIT는 대단한 분주함과 굉장한 효율성이라는 겉모습을 띠고 있지만, 위대한 성찰(great reflectiveness)의 모습은 없다"라고 호프먼위원회는 1970년 보고서에서 결론 내렸다. 이어서 이렇게 말했다. "우리가 비로소 '눈을 뜨고 깨어나' 자신의 목적과 방향에 대해 불확실함을 느끼게 되었다는 바로 그 사실 자체가 이러한 판단에 무게를 더한다." 무분별한 성장이 갑자기 중단되고 나서야 MIT는 자신의 사명과 가치를 찬찬히 재검토할 중대한 기회를 얻었다. 호프먼위원회는 "MIT가 나태한 안락과 자기 탐닉적 무질서를 이상적 모습으로 채택하기를 제안할 의도는 전혀 없다"라고 분명히 밝히면서도 이렇게 덧붙였다. "그러나 숨은 쉬어야 한다."[37]

스튜어트 W. 레슬리

특수 연구소들에 닥친 "고난의 시간"

베트남전쟁이 발발하자 미국의 다른 대학들과 마찬가지로 MIT 또한 전쟁에 깊숙이 관여하게 되었다. 그러나 MIT는 한 가지 중요한 점에서 다른 대학들과 달랐다. 다른 대학들에서 이 전쟁은 시위와 심지어 폭동까지 유발했다. 이런 행위들은 급진주의자들이 그릇되었다고 판단한 국가 정책들에 관심을 환기할 목적으로 벌어졌다. MIT 학생들과 교수들은 그보다는 대학 본부를 향해 이의를 제기했고, 또한 **그들 자신**에게도 되물었다. "국가에 대한 봉사"를 실천하기 위해 MIT가 맡아야 할 적절한 역할은 무엇인지, 과학자들과 엔지니어들의 사회적 책임은 무엇인지 물으며 MIT의 구성원들은 자신들의 우선순위를 재검토하고자 했다.[1] 이 논쟁의 중심에는 그간 MIT를 대표할 정도로 성장한, 냉전의 유산인 이른바 특수 연구소들(링컨연구소와 계기연구소)을 어떻게 할 것인가라는 질문이 놓여 있었다. 이 두 곳과 다른 MIT 연구소들의 차이는 독보적으로 거대한 규모, 다수의 전문가 집단, 매우 임무 지향적인 연구 방향, 위탁 연구에 거의 전적으로 의존하는 관행, 그리고 많은 수의 기밀 프로젝트였다. 옹호자들이 주장하듯이, 이 연구소들이 현실 세계에서의 공학적 경험을 익힐 특별한 기회를 제공함으로써 MIT의 교육과 연구 프로그램에 적절하게 이바지했다고 봐야 할까? 아니면 비판자들이 주장하듯이, (대부분 기밀 연구를 위한) 군의 자금 지원에 지나치게 예속되고 대학 본부의 행정적 통제로부터는 지나치게 독립되어 더 이상 학문 공동체의 일원으로 남아 있을 수 없게 되었던 것일까? 냉전 시기 동안 당연시된 공적인 봉사 임무를 수행하는 가운데 MIT는 과연 언제부터 대학의 더 상위 목적, 즉 '고용(hire)'을 위한 연구가 아니라 '고등한(higher)' 학문 기관으로서의 사명으로부터 이토록 멀어졌을까?

저명한 언어학자이자 뛰어난 활동가인 노엄 촘스키 교수가 예리하게 지적했듯이, MIT는 다음과 같은 중대한 문제를 피할 수가 없었다. "과학과 기술에 주로 전념하는 기관의 일원으로서 우리는 과학과 기술이 어떻게 사용되어야 하는가에 관한 본질적으로 정치적인 질문에 어떤 관점을 취할 것인지 표명하기를 거부하는 사치를 누릴 수 없다. 우리에게는 신중하고 사려 깊게 우리의 태도를 정해야 할 책임이 있다."[2] 과학과 공학에 대한 군의 자금 지원, 그리고 MIT 특수 연구소들의 위상에 관한 논의는 실제로 여러 차례 심사숙고를 거쳤다. 물론 가끔은 악의가 개입될 때도 있었다. 계기연구소에 대한 투자를 중단하고 연방 지원을 받아 MIT가 관리하는 연구개발센터로 링컨연구소만 유지하겠다는 최종 결정은 당시로선 중차대한 조치인 듯했다. 하지만 돌이켜보면, 서로 다른 관점에서 논의에 참여했던 그 누가 보더라도 기대에 비해 바뀐 건 별로 없었다.

캠퍼스 시위와 대응

정치 풍자 만화가 폴 콘래드(Paul Conrad)가 MIT에 퍼진 급진주의의 본질적인 역설을 완벽하게 포착해 냈다. 그의 만화를 보면, 너저분한 한 학생이 방정식들이 가득 적힌 플래카드를 들고 가는데 그 아래에 이런 문구가 나온다. "와, 정말 있는 그대로 말하네(Man, that's really telling it like it is)!"[3] 이 문구는 1969년에 《테크놀로지 리뷰(Technology Review)》에 다시 실렸다. 1966년에는 CIA가 국제학센터에 자금을 지원하는 것에 반대하는 시위가 여기저기서 벌어졌다. 1967년에는 '민주사회를 위한 학생들(Students for a Democratic Society)'이란 단체가 주도해 다우(Dow)사의 교내 채용 설명회에 반대하는 연좌 농성을 벌였다. 해당 업체가 네이팜탄을 제조한 것에 항의하는 시위였다. 1968년에는 한 미군 탈영병에게 일주일간의 "피난처"를 제공하는 투쟁이 있었다. 하지만 학생들이 경찰에 맞서 총력전을 벌였던 버클리, 컬럼비아 또는 하버드에 비해 MIT는 비교적 차분했다. 정말이지 학생들보다는 교수들이 군비 경쟁, 학문 연구에 대한 군의 자금 지원, 그리고 격화되는 베트남전쟁에 더욱 예민하게 반응했다.

저명한 MIT 교수들(그중 다수가 맨해튼 프로젝트와 래드랩에서의 전시 활동에 가담했다)이 핵무기 연구·개발·실험, 초기의 탄도탄 요격 미사일 계획, 그리고 베트남전쟁을 명시적으로 반대했다. 일찍이 1946년에 수학자 노버트 위너(Nobert Wiener)가 "무책임한 군사주의자들에게 장악되어 세상을 해롭게 할지 모를 연구는 이제 진행도 발표도 하지 않겠다"라는 유명한 선언을 했다.[4] 그리고 학생들이 특수 연구소들의 용도 변환을 의제에 올리기 10년 전에, 오랫동안 전자공학연구소 구성원이었던 루이스 스멀린(Louis Smullin)은 링컨연구소의 민수용 버전을 이렇게 제안했다. 대안 연료, 토양 보존, 해수의 담수화 및 개발도상국과 선진국 모두가 직면한 다른 도전 과제들을 포함해 "현대 세계의 주요 비군사적 공학 문제들을" 연구하는 곳으로 바꾸자는 제안이었다.[5]

하지만 스멀린과 그의 동료들이 아무리 개인과 기관의 책임에 대한 학

[그림 6-1] 미 육군 이등병 J. 마이클 오코너(J. Michael O'connor)가 1968년 가을에 자기 배속 부대를 이탈했을 때, MIT 학생들이 그에게 교내에 피난처를 제공했다. 학생들의 24시간 감시 활동 덕분에 오코너 이등병은 1968년 10월 후반부터 11월 초반까지 꼬박 일주일 동안 체포당하지 않고 보호받았다. MIT박물관 제공.

생들의 요구에 공감했더라도, 그들은 체제 내에서 일하기를 선호했다. 군을 포함한 정부 기관들의 고위급 자문 역할을 종종 맡으면서 말이다. 물리학자 제럴드 재커라이어스는 자신이 "워싱턴에서 보낸 700일"을 자랑하면서 현란하게 떠벌렸다. "이 녀석들(학생 시위자들)은 정치의 가장 기본 공리를 이해하지 못했다. 즉 '안에 있으면서 바깥으로 토하는 편이 밖에 있으면서 안으로 토하는 것보다 낫다!'라는 진리를 말이다." 교무총장(provost)이자 존 F. 케네디(John F. Kennedy) 대통령의 과학 고문이면서 장래 MIT 총장이 될 인물인 제롬 위즈너(Jerome Wiesner) 교수도 반전 시위대를 향해 개탄하면서, 자기야말로 "너희들이 이제껏 해 온 것보다 평화를 위해 더 많은 일을 했다"라고 우쭐댔다.[6] 하지만 대체로 내부자가 된다는 것은 후원 연구 프로젝트로든 하계 단기 연구로든 군산복합체와 직접 일한다는 의미였다. 다른 MIT 교수들 가운데서도 특히 재커라이어스와 위즈너는 케임브리지디스커션그룹(Cambridge Discussion Group)의 구성원이었다. 이 그룹은 기밀로 취급되는, 베트남전쟁에 대한 기술적 해결책(technlogical fixes)을 국방부와 논의하는 곳이었다. 그런 해결책 중 한 예는 북베트남의 병참 보급로인 호치민 트레일(Ho Chi Minh trail)을 차단하기 위한 전자식 울타리 설치 문제였는데, 이는 당시에 논란이 되었다.[7]

그랬기에 1969년 1월, 일군의 교수들과 학생들이 3월 4일을 기해 연구 중단을 호소했을 때 미국 전역은 큰 충격을 받았다. 그들이 강조하기로, 이 조치는 MIT 자체에 대한 시위가 아니라 "과학과 기술이 국가 구성원인 우리의 삶에 끼치는 현재의 역할과 관련한 문제와 위험성에 관한 공개 토론"을 촉발하기 위한 상징적인 제스처였다.[8] 이 발상은 새로 결성된 과학행동조정위원회(Science Action Coordinating Committee, SACC)에서 처음 나왔다. 이 위원회는 전쟁, 군사기밀 연구를 통한 학점 취득, 그리고 학문의 군사화에 반대하는 학생운동 집단이었다.[9] 언론은 3월 4일을 "파업"이라고 명명하려는 유혹을 뿌리치지 못했다. 반면에 48명의 교수를 포함해 3월 4일 성명서에 서명한 이들은 그날을 "성찰의 날(day of reflection)"로 부르길 더 좋아했다. "연구 활동의 방향을 현재 강조되는 군사 기술에 적용하는 관행에서 벗어나, 더 시급한 환경 및 사회 관련 문제들로 돌릴" 방법을 다 함께 모색하는 시간을 갖자는 뜻이었다.[10]

진보적 언론인들은 주최자들이 "과학자일 뿐 아니라 시민으로서 행동하기 시작했다"라며 환호했지만, 보수주의자들은 MIT가 오늘날의 용어로 표현하자면 정치적 올바름(political correctness)이라는 위태로운 길에 빠지게 될까 우려했다.[11] 예상하다시피, 대다수의 평범한 MIT 학생들과 교수들은 행사 당일을 강의실과 연구실에서 보냈다. 그들 중 일부 보수

강경파는 대항 시위의 하나로 "제자리 지키기 활동(work-in)"을 조직하기도 했다.[12] 그렇긴 해도 (총 7,764명 중에서) 추정 인원 1,400명의 학생이 크레스지강당(Kresge Auditorium)에 모여서 군용 연구의 민용 전환, 무기 통제와 지식인의 책임에 관한 패널 토론을 경청했다. 당시 언론이 널리 다룬 것처럼, 3월 4일 행사는 대학 캠퍼스 내 군의 존재감, 기밀 연구, 국가가 어느 분야에 연구비를 더 지원해야 하는지에 관한 전국적인 논쟁을 촉발했다. 이에 고무되어 30곳 이상의 다른 대학에서도 연좌 농성, 토론회 및 비슷한 행사가 열렸다. 특히 MIT는 3월 4일 행사로 인해 집중적인 토론의 장으로 변모했다. 미국 최대의 군·학(軍學) 연구 계약의 주체이자 100대 군사 연구 계약 수주 기관 가운데 유일하게 대학이었던 MIT(54등)의 역할에 대한 문제점이 토론 주제였다.

좀 더 시야를 확장해, 3월 4일 성명에 참여한 이들 중 48명의 교수는 1969년에 '우려하는 과학자들의 모임(Union of Concerned Scientists, UCS)'을 결성했다. 이들은 "과학과 기술이 실제적 또는 잠재적 중요성이 있는 분야에 대한 정부 정책을 비판적·지속적으로 살피겠다"라고 맹세했다.[13] 작은 모임에서 시작된 이 단체는 결국 이 분야에서 가장 큰 비영리 조직으로 성장해, 오늘날 전 세계적으로 25만 명의 회원을 거느리고 있다. UCS는 지금도 케임브리지에 본부를 두고 핵무기와 원자력, 기후변화와 대체에너지 같은 사안에 대해 과학계의 설득력 있는 목소리를 내고 있다.[14]

3월 4일은 "전쟁 연구"와 "군용 연구의 민용 전환"을 MIT의 당면 현안으로 올려놓았는데, 이 과정에서 계기연구소와 링컨연구소는 가장 대표적인 비판의 대상이 되었다. 각각 1969년의 연간 연구 예산이 5,500만 달러와 5,900만 달러(2008년 달러 가치로 환산하면 3억2,400만 달러와 3억2,800만 달러)인 이 두 연구소는 각각 MIT의 나머지 후원 연구 프로젝트들을

[그림 6-2] 1969년 3월 4일, 학생운동가들이 48명의 교수와 합세해 캠퍼스에서 군사 목적의 연구가 갖는 의미를 평가하기 위한 "성찰의 날"을 조직했다. MIT박물관 제공.

다 합친 것만큼의 자금을 소비했다. 이 두 연구소의 예산을 합치면 MIT 총예산의 절반을 살짝 넘었다.[15] 두 특수 연구소는 거의 전적으로 연방 계약에 따라 연구 자금을 받았을 뿐 아니라(계기연구소의 예산은 대략 국방부와 NASA 두 곳에서 나왔고, 링컨연구소의 예산은 완전히 국방부에서만 나왔다), 그 계약들은 군에 직접적으로 적용되는 프로젝트들을 대상으로 삼았다. 계기연구소는 (최신 포세이돈 잠수함 발사 미사일을 포함해) 대륙간 탄도 미사일에 쓰일 관성유도 시스템을 전담했지만, 아폴로 달 착륙 프로젝트를 위한 유도 시스템 개발에도 참여했다. 이중 용도 기술의 완벽한 사례였다. 링컨연구소는 대륙간 방공 시스템 개발을 위해 미 공군에 의해 설립되고 자금 지원을 받은 곳이었기에, 고성능 레이더, 우주 통신 및 탄도 미사일 재진입 시스템 개발을 전문으로 도맡았다. 링컨연구소가 추진한 비교적 소규모인 전장 감시 프로젝트(레이더를 이용해 정글의 숲으로 위장한 적 부대를 찾아내는 프로젝트)를 제외하고는 두 연구소 모두 베트남전쟁에 직접적으로 관여하지 않았다. 그렇기는 해도 여전히 상징성을 띠던 두 연구소, 특히 메인 캠퍼스에서 고작 몇 블록 떨어진 개조된 공장과 창고에 자리 잡은 계기연구소는 시위대의 위험에 노출되어 있었다. 반면에 링컨연구소는 서쪽으로 30km쯤 떨어진 한 공군기지 내에 있었기에 위험 범위 밖이었다.[16]

"학생들이 대낮에 77동(로저스관) 계단에서 행진을 선동했다. 금세 분위기가 달아올라 2~3분 안에 여기로 들이닥칠 수도 있었다"라고 계기연구소 소장인 찰스 스타크 드레이퍼가 씁쓸하게 회상했다. 1969년 4월 22일, SACC가 포세이돈 미사일을 반대하기 위해 10동(매클로린관) 앞에서 시위를 조직했다. 이들이 계기연구소로 행진해 오자, 직접적인 대치 상황이 벌어졌다. 드레이퍼가 예기치 않게 나타나 시위대와 문 앞에서 마주쳤다. 곧이어 시위대 중 일부를 연구소 안으로 데리고 들어가 이 군산복합체가 실제로 어떻게 돌아가는지 직접 눈으로 볼 것을 권했다. 몇 마디 설전이 서로 오간 후에(그때 드레이퍼는 자기가 "확성기를 낚아채서 시위대를 여러 번 꾸짖을" 수 있었다고 말했다), 시위대는 학교 당국에 대한 요구 사항을 전하기 위해 캠퍼스로 되돌아갔다.[17]

그 시위는 그해 봄에 벌어진 다른 대학들에서의 무질서에 비하면 가벼운 편이었다. 하지만 하버드에서 벌어진 그 무렵의 사건에 이미 놀란 데다 학생운동에 익숙하지 않은 MIT 행정 보직자들에게는 충격을 주기에 충분했다. 급진적이라곤 할 수 없지만 분명 격앙되어 있던 캠퍼스 공동체에 대응하기 위해, 하워드 존슨(Howard Johnson) 총장은 급히 22명으로 구성된 '특수 연구소 검토 패널(Review Panel on Special Laboratories)'을 소집했다. 여기서 총장은 그 연구소들과 MIT의 나머지 부분과의 관계를 평가하도록 지시했다. 특히 "해당 연구소들이 교육과 연구에 대한 기본적인 책임이라는 측면에서, 그리고 국가에 이바지할 책임이라는 측면에서 MIT에 어떤 의미를 갖는지"를 살펴보라고 지시했다.[18] 존슨은 슬론경영대학원의 학장으로 8년을 보낸 후 1966년에 총장직에 올랐다. 그는 대결보다는 합의를 선호했으며, 패널의 검토 결과로 시위대가 누그러지길 희망했다. 패널 의장이 윌리엄 F. 파운즈(William F. Pounds)여서 파운즈패널(Pounds Panel)이라고 대중에게 알려진 이 패널은 맹렬한 속도로 임무에 착수했다. 심지어 MIT의 기준으로 봐도 맹렬했다. 채 한 달이 안 되어 패널 구성원들은 스무 차례 만나, 추정하기로 총 109시간 동안 회의를 열었다. 인터뷰한 사람만도 100명(MIT 교수들, 특수 연구소들의 직원들, 학생들 그리고 외부 전문가들)이나 되었고, 짬을 내서 출장길에 올라 워싱턴 DC와 캘리포니아의 최고위 관계자들(VIPs)과 만나 상의했다.[19] 나중에 특수 연구소들은 파운즈패널이 자신들에게 불리하도록 구성되었다고 주장했지만, 어쨌든 각 연구소는 두 명의 대표를 패널 위원으로 파견할 수 있었다. 패널은 정치적 스펙트럼의 반대편에 있는 인물을 포함했는데, 가령 촘스키와 더불어 SACC의 창립 멤버 중 한 명인 조너선 카밧(Jonathan Kabat)이 그런 인물이었다.

전환 아니면 철회?

그런 논쟁적인 주제를 두고서 몇 주 만에 합의를 기대하는 것은 무리다. 그럼에도 파운즈패널은 과연 지침이 될 원칙 몇 가지에 실제로 합의를 이루었다. 패널의 최종 권고안들에는 특수 연구소들의 연구 포트폴리오를 다각화해 군용 연구와 민용 연구의 더욱 고른 균형을 달성할 것, 특수 연구소들과 대학의 나머지 부분과의 협력을 강화할 것, 그리고 장래의 연구실 계약과 정책을 살피기 위한 감독위원회를 설치할 것 등이 포함되었다.

촘스키가 기나긴 검토 의견을 제시하면서, 패널의 권고안은 특수 연구소들이 "사회적으로 유용한 기술" 쪽으로 전문 분야를 바꾸게 만들기엔 여전히 한참 부족하다고 주장했다. 그는 특수 연구소들의 "총체적 전환"을 요구한, 훨씬 장기적이고 더 단호한 카밧 등의 소수 의견에 동의하고 그를 지지한다고 덧붙였다. 오직 두 패널 위원, 즉 화학공학자 에드윈 길릴랜드(Edwin Gilliland)와 전기공학자 마빈 서부(Marvin Sirbu)만이 특수 연구소 즉각 해체를 요구했다. 둘은 특수 연구소들이 "MIT의 특성을 변화시키고" 있는 "연구와 교육 간의 불균형"을 키우는 데 기여했다고 확신했다. 둘에 따르면 MIT에 필요한 것은 수명이 제한적인, 더 작고 유연하며 사명 지향적인 연구소였다.[20]

파운즈패널, 그리고 MIT 공동체 전체가 직면한 중차대한 질문은 두 연구소를 자유롭게 풀어 주어 자신들의 고유한 연구 의제를 아무런 방해 없이 정하도록 하느냐(전면 철회), 아니면 두 연구소가 축적한 전문 지식을 비군사적 용도로 되돌린다는 목표 아래 더 적극적으로 관여하느냐였다(완전한 전환). 존슨 총장은 이 "전면 철회와 완전한 전환" 사이의 절충을 지지했는데, 이 태도는 운동가, 그리고 두 연구소의 직원과 후원자 어느 쪽도 만족시키지 못했다.

전환의 주창자들은 유체역학연구소(Fluid Mechanics Laboratory)의 사례에서 영감을 얻었다. 1962년에 기계공학과의 부속 기관으로 설립된 이 연구소는 처음에 미사일과 우주비행체를 위한 재진입 물리학을 전문적으로 연구했다.[21] 1966년이 되자 연구소는 교수 6명, 대학원생 20명, 그리고 30만 달러(2008년 달러 가치로 환산하면 거의 200만 달러)의 예산 규모를 자랑했다. 이 예산은 단 한 푼도 기밀 계약에서 나오진 않았지만, 거의 전부 방산 기관들에서 나오긴 했다. 항공산업의 오르락내리락하는 자금 지원과 고용 사이클을 우려한 연구소는 "사회적 유용성을 지향하는" 프로젝트들에 특별히 주목해 더욱 균형 잡힌 연구 프로젝트를 추진하기로 했다. 가령 공해와 수질 오염, 의용공학(Biomedical Engineering) 그리고 해수의 담수화와 같은 연구 프로젝트에 주목했다. 3년 만에 유체역학 연구소는 새로운 후원 네트워크를 구축했고, 예산이 두 배로 늘어났으며(그중 2/3가 방산 이외의 분야에서 나왔다), 소속 대학원생의 절반을 민간 기업에 진출시켰다.[22] 연구소 소장 로널드 프로브스타인(Ronald Probstein)이 3월 4일 토론에서 강조했듯이, 그와 동료들은 방산 계약에 따른 연구개발을 반대하지 않았다. 실제로 그들은 해군연구청을 포함해 여타 군 후원 기관들이 "연구에 대한 명민한 접근법"을 취한다며 칭찬했다. 그들의 목표는 현재의 연구비 확보 여건에서 "불균형을 바로잡고", 아울러 다른 정부 기관들과 민간 영역이 환경 및 도시 문제를 해결하기 위한 유체역학연구소의 연구 활동을 지원하도록 북돋는 것이었다.[23]

이러한 경험에도 불구하고, 또한 많은 활동가의 기대와 달리 유체역학연구소는 특수 연구소들의 전환을 지지하지 않았다. 기계공학과의 학과장이자 유체역학연구소의 구성원인 아셔 샤피로(Ascher Shapiro)가 설명했듯이, 진정한 목적은 국가적 의제를 "전환하는" 것이어야 했다. 그는 이렇게 말했다. "군을 합리적인 균형 상태로 되돌릴 유일한 방법은 그 문제를 국가적 차원에서 공략하는 것이다."[24] 특수 연구소들을 무턱대고 전환하려고 했다가는 결국 비생산적인 연구소로 전락하고 말 것이라고 그는 덧붙였다. 그렇게 된다면, 두 특수 연구소도 샤피로 자신의 연구소와 같은 다른 MIT 연구소들과 약간의 민간 자금을 놓고 경쟁하는 그저 그런 처지로 내몰리고 말 터였다.

마찬가지로 특수 연구소의 지도자들도 전환에 회의적이었다. 드레이퍼는 전환 논의가 그럴듯한 희망 사항일 뿐이라고 깎아내렸다. 그는 이렇게 주장했다. "(전환에 대해) 떠들어 대는 이 모든 신사의 약점은 구체적인

[그림 6-3] MIT 슬론경영대학원 학장인 윌리엄 F. 파운즈가 1969년 5월의 첫 기자회견에서 특수 연구소들에 관한 검토 패널의 위원들을 소개하는 장면. MIT박물관 제공.

아이디어가 전혀 없다는 것이다. 뭐든 실질적인 일을 할 생각이 없다. 그저 다른 사람들이 하는 방식을 놓고서 소란만 피운다. 재정 확보, 조직 건설, 연구 주제 면에서 현실적인 제안을 전혀 내놓지 않는다."[25] 그리고 이런 말을 보탰던 것으로 보이는데, 전환론자들이 계기연구소 정도 규모의 연구 기관을 운영하는 데 드는 예산이 어느 정도인지도 전혀 감이 없다는 것이었다. 연방 연구 지원 예산이 점점 줄어드는 가운데 어떻게 MIT가 민용 기술만으로 연간 1,000만~1,500만 달러(2008년 달러 가치로 환산하면 대략 6,000만~9,000만 달러)를 모은단 말인가? 그 금액을 모은다 해도 현재 계기연구소 총예산의 1/5에 불과한데 말이다. "모든 동문 조직을 총동원하고 일 년 내내 모금 활동을 펼쳐도 이 연구소의 고작 2주 치 예산을 모을 수 있을 따름이다"라고 부소장 윌리엄 덴허드(William Denhard)가 일침을 날렸다.[26]

파운즈패널 권고안은 계기연구소의 후원자인 공군에 큰 골칫거리를 안겨 주었다. 그래서 공군 측에서는 연구 프로젝트를 민간 기업에 넘기거나, 아니면 그 연구소를 미트레코퍼레이션(The MITRE Corporation, 링컨연구소의 한 파생 연구소)의 노선을 따르는 독립적인 비영리 조직으로 변경하는 비상 계획을 짰다.[27] 소박한 증언으로 파운즈패널을 매료시켰던 드레이퍼는 공개적으로는 신중한 태도를 견지했다. 그러나 사적으로는 해당 패널을 "종교재판"이라 부르며, 47년간의 MIT 재직 경력에도 불구하고 패널이 지나치게 압박하면 연구소를 다른 곳으로 이전하겠다는 뜻을 내비쳤다. 그를 따르는 소장파 구성원들은 국방부와 NASA가 아니면 그 정도의 대규모 자금 지원을 받을 가망이 별로 없다고 보고, 전면 철회가 불가피하며 연구소의 미래가 심각한 위험에 놓였다고 여겼다. 한편 링컨연구소 소장 밀턴 클라우저(Milton Clauser)는 견해가 조금 달랐다. 그는 활동가들이 "우리 구성원들 사이에 존재하던 얼마간의 무기력증을 흔들어 놓았다"라고 주장하며, 민용 기술에 더 많이 관여하면 실제로 링컨연구소에 도움이 될지도 모른다고 생각했다.[28] 다만 링컨연구소의 경우, 이미 여러 건의 장기 계약을 확보해 이점을 누리고 있던 데다, 항공교통 제어를 위한 고급 레이더 시스템과 고체 상태 전자공학 기술처럼 잠재적인 민용 기술 분야에서도 폭넓은 연구 성과를 확보해 놓고 있었다는 점이 특기할 만하다.

특수 연구소들에 가해지는 압박은 1969년 가을, 신학기를 맞아 학생들과 교수들이 교정으로 돌아오자 더 거세졌다. 9월에 존슨 총장은 파운즈패널이 권고한 감독위원회(위원장은 화학자 존 시핸(John Sheehan)이었다)를 발족시킨 다음, MIT 도시시스템연구소(Urban Systems Laboratory) 소장인 도시공학자 찰스 밀러(Charles Miller)가 계기연구소의 소장을 맡고 드레이퍼는 기술이사 겸 수석고문을 맡는다는 내용을 발표했다. 그러자 드레

[그림 6-4] 1969년 6월 16일, 동문의 날 행사 중 불붙은 캠퍼스 내의 군사 연구 반대 시위. MIT 박물관 제공.

이퍼는 밀러의 소장 임명은 등 뒤에서 비수를 찌르는 짓이라고 노골적으로 발끈하면서, "나는 해고당했다"라고 언론에 말했다. 과거 정책에서 크게 벗어나, 존슨 총장은 또한 이렇게 선언했다. MIT는 "군사 무기로서 작전상 배치될 시스템의 설계와 개발"을 위한 계약은 더 이상 수주하지 않겠다고.[29] 드레이퍼는 자기 휘하에 있는 1,900명의 과학자와 공학자가 연구 방향을 바꾸는 데 관심이 있을 거라는 생각을 가차 없이 배격했다. 그는 이렇게 언급했다. "이 사람들은 천체역학과 같은 매우 정교한 문제를 다루는 데 익숙하다. 민용 연구로의 전환과 관련된 문제에 참여하는 데 관심을 가질 사람이 많을 리가 없다." 아마도 어렵겠지만, 설령 전환을 위한 자금을 어딘가에서 구할 수 있게 된다고 하더라도 말이다.[30]

만약 존슨 총장이 지도부와 정책에 변화를 줘서 캠퍼스를 안정시킬 거라고 믿었다면 큰 오산이었다. 드레이퍼는 휘하의 연구원들에게 임박

한 "고난의 시기"에 대비하라고 촉구했다. 표면적 성공에 대담해진 급진
파 학생들은 MIT의 우선순위를 더욱 급격하게 재조정할 것을 주창했고,
"전쟁 기계"를 강제로라도 폐쇄해야 하는 것 아닌지 논의하기 시작했다.
이런 위협의 심각성을 느낀 존슨은 전례 없는 조치에 나서, 시위대에 물
리력 행사 내지는 그렇게 하겠다고 위협하는 조치조차 막는 금지령을 발
동했다. 이에 굴하지 않고 약 350명의 학생이 11월 5일 계기연구소로 행
진해, 베트콩 깃발을 흔들면서 연구소 내의 기술자들을 향해 "폐쇄하라!"
라고 외쳤다. 그들은 오전 근무를 위해 도착하는 몇몇 연구소 직원과 실
랑이를 벌였다. 잠시 후 케임브리지시 경찰이 경찰견과 최루가스를 소지
한 채 들이닥쳤고, 즉시 시위자들을 학교 밖 뒷골목 쪽으로 내몰았다. 한
시간 만에 연구소는 업무 재개를 위해 다시 문을 열었다.[31] 고작 10명이
부상당하고 단 한 명만 체포되긴 했지만, 이 계기연구소 "포위" 사태는 미
국 전역에서 열띤 논쟁을 불러일으켰다. 전환 정책, 그리고 드레이퍼가
곧 "은퇴"를 앞둔 상황은 보수주의자들이 보기에 급진파 학생들에게 유
리한 상황으로 보였고, 이런 관점을 공유한 전문가들은 이 연구소를 연방
정부의 직접 통제 아래 두자고 요구했다. 반면 진보주의자들이 보기에,
계기연구소가 군의 자금 지원에 크게 의존하는 현실이야말로 대학의 그
릇된 우선순위를 잘 보여 주는 사례였다.[32]

떼어 놓기에는 너무 심하게 얽혀 버린

파운즈패널의 주요 권고 사항 중 하나는 특수 연구소들과 대학의 나머지
부분과의 유대 강화였다. 하지만 파운즈패널이 실시한 조사에서 드러나
기로, 두 연구소가 MIT의 교육과 연구에서 차지하는 비중은 이미 너무
커져 있었다. 계기연구소는 공식적으로 항공우주공학과의 일부였으며,
해당 학과의 교수진 16명이 계기연구소에서 보직을 맡고 있었다. 1969

[그림 6–5] 1969년 11월 5일 아침, 반전 시위대가 MIT의 계기연구소로 행진하고 있다. 이 연구소가 군용 연구에 과도하게 관여하는 데 반대하기 위한 시위였다. MIT박물관 제공.

[그림 6–6] 1969년 11월 5일, 경찰 진압대가 MIT의 계기연구소 밖에서 반전 시위대와 충돌하고 있다. MIT박물관 제공.

년 현재 MIT 학생 398명이 이 연구소와 얼마간 관련이 있었다. 그중 105명이 항공우주공학과 대학원생이었고 159명이 전기공학과 학생이었으며, 이보다 적긴 하지만 그래도 상당수가 기계공학과, 물리학과 그리고 심지어 경영학과에서 온 학생들이었다. 아울러 계기연구소에 상근으로 일하는 여름학기 연구 참여 학생 200명도 있었다. 게다가 (그해에 가르친 총 80개 과목 중에서) 항공우주공학과에서 가르친 25개 과목이 계기연구소의 전문 분야와 직접 관련된 내용이었고, 그런 과목 중 다수를 해당 연구소 연구원이 가르쳤다. 또한 완성된 석사 학위 논문과 박사 학위 논문 36건이 계기연구소의 연구를 바탕으로 작성되었다. 이런 실정이니 계기연구소는 MIT 전체에 실로 큰 영향을 끼치고 있었다.[33]

더군다나 계기연구소는 당시의 학계에서는 거의 불가능했던 현장 공학 실습 경험을 제공했다. 이 연구소가 따랐던 오래된 MIT 전통(드레이퍼와 그가 이끈 프로젝트의 책임자들이 헌신적으로 따랐던 전통)에 따르면, 공학 이론과 공학 실습이 딱 잘라 구분되지 않았고 연구 성공의 궁극적인 척도는 현장 또는 공장 작업장에서 판가름 났다. 드레이퍼가 파운즈패널 앞에서 한 증언에서 강조했듯이, 관성유도와 같은 분야에서는 현장에서의 공학적 실천이 대체로 이론보다 앞서가고 있었다. 계기연구소의 학생들은 교과서가 가르칠 수 없는 것을 배웠고, 누구도 기말시험에서 부정행위를 하려야 할 수가 없었다. 그는 이렇게 설명했다. "그들의 장치는 새에 실려 날아가야 하므로(실제 비행체에 탑재되어 운용되므로), 만약 작동하지 않는다면 그건 다른 모든 이들과 마찬가지로 당신도 알게 되고 그들 역시 알게 될 수밖에 없습니다."[34] 계기연구소에서 학생들은 마감에 맞추기, 연구의 기본 요건 지키기, 그리고 도급업체 및 노조 소속 기계공과 정부 측 후원 기관 상대하기 등을 포함해 여러 개인 기량을 체득했다. 드레이퍼는 자신의 가르침에 자부심이 있었고, 늘 계기연구소를 강의실이자 교육용 실험실로 여겼다. 미트레코퍼레이션, 랜드연구소(RAND Corporation) 또는 바텔기념연구소(Battelle Memorial Institute)와는 매우 다른 연구소로 봤던 것이다. 드레이퍼의 뒤를 이어 항공우주공학과의 학과장이 된 르네 H. 밀러(Rene H. Miller)는 계기연구소를 최고 수준의 의과대학에 있는 교육용 부속 병원에 비유했다. 계기연구소야말로 공학도들이 "큰 기술 프로젝트에 참여하며 매일 힘겹게 의사결정을 내리는 데 깊이 관여할 때만 얻을 수 있는" 종류의 경험을 체득할 수 있는 장소라는 말이었다. 그에 따르면, 전후의 MIT 교과과정은 "공학용 과학"(수학, 물리학, 이론 학습)에 더 중점을 두면서 실제 현장에서의 경험을 주변부로 내몰았고, 그로써 장래의 공학자 양성에 해를 끼쳤다.[35]

링컨연구소는 대학과의 직접적인 관계가 약했는데, 위치가 멀리 떨어져 있으니 당연한 일이기도 했다. 그렇기는 해도 1년에 30명의 학생이 링컨연구소에서의 연구를 바탕으로 박사 학위 논문을 작성했고, 비슷한 수의 학생이 한 학년 중 한 학기를 연구소에서 상근으로 일하면서 보냈다. 그리고 스물세 명의 링컨연구소 연구원이 MIT 교수로서의 직함을 갖고 있었다. 두말할 필요 없이 계기연구소와 링컨연구소 모두 MIT 졸업생들이 다수 일하고 있었다. 가령, 링컨연구소 연구원의 1/3 남짓이 MIT에서 학위를 받은 사람들이었다.[36]

1970년 5월 20일, 감독위원회의 감독 아래 1년을 보내고 난 후 두 특수 연구소는 자신들의 운명을 알게 되었다. 존슨 총장이 교수들에 알리기로, MIT는 계기연구소의 연구 방향을 전면 철회하고 대신에 링컨연구소를 유지하기로 했다. 사실 총장은 이 방침을 훨씬 일찍 결정했고, 계기연구소의 신임 소장 찰스 밀러에게 이미 1월에 전면 철회 방침을 알렸다. 캠퍼스에 더 가깝고 관계가 더 돈독했으며 연구 프로그램도 훨씬 더 균형이 잡혀 있었지만, 계기연구소가 철퇴를 맞은 것이다. 본교에서 너무 잘 보이고 너무 가까웠던 탓이다. 링컨연구소는 연방 자금 지원을 받는 연구개 발 기관으로 계속 유지되긴 하겠지만, 군 관련 기관 이외의 다른 곳에서 도 자금 지원처를 찾으라는 권고를 받았다.

드레이퍼와 동료들은 누구 할 것 없이 그 소식에 충격을 받았다. 계기 연구소의 부소장 대행 찰스 브록스마이어(Charles Broxmeyer)는 MIT가 찾고 있었던 건 희생양뿐이었다고 파운즈패널에 토로하면서, 이런 예언 적이면서 쓰라린 말을 남겼다. "어떤 증거로 보더라도 베트남전쟁의 **발발** 과는 아무런 관계도 없는 특수 연구소들이 지목당해 파괴되었다. 그래야 만 전체 MIT 공동체, 즉 우리 연구소를 배제한 나머지 공동체들[37]의 집 단적 죄책감이 씻겨 나갈 테니까."[38] 이런 결정은 특수 연구소들이 미국 의 과학적·기술적 자원을 비군사적 방향으로 재조정하기 위한 시험대가 되길 바랐던 촘스키와 같은 전환론 주창자들에게도 실망스러운 것이었 다. 1970년 6월 1일, 계기연구소는 자체 이사회를 둔 MIT의 독립 조직이 되었다(지금은 설립자의 이름을 따서 찰스스타크드레이퍼연구소로 바뀌었다). 계 약 의무 사항들을 처리하기 위해 3년간의 이행 과도기를 거친 후에 연구 소는 독립적인 비영리 연구 법인으로 거듭났다(MIT와는 공식적으로 어떠 한 계약 관계도 없다). 존 더피(John Duffy)가 초대 소장을 맡았다.[39] 찰스 밀 러는 드레이퍼연구소를 나와서, 그 자신이 포드재단(Ford Foundation)의 지원으로 1968년 MIT에 설립해 놓았던 도시시스템연구소를 이끌었다. 공학적 기법을 도시 문제에 적용하려는 간학제적 노력의 차원에서 설립 된 이 연구소는 곧 자금이 바닥나 1974년 문을 닫았다.[40] 드레이퍼를 포 함해 전환론의 반대자들이 옳게 내다봤듯이, 민간 기술 부문에서 대규모 프로젝트를 지원할 계약을 따내기란 무척이나 어려웠다.

이 모든 변화에도 불구하고 특수 연구소들은 새로운 역할을 하며 번성 했다. 드레이퍼연구소는 케임브리지시의 테크놀로지 스퀘어(Technology

Square)에 멋진 본부를 새로 짓고서 1977년 그곳으로 위치를 옮겼다. 반대자들이 예상했듯이, 전면 철회는 드레이퍼연구소의 방산 계약에 대한 의존성을 강화했을 뿐이다. 연구소는 1974년 8,300만 달러(2008년 달러 가치로 환산하면 3억6,000만 달러)의 자금을 지원받아 비영리 연방 계약 기관 목록의 상위권으로 우뚝 섰다. MIT 산하 감독위원회의 제약에서 벗어난 드레이퍼연구소는 이제 트라이덴트(Trident)와 피스키퍼(Peacekeeper) 프로젝트를 위한 탄도 미사일 유도 시스템에 온전히 집중했다. 또한 아폴로 프로젝트의 성공 경험을 바탕으로 우주왕복선을 위한 유도 시스템을 개발했다.[41] 한편, 링컨연구소는 비(非)방산 분야 계약을 따내려는 선의의 노력을 통해 얼마간의 성공을 거두었다. 1971년에 최초의 민간 계약을 따냈고, 연구 포트폴리오를 넓혀서 항공교통 통제, 태양열 에너지, 의료 분야에 관한 후원 연구 등을 수주했다. 하지만 방산 계약이 여전히 연간 예산의 80~90%에 달했다.[42]

베트남전쟁이 끝나고, 아울러 "암과의 전쟁"과 다른 의료 프로젝트들이 시작되면서 국가의 자금 지원 패턴이 크게 달라졌다. 국방부가 후원하는 연구가 급격히 감소했는데, MIT의 총연구 예산에서 차지하는 비율 면에서 볼 때 1967~1977학년도의 절반으로 줄었다. 1978년이 되자 연방 에너지부(Department of Energy)가 MIT의 최대 후원 기관이 되었고, 그 뒤를 보건복지부(Department of Health and Human Services)와 미국 국립과학재단(National Science Foundation)이 바짝 뒤따랐다. 국방부는 4위로 주저앉았다. 그렇긴 해도 MIT는 전국에서 방산 연구 계약을 따내는 업체 목록 중 대학으로서는 가장 높은 자리에 있었다. 계기연구소가 전면 철회를 겪었고 링컨연구소의 예산을 제외한 뒤였는데도 말이다. 1974~1984년에 국방부 자금 지원 금액 면에서 MIT는 (펜실베이니아주립대학교에 살짝 뒤처진) 두 해를 제외하면 언제나 1위를 차지했으며, 매해 평균 지원 금

액은 1,700만 달러(2008년 달러 가치로 환산하면 5,500만 달러)에 달했다.[43]

1980년대에는 전략방위구상(Strategic Defense Initiative, SDI)을 놓고 논쟁이 벌어지면서, 지난날 특수 연구소들에 관한 논쟁이 드리웠던 기나긴 그림자가 다시 소환되었다. 1985년에 한 무리의 교수들이 SDI 장기 계약을 우려해 MIT 총장 폴 그레이(Paul Gray)와 면담했다. 이후 그들은 MIT에 설치된 '학내 군의 존재감에 관한 임시위원회(Ad Hoc Committee on the Military Presence)'를 자체적으로 조직했다. 정치학자 칼 케이슨(Carl Kaysen)이 위원장을 맡은 이 위원회는 MIT 교수들과 학생들에게 설문 조사를 실시해, 레이건 시대의 군사력 증강과 SDI 계약에 대한 반응을 조사했다. 놀랍도록 높은 반응률(설문 조사에 참여한 교수의 45%, 대학원생의 17%, 그리고 학부생의 20%)이 이 주제에 대한 진심 어린 관심을 잘 보여 주었다. 위원회는 하필 1985년 3월 4일(1969년 성찰의 날 16주년 기념일)에 SDI의 자금 지원을 받는 연구 프로젝트 목록에 대해 후원프로그램관리처(Office of Sponsored Programs)에 문의했다. 설문 조사 결과를 보니, 가장 고위직에서부터 SDI가 MIT에 끼칠 잠재적 영향을 우려하는 시각이 엿보였다. 그레이 총장은 그해 봄 취임식에서 이 문제를 언급했다. "제가 SDI 자금 지원에 관해 특히 문제적이라고 여기는 점은 관련된 논의를 우회해 MIT와 다른 대학들을 정치적 수단으로 이용함으로써, 이 정책에 관해 암묵적으로 지지하도록 만들려 한다는 것입니다. 우리 대학은 그런 식으로 이용당하지 않을 것입니다."[44] 대다수의 교수는 그레이 총장의 이어지는 발언들에 동의했다. "MIT의 교육 및 연구 프로그램의 우선순위에 변화를 강제할 수 있기 때문에 SDI 자금 지원은 피해야 합니다." 그리고 곧 이렇게 덧붙였다. "MIT의 자금이 무기 체계 개발에 관여해서는 안 되기 때문에 SDI 자금 지원은 피해야 합니다." 또한 총장과 교수들은 기밀 연구 및 대학원생에 대한 보안 인가가 학문적 자유의 전통에 정면으로 배치된다는 이유로 이에 강력히 반대했다. 학생들은 1969년에 그랬던 것처럼 거리로 나가지는 않았다. 하지만 1985년 졸업반 학생들 상당수(전기공학과와 물리학과의 45%, 기계공학과의 27%, 그리고 우주항공공학과의 21%)가 자신들은 "방산 업무에 강하게 반대한다"라고 밝혔다.[45]

반드시 적대적이진 않았지만 대체로 비판적이던 이런 분위기에도 불구하고, 특수 연구소들은 MIT의 나머지 부분에 상당한 영향력을 행사하면서 완고한 반대 세력의 보루로 남았다. 임시위원회가 내린 결론에 따르면, 전면 철회를 시행했는데도 드레이퍼연구소의 "대학 내 영향력은 본질적으로 변함이 없었다. 교수진-연구원 규모 면에서 보든, 학생 연구 지원의 기회 면에서 보든 드레이퍼연구소는 링컨연구소보다 MIT 학생들의 교육 환경에 더 큰 영향력을 계속 유지하고 있다."[46] 링컨연구소가 교수 임명, 연구 조교 배정 및 컨설팅 주선 등을 통해 메인 캠퍼스와 맺은 협력 관계 또한 이전과 다르지 않았다. 20년 동안 바뀐 것이라고는 링컨연구소의 예산이 더 커졌다는 것(1988년에 3억8,600만 달러였다. 2008년의 달러 가치로 환산하면 7억 달러다), 그리고 군사 자금 지원의 비율이 더 높아졌다는 것뿐이다. 어쨌든 특수 연구소들은 MIT에 완충 지대를 제공했다. 교수들과 학생들이 대학의 규정 외부에서 기밀 연구를 수행할 수 있는 성역을 마련해 준 셈이다. 정말이지 전환은 실현 불가능한 희망일 뿐이었다.

오늘날 MIT 및 그와 유사한 다른 기관들은 또 하나의 기밀 계약 활동이라는 난제에 직면해 있다. 즉, '테러와의 전쟁' 지원 문제다. 구체적인 연관 전문 분야는 감시, 컴퓨터 및 정보 보안, 암호술, (적어도 잠재적으로는 포함되는) (대)생화학전 등으로 달라졌을지 모르지만, 기존의 특수 연구소들이 제기한 근본적인 사안들은 달라지지 않았다. MIT 행정 당국은 원론적으로 개방성(openness)과 접근성(access)을 지지한다고 힘차게 말했다. 그러나 2001년에 9·11 사태가 발발하자 이런 정책을 재고하기 위해 또 하나의 패널이 소집되었다. 패널은 링컨연구소와 드레이퍼연구소가 "호환 가능한 분야에서 기밀 연구를 수행하도록 MIT 교수들에게 시설을 제공하는 데" 더 긴밀히 관여하라고 권고했다.[47] 패널은 링컨연구소를 모범으로 삼아 기밀 생물학 연구를 위한 실험실 설립의 가능성을 제기했다. 그럼에도 패널은 원칙적으로 캠퍼스 내에서의 기밀 연구를 금지하는 MIT의 정책을 재확인했다.

특수 연구소들은 MIT의 제도적 DNA의 일부지만, 이 유산에는 MIT가 표방하는 "국가에 봉사하고 인류에 이바지한다"라는 임무를 둘러싼 지속적이고 건강한 논의가 함께 포함된다. 특수 연구소들이 지난 40년 동안 그리 크게 바뀌지 않았듯이, '우려하는 과학자들의 모임'을 탄생시켰던 비판적인 정신도 마찬가지였다. 합리적 정보에 근거해 의사결정을 내리는 법을 배우는 일은 사회적 책임을 다하는 기술 교육의 핵심이었으며, 앞으로도 마땅히 그래야 한다.

지역사회와의 소통으로 촉진된 MIT의 생명과학

1974년 4월 17일, 일군의 영향력 있는 생물학자들이 데이비드 볼티모어의 연구실에서 만났다. 볼티모어는 MIT의 신설된 암연구센터(Center for Cancer Research)에 갓 들어온 젊은 교수였다. 회의를 소집한 사람은 스탠퍼드대학교의 생물학자 폴 버그(Paul Berg)였다. 동료들에게 미리 설명했듯이, 그는 미국국립과학원으로부터 한 연구 패널을 이끌어 달라는 의뢰를 받았다. 패널의 임무는 "체외에서 합성 DNA 분자의 제조에 관한 현재 진행 중인, 그리고 앞으로 예상되는 실험들에 심각한 문제점이 있는지를 살펴보는 일이었다. 만약 문제점이 존재한다면, 단기적 및 장기적 조치로서 그 문제에 어떻게 대처할 수 있을 것인가?"였다.[1] 볼티모어와 버그를 빼면 회의에 참여한 사람은 여섯 명뿐이었다. 존스홉킨스대학교의 대니얼 네이선스(Daniel Nathans), 콜드스프링하버연구소(Cold Spring Harbor Laboratory)의 제임스 D. 왓슨(James D. Watson), 예일대학교의 셔먼 와이스먼(Sherman Weissman), 록펠러대학교의 노턴 진더(Norton Zinder),

하버드대학교 의학대학원의 리처드 로블린(Richard Roblin), 그리고 미국 국립과학재단 직원인 허먼 루이스(Herman Lewiis)였다.

하루 종일 진행된 회의가 끝날 무렵에 한 가지 결정이 내려졌다. 이 결정은 그 후 고작 몇 년 내에 미국뿐 아니라 해외의 생명과학을 혁신하고, 현대 생명과학기술의 첫발을 내딛게 하며, 20세기의 마지막 사분기에 과학과 인류 사회의 관계를 급진적으로 재정의했다. MIT에서 일어난 생명과학기술의 발전은 결국에는 MIT를 대대적으로 변화시켰는데, 이 변화는 그날 볼티모어의 연구실에 모였던 사람들조차도 거의 내다보지 못했다.

편지 한 통과 재 한 줌

버그와 동료들이 우려했던 연구 주제는 서로 다른 유기체들에서 얻은 DNA를 재조합해 전혀 새로운 유전적 특성을 갖는 합성 DNA를 만드는 일이었다. 박테리아와 동물 세포의 유전 현상과 관련해 겉보기엔 무관한 듯한 여러 발견이 나오자, 그런 합성 DNA를 만들어 낼 놀랍도록 단순한 방법들이 다수 등장했다. 가령, 박테리아에는 작은 고리형의 염색체외 DNA(extrachromosomal DNA)가 들어 있다는 사실이 밝혀졌는데, 플라스미드(plasmid)라는 이 DNA는 세포들끼리 교환될 수 있다. 게다가 DNA를 점착 말단(sticky end)[2]을 갖는 작은 조각들로 절단할 수 있는 특수한 유형의 "제한 효소(restriction enzyme)"가 발견되었다. 완전히 다른 출처(가령, 박테리아 플라스미드와 생쥐의 세포)에서 얻은 두 가지 상이한 DNA 시료에 제한 효소를 첨가해, 그 결과 만들어진 조각들을 합친 후 약간의 행운이 따라주면, 점착 말단들이 결합해 박테리아와 생쥐 세포를 하나의 "재결합 분자(recombinant molecule)"로 구성할 수 있다. 그리고 이 분자를 살아 있는 세포 속에 다시 주입할 수 있다.

1970년대 초반에 재결합DNA(rDNA) 기법은 기초 연구 분야로 큰 주목을 받았지만, 또한 우려스러운 가능성을 제기했다. 만약 특정 항생제에 내성을 일으키는 유전자가 병원균 속으로 재결합되면 어떤 일이 벌어지는가? 이와 같은 시나리오들이 1973년 여름에 뉴햄프셔주 뉴햄프턴(New Hampton)에서 열린 '핵산 연구에 관한 고든 회의(Gordon Conference on Nucleic Acids)'에서 논의되었다. 회의 참가자들은 투표 끝에 《사이언스》에 우려를 담은 서한을 보내기로 했다.[3] 바로 이 편지를 계기로 미국국립과학원이 버그에게 그 사안 전반을 조사할 패널 소집을 요청했던 것이다.

과연 1974년 4월, 볼티모어 연구실에서 열린 회의에선 어떤 논의가 오갔을까? 그해 후반에 볼티모어는 당시를 이렇게 묘사했다.

우리는 올해 4월, 바로 여기 MIT에서 만났습니다. 종일 둘러앉아 우리는 이렇게 말했습니다. "상황이 얼마나 나빠 보입니까?" 우리 대다수가 내놓은 답변은 (중략) 그저 종이에 대충 적을 수 있는 단순한 시나리오만으로도 충분히 공포스러운지라, 이 기술을 사용하는 어떤 종류의 제한적인 실험이라 할지라도 우리는 그런 실험이 실행되는 걸 전혀 보고 싶지 않았습니다.[4]

참석한 모두가 합의한 결론에 따르면, 과학계가 이 사안과 관련한 안전 문제들을 모조리 철저하게 검토하기 전까지는 여러 유형의 실험을 금지할 필요가 있었다. 또한 그들은 과학계 동료들에게 보낼 공개서한의 내용도 논의했다. 회의 직후, 하버드 의학대학원의 젊은 미생물학자 로블린이 서한의 초고를 완성했다. 그는 분자생물학 분야에서 이루어진 그 무렵의 성과가 지닌 윤리적·사회적 함의에 관심이 많은 인물이었다. 이후 몇 주 동안, 이 회의에 모인 멤버들은 그 서한을 돌려 읽고 다른 생물학자들 여럿에게 공유해 의견을 물었다. 미국국립과학원은 이 모임에 공식적 지위를 부여해 과학원 예하 생명과학협의체(Assembly of Life Sciences)의 한 위원회로 지정했다. 마침내 열한 명의 과학자가 합의하고 서명한 공개서한이 1974년 여름에 학술지 세 곳(《미국국립과학원 회보(Proceedings of the National Academy of Sciences of the United States of America)》, 《네이처(Nature)》, 《사이언스》)에 실렸다. 평이한 영어로 작성되었으며, 앞서 버그, 볼티모어, 로블린이 국제 기자회견에서 발표하기도 했던 위원회의 그 서한은 지정된 범주의 rDNA 실험들에 대한 자발적 중단을 우선 요청했다. 그리고 안전한 시설에서 잠재적 위험을 평가하기 위한 실험 프로젝트 마련을 촉구했다. 또한 현 상황을 평가한 뒤, 1975년 봄에 미국국립보건원(NIH)에 보낼 공식 권고안을 작성하기 위한 회의를 열자고 제안했다.[5]

버그 서한(이 서한은 이후 이렇게 불렸다)은 미국과 전 세계에 즉각적인 영향을 끼쳤다. 발표의 직접적인 결과로 자발적 연구 중단 조치가 과학계에 널리 제도화되었고, rDNA에 관한 국제회의가 1975년 2월 캘리포니아주 애실로마(Asilomar)에서 소집되었다. 중대한 의미가 있는 이 회의는 연구 중단 조치를 확대했고, 장래에 이 연구 분야를 규율하기 위한 제도적 기틀을 마련하고자 NIH에 제출할 자세한 권고안들을 내놓았다. 애실로마 회의에서 나온 제안에 따라 rDNA 연구의 다양한 유형들을 구분해 관리 가능한 위험의 수준들이 제시되었다. 그리고 이 각각의 위험 수준에 대해 물리적 격리(P1에서 P4까지)와 생물학적 격리(가령, 실험실 외부에서 생존할 수 없는 번식 불능 박테리아의 사용)의 적절한 수준이 정해졌다. 이에 NIH는 신속히 반응해, rDNA 연구 지침 초안을 발표했다. 곧이어 영국과 여러 다른 나라의 유사한 기관들이 비슷한 대책을 세웠다. 버그, 볼티모어, 그리고 그들의 동료들이 원했던 것이 어느 정도 이루어진 셈이었다.

1970년대에 rDNA 논쟁에 관여했던 과학자들 다수는 사회적 책임감이 높았는데, 이는 전적으로 1960년대 후반의 사회운동과 정치적 투쟁 경험에서 우러나온 의식이었다. 특히 베트남전쟁 동안 과학과 기술의 역할을 고민한 결과였다. 분명히 이런 점은 rDNA 기술에 대한 문제 제기를 주도했던 MIT와 하버드의 교수진을 포함해 다수의 회의적 과학자에게는 당연한 일이었다.[6] 하지만 rDNA 기술의 많은 옹호자들도 마찬가지였다. 그들 중 다수는 그 연구가 사회적 책임을 준수하는 규제의 틀 내에서 진행되기를 원했다. 볼티모어 또한 그런 입장이었다. 두어 번 이상 그가 직접 밝혔듯이, rDNA에 대한 볼티모어의 태도는 1960년대 후반에 젊은 과학도로서 겪은 경험에 큰 영향을 받았다.

저는 아마도 1968~1970년에 어떤 변화를 조금 겪었던 것 같습니다. 당시 많은 사람들이 겪은 일이었어요. 대규모 정치 활동에 관여하기도 했는데요(연사로서 저는 샌디에이고에서 좌익 활동에 조금 관여했고, 여기에서도 3월 4일 운동 주최 등의 활동에 참여했습니다). 만약 제가 무언가 일을 벌이게 된다면 내가 가장 잘 아는 분야 안에서 해야겠다고 다짐하게 되었어요. 왜냐하면 모두, 어쩌면 거의 모두가 그렇듯이, 가장 잘 아는 분야 말고 저는 완전히 젬병이거든요. 그래서 생물학계에 관련된 사안들에 민감했고, 만약 제가 정치적인 사안에 관여해야 한다면, 다른 분야가 아니라 바로 이 분야에 관여해야 한다고 느꼈습니다.[7]

특정 유형의 rDNA 실험에 관한 연구 중단이 1974년에 제도화되자, 볼티모어와 MIT의 몇몇 동료들은 불만스럽긴 하지만 어쩔 수 없는 곤경에 처했다. 그들은 최상급의 새로운 연구실로 막 자리를 옮긴 직후였다. 노벨상 수상자이자 전후 가장 위대한 분자생물학자의 한 명인 살바도르 루리아(Salvador Luria)가 NIH의 국립암연구소(National Cancer Institute)에 대규모 자금 지원을 신청해 1972년에 이 자금을 받아 냈다. 이 연구비는 세포와 분자 수준에서 암의 근본적인 메커니즘 연구를 전담하는 MIT의 신규 조직에 쓰일 용도였다. 또한 리처드 닉슨 대통령의 "암과의 전쟁" 조치의 일환이기도 했다. 그 조치가 발표되었을 때 MIT 생물학과야말로 가장 큰 혜택을 받을 이상적인 여건을 갖추고 있었다. 지난 여러 해 동안 세포생물학과 분자생물학 분야에서 연구 역량을 키워 오고 있었기 때문이다.

연구비를 손에 넣자, 루리아와 볼티모어는 곧장 새로운 암 연구 시설을 짓는 일에 착수했다. 마땅한 장소로 에임스 스트리트(Ames Street)에 있는 예전의 초콜릿 공장인 실리머드빌딩(Seely Mudd Building, 건물 번호 E17동)이 낙점되었다. 그리하여 동물 세포 및 배양균 내의 동물 종양바이러스 연구를 포함해 모든 관련 연구 방법들을 뒷받침할 최첨단의 신식 연구소가 세워졌다. 1974년 초에 새로운 교수들이 속속 도착하기 시작했다. 콜드스프링하버연구소에서 낸시 홉킨스와 필립 샤프(Phillip Sharp)가 왔고, 토론토의 온타리오암연구소(Ontario Cancer Institute)에서 데이비드 하우스먼(David Housman)이 영입되었으며, MIT 생물학과에서 로버트 와인버그(Robert Weinberg)가 옮겨 왔다. 1974년 여름이 되자, 암을 연구하는 생물학자 중 전 세계에서 가장 힘 있는 연구팀 하나가 신설 암연구소에서 결성되었다. 팀원들은 전부 rDNA 기술에 결정적으로 의존하는 연구 프로젝트를 추진할 준비가 되어 있었다. 그런데 버그 서한이 프로젝트 추진에 그야말로 재를 뿌렸다. 샤프는 자신이 MIT에서 새로운 연구 과제를 수행하려고 안달이 난 "젊은 연구자"로서 직면했던 곤란한 처지를 내게 이렇게 설명했다.

MIT에 왔을 때, 얼음통에 담아 왔던 것 중 하나가 다량의 제한 효소였어요. (중략) 왜냐하면 콜드스프링하버연구소에서 저는 이미 그 기술

[그림 7-1] 1974년 1월, MIT의 신설 암연구센터에서 노벨상 수상자인 MIT 생물학자 살바도르 루리아(왼쪽)가 낸시 홉킨스 및 데이비드 볼티모어와 대화를 나누고 있다. MIT박물관 제공.

로 몇 가지 중요한 발견을 했던지라, 우리는 그 기술을 즉시 이용해 바이러스 유전체의 부위들을 복제할 만반의 준비가 되어 있었거든요. 바이러스 유전체의 기능을 이해하고, 변형 분석(transformation assay)에 유전체를 시험하며, 점점 더 큰 바이러스 유전체를 분석하기 위한 일이었어요. 데이비드 (볼티모어)는 특히 다루기가 매우 어려운 레트로바이러스 유전체를 살펴보고 싶어 했어요. 그건 역전사(reverse transcriptase) 과정 때문에 다량으로 생성할 수 없었거든요. 그래서 우리는 여기에 전부 모여 앉아서 그걸 막 시작하려고 했는데, 그런데 (중략) 데이비드가 (중략) 그 편지를 내놓은 거예요. 곧 연구 중단 지시가 내려졌고, 우리 연구도 중단되었죠.[8]

버그 서한과 애실로마 회의는 샤프와 동료들의 연구를 거의 2년 동안 중단시켰다. 하지만 그게 다가 아니었다. 이런 신생 MIT 연구팀이 보기에, 상황은 곧 훨씬 더 나빠졌다.

"전문용어를 사용하지 말라"

버그 서한의 작성자들은 자신들이 과학자와 과학 정책결정자 간의 전문적 토론을 주도하고 있다고 상상했던 것 같다. 하지만 1975년과 1976년에 과학자 그룹과 관료 집단 외부에서도 rDNA 기술에 관한 논쟁에 점점 더 많은 이가 목소리를 내고 있었다. 오래지 않아 건강, 환경 및 국방 문제 등 폭넓은 영역에서 대중적 논쟁이 만개했다. 그리고 이 사안에 관한 시민들의 역할, 그리고 어떤 종류의 rDNA 연구가 실시되어야 하는지 결정하는 데 도움을 주려는 시민 대표단들의 역할에 관한 논쟁도 함께 벌어졌다. 하지만 매사추세츠주 케임브리지보다 이 사안들이 더 첨예하게 다루어진 곳은 없었다. 역설적이게도 이웃 하버드대학교가 rDNA 연구에 관여하면서 시작된 공공적이고 정치적인 논쟁에 바로 MIT가 휩싸였기 때문이다.[9]

1976년 6월 23일 수요일 정오에 보건교육복지부(Department of Health, Education, and Welfare)는 rDNA 실험 수행과 관련해 오랫동안 기다려 온 최종적인 NIH 지침을 다음과 같이 발표했다. "NIH 지침은 오늘부로 발효되어 NIH의 연구소와 이 기관의 지원금 수령자나 계약자의 연구소에서의 연구를 규율한다. 이 지침은 또한 미국과 외국을 통틀어 다른 연구소에서도 채택되기를 기대한다."[10] 바로 그날 밤에 재결합DNA 실험에 관한 특별 청문회가 케임브리지시 시청에서 열렸다. 청문회를 주최한 앨프리드 벨루치 시장은 개회사로 다음과 같이 말했다.

오늘 밤 청문회의 주제 안건은 우리 모두에게 중요합니다. 어떤 개인이나 집단도 이 사안에 걸린 이익에 독점권을 갖지 못합니다. 이 연구가 여기서 실시되든 다른 곳에서 실시되든, 결과가 좋든 나쁘든, 모두가 영향을 받습니다. 그렇기에 여러분들, 즉 대중들이 주된 역할을 맡아 공개토론 형식으로 이 사안을 다루어야만 합니다. 여러분의 관심과 협조에 감사드립니다.[11]

이 두 사건(NIH 지침의 공표와 케임브리지에서의 청문회)은 정확히 동일한 사안을 다루었지만, 어조는 확연하게 달랐다. 정말이지 두 회의에 모두 참석한 발 빠른 관찰자가 만약 존재해서 관찰 결과를 알렸더라면, 그걸 들은 사람들은 동일한 하나의 사건을 서로 다른 두 평행우주에서 목격해 저런 소릴 하는구나 여기고선 너그러이 넘어가 주었을지도 모른다. 워싱턴 DC에서는 규제 조치가 잘 이루어졌다는 자기만족에 가까운 조용한 확신의 분위기가 감돌았다. 비록 모든 이가 그 지침에 만족하지는 않았다고 인정하긴 했지만, 그럼에도 《워싱턴 포스트》는 이렇게 확신에 찬 기사를 낼 수 있었다. "이 돌파구를 마련해 낸(그러기 위해 무척 애쓴) 미국 과학자들은 우리가 보내는 감사와 축하를 받을 자격이 있다."[12] 하지만 케임브리지 시장 벨루치는 정반대 태도를 보였다. 그가 청문회를 소집한 까닭은 하버드대학교에서 나온 그 무렵의 공개회의 보고 내용을 접했기 때문이다. 그 회의는 rDNA 연구를 위한 보통 위험(P3) 수준의 격리 시설을 짓자는 제안을 논의하기 위한 자리였다.[13] 벨루치의 반응은 신속했고, 아울러 타당했다. 그는 이런 의견을 밝혔다. "치료할 수 없는 질병이 출현할지 모릅니다. 심지어 괴물이 나올지도요. 바로 이게 프랑켄슈타인 박사의 꿈에 대한 답입니까?"[14] 이 주제에 관해 자신이 소집한 첫 청문회를 주재하면서 벨루치 시장은 증거를 대겠다고 참석한 하버드 대표단의 단장에게 분명한 조건을 내걸었다. 케임브리지 시민을 대신해서 시장이 그 사안을 살펴보기 위해 내건 조건은 이랬다.

　그런데 이 자리에서 발언해 주실 분은 이름, 주소, 직위 그리고 소속 기관을 부디 밝혀 주시길 바랍니다. 그리고 전문용어를 사용하지 말아 주십시오. 이 청문회실에 있는 우리 대다수는 저를 포함해서 일반인입니다. 우리는 과학자의 전문용어를 이해하지 못하는데, 우리는 어쨌든 여기에 이야기를 듣기 위해 왔으니, 그런 용어를 꺼낼 때는 여러분이 무슨 말을 하는지 우리가 정확히 알 수 있도록 해 주시길 바랍니다. 감사합니다.[15]

이어서 하버드의 부학장 리처드 레이히(Richard Leahy)가 하버드대학교를 대표해 일련의 증인들을 소개했다. 하지만 한두 명의 발표자가 증거를 내놓자 대뜸 벨루치는 이렇게 반응했다.

　시의회의 모든 구성원을 대신해 나는 이런 질문을 드리고 싶습니다. 이 질문은 이번에 대답을 듣기 위해서가 아니라, 이런 질문을 하고 싶을지 모를 시의회의 구성원들을 대신해서 하는 것입니다.
　첫째, 이 연구팀의 구성원 중 누구라도 케임브리지 시내에서 이러한 실험들을 수행할 의도가 있음을 시장과 시의회에 서면으로 통보하려는 노력을 기울인 바 있습니까? 그래 놓고서, 여러분은 지금 청문회를 열었지 않냐고 하는군요.
　여러분은 실험에서 대장균을 사용할 계획입니다. 지금 내 몸속에 대장균이 있습니까? 이게 질문입니다. (지금) 답하진 마세요. 대신에 상황을 봐서 천천히 대답해도 됩니다.
　이 청문회실에 있는 모두가 몸속에 지금 대장균이 들어 있습니까?

[그림 7-2] 앨프리드 벨루치(시장을 네 번 지낸 것을 포함해 케임브리지시 정부에서 40년 동안 근무했던 인물)는 공공의 동의와 감독 없이 잠재적 위험성이 있는 생물학적 물질로 연구하려는 MIT와 하버드의 권리에 도전했다. 《케임브리지 크로니클(Cambridge Chronicle)》 제공, 보관 사진(2002년 10월 23일).

이 실험에서 생길지 모를 위험이 없다고 절대적으로 100% 확실히 장담할 수 있습니까? 위험한 일이 생길 확률이 제로입니까? 부탁드리는데, 이 질문도 나중에 대답해 주십시오.

rDNA 실험을 만약 사람들이 살지 않는 이 도시의 외딴 지역에 있는 보안 수준이 최대인 실험실, 즉 P4 실험실에서 하면 더 안전해집니까? 질문입니다.

그렇게 하면 우리나라에서 인구 밀도가 매우 높은 도시 중 한 곳에서 P3 실험실을 이용해서 실험하는 것보다 더 안전해집니까?

과학의 역사에서 실수가 있었다든가, 또는 그런 일이 생겼다고 알려진 게 사실입니까? 질문입니다.

과학자들도 형편없는 판단을 합니까? 질문입니다.

과학자들에게도 사고가 난 적이 있습니까? 질문입니다.

인류의 미래가 어떤 방향을 취해야 할지 결정할 충분한 선견지명과 지혜를 여러분은 갖고 있습니까? 질문입니다.[16]

청문회가 이 단계에 이르자 하버드대학교 대표단은 자신들이 사면초가에 빠졌다는 사실을 깨달았음이 틀림없다. 그리고 실제로 몇 분 후에 케임브리지시에서 모든 rDNA 연구에 대해 2년간의 중단 조치를 알리는 결의안이 낭독되었다. 그러자 대소동에 가까운 상황이 벌어졌다. 하버드대학교의 생물학자 마크 프타신(Mark Ptashne)은 이렇게 외쳤다. "만약 그 결의안이 통과된다면, 하버드의 생화학과 구성원들이 하는 거의 모든 실험이 중단되어야 할 겁니다. 그리고 생물학과 구성원의 약 절반이 하는 거의 모든 실험이 중단되어야 할 겁니다. 아무도, 여러분, 위험이 조금이라도 있다고 누구도 주장한 적이 없는 실험들도 포함해서 말입니다."[17] 그 결의안은 투표 끝에 부결되었다. 하지만 (하버드대학교의 루스 허버드(Ruth Hubbard)와 MIT의 조너선 킹(Jonathan King)을 포함해) 다수의 과학자 또한 rDNA 연구를 위한 P3 격리 연구동을 짓자는 하버드대학교의 제안에 반대 의사를 표하기도 했다. 이제 소란스러운 분위기를 진정시킬 책임은 MIT의 이과대학 학장 로버트 앨버티(Robert Alberty)에게 넘어갔다. 그는 MIT의 암연구센터에 관해 설명했다. 그가 청문회에서 밝히기로, 이 연구센터는 잠재적인 위험성이 있는 유기체를 다루기 위해 특별하게 설계되었다고 한다. 하지만 가장 중요한 점을 그는 이렇게 설명했다.

MIT 암연구센터 내의 어느 실험실도 재결합 연구에 사용된 적이 절대 없습니다. rDNA 실험을 수행하게 될 이 연구센터의 사람들은 지난 2년 동안 여러 공개 토론회에서 다양한 유형의 rDNA 실험을 통제하기 위한 엄격한 NIH 지침 제정을 촉구했던 이들이며, 그사이에 그러한 지침 제정 문제가 걸려 있는 rDNA 실험들에 대해 자발적으로 연구 중단 조치를 이행했던 이들입니다.

앨버티는 MIT의 생물위험성평가위원회(Committee on the Assessment of Biohazards)가 새로 발표된 NIH 지침을 면밀하게 살피기 전까지는 MIT에서 rDNA 연구가 없을 것이라고 확약했다. 끝으로 그는 시 당국에 화해의 손길을 내미는 뜻으로, rDNA 연구에 대한 "지속적인 평가를 위해 케임브리지시 안에 있는 여러 연구소와의 공동 활동"을 제안했다.[18]

케임브리지에서 열린 첫 공개 청문회가 결론 없이 끝나자, 곧바로 두 번째 청문회가 다음 달에 마련되었다. 이번에는 rDNA 실험을 케임브리지시에서 허용해야 할지를 판단하기 위한 특별 기구(케임브리지실험검토위원회(Cambridge Experimentation Review Board, CERB))를 만들자는 결의안이 통과되었다. CERB가 임무를 수행할 시간을 벌어주기 위해 P3와 P4 실험을 석 달 동안 중단하는 조치가 취해졌다. 8월에 CERB의 위원 구성이 발표되었고, 이로써 벨루치 시장의 제안을 따라야 할 책임이 MIT와 하버드의 연구 공동체에 있다는 게 명백해졌다. 즉 연구진은 대다수의 일반 시민으로 구성된 집단 앞에서 사안을 가장 쉬운 용어로 설명해야 하며, 바로 이 집단이 도시 내의 전체 생물학 연구 분야에 실험 금지를 권고할 권한을 가졌다.[19] 게다가 하버드보다는 MIT가 이 과정에서 잃을 게 가장 많다는 사실이 명백했다. 얼마 후 케임브리지 청문회를 되돌아보며 볼티모어는 이렇게 회상했다.

그 문제는 어느 정도 MIT의 문제가 되어 가고 있었거나, 어쩌면 이미 그렇게 되어 있었습니다. 사실 그게 전적으로 MIT의 문제라는 건 일찍부터 아주 분명했습니다. 왜냐하면 하버드는 뭔가를 할 수 있는 시설

이 없었기에, 실제 연구 중단으로 피해를 겪게 될 쪽은 우리뿐이었거든요.[20]

1976년의 후반기 내내, 전 세계 사람들이 지켜보는 가운데 케임브리지의 과학자들과 일반 시민들은 이른바 rDNA 연구라는 사안에 대한 "사회적 계약"을 공개적으로 협상하고 있었다. CERB는 1976년 가을 내내 화요일과 목요일 밤에 회의를 열었고, 목요일 회의를 대중에게 공개했다. 다양한 이해 집단들도 저마다 관련 행사를 많이 개최했다. 가령, '민중을 위한 과학(Science for the People)'이란 단체는 그해 9월 22일에 MIT에서 토론회를 열었다. 한 주 후에는 하버드대학교의 조지 월드(George Wald)와 매튜 메셀슨(Matthew Meselson)이 '케임브리지 포럼(Cambridge Forum)'이라는 정기적인 대중 프로젝트의 일환으로 해당 사안들을 토론했다. CERB 위원들은 이 사안들을 제대로 이해하고자 무척 애썼다. 브리핑에 자주 참여했고, 애실로마 회의 이후에 여러 달 동안 관련 연구실을 자주 찾아갔다. 그중에는 암연구센터의 5층에 마련된 P3 격리 시설도 있었다.[21] 동시에 MIT 교수들과 행정 보직자들은 rDNA 연구의 "누가, 무엇을, 왜, 어디에서 그리고 언제"를 지역공동체에 널리 설명하기 위해 고군분투했다. 필립 샤프가 말했듯이, "우리는 이 문제 전체를 탈신화화하기(demystify) 위해 할 수 있는 모든 노력을 다했다."[22]

논쟁의 전환점은 1976년 11월 말에 다가온 듯한데, 바로 CERB가 rDNA 연구의 찬성자와 반대자 간 대논쟁을 개최했다. 목표는 다양한 사안들의 이면을 파헤치고 연구를 둘러싼 상이한 위험과 편익을 살펴보기 위한 논의의 장을 마련하는 것이었다. CERB는 이 행사에 관해 이런 보고서를 냈다.

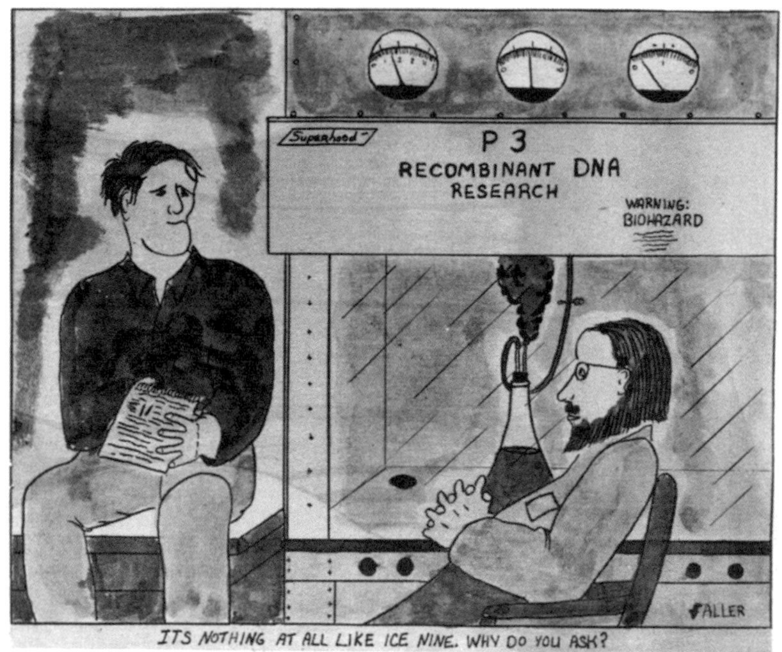

[그림 7-3] MIT 학보 《더 테크》의 1977년 2월 15일 자 기사에 실린 만화. rDNA 연구를 "아이스 나인(Ice Nine)"에 비유하고 있다. 아이스 나인은 커트 보니것(Kurt Vonnegut)의 1963년 공상과학 소설 《고양이 요람(Cat's Cradle)》에 나오는 가상의 물질이다. 이 소설에서 한 과학자가 아이스 나인을 만드는데, 이 독특한 형태의 얼음은 상온에서 고체 상태다. 그 물질의 아주 작은 조각이 실험실 밖으로 유출된 후에, 결국 그것이 지구의 모든 생명체를 죽이게 된다. 《더 테크》 제공.

다섯 시간 동안의 마라톤 토론에서 CERB는 일종의 모의 법정을 열었다. 위원들은 일종의 배심원 역할을 했는데, 해당 사안의 양측 지지자들이 각자의 입장을 제시한 후에 서로의 입장을 검토해 볼 기회를 가졌고 "시민 배심원"이 제기한 질문에 답변했다. 이런 형식 덕분에 위원들은 논쟁의 양측에 있는 과학자들이 중요한 사안들에 얼마나 잘 답변하는지 평가할 수 있었다.[23]

이 행사 몇 주 후에 CERB는 한 공개 모임에서 그동안 알아낸 내용을 발표했다. 이 자리에서 NIH 생물안전 지침(NIH Biosafety Guidelines)과 더불어 5인으로 구성된 케임브리지생물위험성위원회(Cambridge Biohazards Committee)에 적용되는 요건들을 포함해 여러 추가적인 안전 지침들의 조건 아래 케임브리지에서 rDNA 연구를 허용하는 규제안을 요청했다. 이런 안전 지침에는 또한 공개 청문회와 지역 공중보건 공무원들에 의한 정기적인 현장 점검이 포함되었다. 공개 청문회를 한 번 더 연 후에, 마침내 1977년 2월 5일 '케임브리지시에서의 rDNA 분자 기술의 사용에 관한 조례(Ordinance for the Use of Recombinant DNA Molecule Technology)'가 시의회 의원 전원의 만장일치로 통과되었다. 버그 서한 발표 후 꼬박 2년 반 후에 나온 결과였다. 벨루치 시장은 기쁨을 감추지 않았다. 1977년 5월, 한 인터뷰에서 그는 자랑스레 떠들었다. "시 정부와 시의회의 모든 회의 기록을 통해 알 수 있듯이, 대단하신 과학자들 내지 미국의 큰 대학들을 상대로 작은 사람들이 승리했습니다."[24] 하지만 볼티모어로서는 충격을 받을 정도로 실망스러웠다. 그도 그럴 것이, 앞날이 내다보이지 않는 힘겨운 과정을 오래 겪었지만 "그 사안에 절대적으로 문외한인 시민들이 (중략) 과학자들이 내놓은 것과 별반 다르지 않은 견해를 내놓았으니" 말이다. 그는 이렇게 덧붙였다. "정말 놀랍더군요."[25]

"유전자 타운" 만들기

1974년에 MIT는 새로 등장한 과학 분야와 새로 등장한 기술은 물론이고, 새로 등장한 과학의 정치적 측면과 기술 정책 결정에서 핵심 위치에 섰다. 암연구센터를 짓겠다는 결정이 중요한 시발점이었으며, 처음부터 그 센터는 큰 파장을 일으켰다. 1974년 여름 《타임(Time)》이 볼티모어를 "미래에서 온 인물 200명" 목록에 포함시켰고, 이듬해 볼티모어는 레나토 둘베코(Renato Dulbecco), 하워드 테민(Howard Temin)과 함께 노벨생리의학상을 공동 수상했다. "종양바이러스와 세포의 유전 물질 간의 상호작용을 발견"한 업적 덕분이었다.[26] 하지만 암연구센터를 둘러싼 평판 전부가 명백히 긍정적이지는 않았다. 특히 케임브리지 시청에서의 공개 청문회는 rDNA 연구의 전면 금지로 이어질 가능성이 있었다. 만약 그렇게 된다면, 에임스 스트리트에 있는 새 연구센터는 마이너리그로 강등될 게 뻔했다. MIT 과학자들로서는 1976년 여름에 시작된 길고 지루한 대중 토론에 참여하며 인내심이 바닥이 나 일을 그르칠 위험이 분명 컸을 것이다. 특히 전도유망한 연구 경력이 공중에 붕 뜬 상태에 처한 샤프와 같은 젊은 과학자들은 더더욱 그랬다. 하지만 대중들에게 자신들의 입장을 스스럼없이 터놓았던 그들의 인내와 의지가 실로 값진 보상을 안겨 주었다.

케임브리지시 조례가 1977년에 통과되고 나자, MIT야말로 rDNA 연구를 신속히 진행하기에 최적의 상태가 되었다. 1977년 후반, 샤프와 그의 공동 연구자들은 고등 생물의 유전자가 연속적인 서열로 이루어진 것이 아니라, 메시지가 최종적으로 번역되기에 앞서 RNA 접합 과정을 통해 제거되는 "인트론(intron)"을 포함하고 있다는 발견을 발표했다(이 발견의 공로로 샤프는 1993년에 노벨생리의학상을 공동으로 수상한다). 이 무렵에 또한 로버트 와인버그의 연구팀이 인체 내의 발암 유전자들을 바짝 뒤쫓고 있었고, 볼티모어의 연구팀도 포유류 세포 내의 전체 바이러스 유전자들을 복제하는 신기술을 선구적으로 개발하고 있었다. 나중에 일부 학생들이 MIT 암연구센터 연구의 "황금기"라고 부르는 시기가 바로 이때 만개했다.

혁신은 거기서 멈추지 않았다. 1979년 볼티모어는 또 하나의 일을 벌이기 시작했다. 이와 관련한 협상은 나중에 MIT 화이트헤드연구소(Whitehead Institute)의 설립으로 이어진다. 생의학 부문의 사업가이자 자선가인 잭 화이트헤드(Jack Whitehead)는 수년을 들여서 자신의 생물학

연구소 설립에 적합한 장소를 결정했다. 그런데 이 연구소를 MIT에 짓기로 한 그의 최종 결정은 교수들 사이에서 논란거리가 되었다. 왜냐하면 그가 제안한 연구소는 대학에 부속된 기관이면서 동시에 독립적으로 운영되는 독특한 모델이었기 때문이다. 어쨌든, 결국 이 모델은 MIT 교수들에 의해 승인되었다. 화이트헤드연구소는 1982년에 켄달스퀘어(Kendall Square)에서 문을 열었고, 금세 큰 성공을 거두었다. 여기서 주목할 점은 만약 암연구센터의 초기 성공이 분자유전학과 rDNA 연구 분야에서 MIT의 역량을 크게 강화하지 않았더라면, 화이트헤드연구소가 첫 삽을 뜨지 못했으리라는 점이다.[27]

그리하여 1970년대 후반의 사건들을 겪었는데도 MIT에서 생명과학은 더욱 급속히 발전했다. 일례로, 화이트헤드연구소의 설립만으로 단박에 생물학과 교수의 수가 거의 1/3 늘어났다. 이를 바탕으로 MIT는 화이트헤드연구소 연구원 출신인 에릭 랜더(Eric Lander) 교수의 지도 아래, 인간 게놈 프로젝트에 더더욱 깊이 관여하게 되었다. 1990년에는 '인간 게놈 연구를 위한 화이트헤드연구소/MIT 센터(Whitehead Institute/MIT Center for Human Genomics)'가 설립되어, 인간 게놈 프로젝트에서 중추적인 역할을 맡았다. 그리고 마침내 2004년에 새로운 별도의 게놈 연구 시설인 MIT·하버드브로드연구소(Broad Institute of MIT and Havard) 설립을 위한 여건이 조성되었다. 이 무렵 MIT는 거의 한 세대 동안 유전자 및 게놈 연구에서 세계를 선도하는 중심이 되었다.

rDNA 논쟁을 통해 과학계가 얻은 성과가 상당했다면, 생명공학이라는 신생 산업 분야가 얻은 성과도 마찬가지였다. 일찍이 rDNA 논쟁에서 밝혀졌듯이, 미생물 속의 유전자를 조작하는 새로 발견된 능력은 엄청난 상업적 잠재력이 있었다. 일찍이 1976년에 생물학자 허버트 보이어(Herbert Boyer, 캘리포니아대학교 샌프란시스코 소속)가 MIT 동문이자 벤처 투자자인 로버트 A. 스완슨(Robert A. Swanson)과 손잡고 제넨텍(Genentech)을 창업했다. rDNA 기술을 이용해 인슐린이나 성장호르몬과 같은 의학적으로 유용한 분자를 상업적으로 제조하는 회사였다. 이 초기 단계에서 이미 분명해졌듯이, 샌프란시스코만 일대가 새 생명공학기술의 발전을 견인할 대표적인 장소로 떠올랐다. 하지만 매사추세츠주(특히 케임브리지)도 좋은 후보지가 아닐까? 이번에도 만약 케임브리지시가 rDNA 기술에 등을 돌렸다면, 위 질문의 답은 분명 부정적이었을 것이다. 하지만 1977년에 rDNA 조례가 통과되는 덕분에, MIT의 신생 생명과학연구소들과 더불어 켄달스퀘어를 중심으로 두 번째 주요 생명공학기술 연구 단지의 설립이 촉진되었다.

케임브리지(보스턴, 그리고 다른 주변의 여러 타운 및 도시와 달리)는 명확한 자체 법규를 시행하고 있었기 때문에, 그 지역에서 사업을 추진하고자 했던 회사들은 기대 효과와 더불어 사업에 필요한 요건을 알고 있었다. 게다가 케임브리지시 당국자들은 관련된 여러 개념과 사안에 이미 익숙했고, 때로는 심지어 생명공학 회사들을 창업할 계획이 있는 개인들까지도 잘 알고 있었다. 대표적인 사례가 바로 바이오젠(Biogen)이다. 1978년에 하버드대학교의 월터 길버트(Walter Gilbert)와 MIT의 필립 샤프가 힘을 모아 이 회사를 설립했다. 1980년에 바이오젠은 영업 및 관리 활동을 위한 이상적인 장소로 케임브리지를 선택했는데, 하버드 및 MIT와의 근접성과 더불어 다음과 같은 이유를 들었다. "케임브리지시가 (케임브리지실험검토)위원회의 초기 검토 작업의 결과로, 시 조례와 NIH 생물안전 지침의 틀 내에서 rDNA 기술 이용을 허용하는 정치적·과학적 결정을 내렸다는 사실."[28] 2년 후 케임브리지에 바이오젠의 연구 부서 개설을 축하하는 리본 커팅 행사에서, 다름 아닌 벨루치 시장은 "세금을 납부하기만 한다면 rDNA 기술이 전혀 두렵지 않다고" 밝혔다.[29]

바이오젠의 이야기는 1980년대와 1990년대 내내 여러 번 반복되었다. 제네틱스인스티튜트(Genetics Institute), 젠자임(Genzyme), 밀레니엄(Millennium) 그리고 버텍스(Vertex)와 같은 회사들이 자사의 본부를 생명공학의 세계적 센터 중 하나로 확실하게 부상하고 있던 이 작은 도시 케임브리지에 두기로 했기 때문이다. 일찍이 1985년에 미국의 첫 생명공학 동업자 협회로서 매사추세츠생명공학협회(Massachusetts Biotechnology Council, MBC)가 설립되었다. 오늘날 MBC는 550곳이 넘는 생명공학 업체, 대학, 연구 기관의 이익을 대변한다.[30] 비록 회원사들은 보스턴 광역 생활권(Greater Boston) 전체에 걸쳐 있지만, 특히 켄달스퀘어가 주된 구심점이다. MIT 총장 하워드 존슨이 "오후 다섯 시 이후엔 사람 발길이 뜸한 황량한 장소"라고 일컬었던 곳이 이제는 MBC의 묘사에 따르면, "세계 정상급 생명과학 대규모 연구 단지"의 중심지가 되었다.[31] 물론 널리 알려져 있듯이, 많은 요소(케임브리지시의 학구적 분위기, 이웃 도시 보스턴이 가진 재정 면에서의 장점, 그리고 켄달 지역 부동산의 이용 가능성 등)가 "유전자 타운(gene town)"의 형성에 이바지했다. 하지만 한 가지 결정적인 요소는 일찍이 1970년대 현대 생명공학의 여명기부터 케임브리지가 관련 핵심 사안들에 관한 주체적인 입장을 확립했기 때문이었다.[32]

그리고 이야기의 교훈은…

케임브리지에서 벌어진 rDNA 논쟁에서 배울 교훈을 딱 잘라 하나로 정리할 수는 없다. rDNA 연구에 관한 첫 연구 중단 요청을 주도했던 일부 과학자들은 자기들이 옳은 일을 하고 있다고 추호도 의심하지 않았다. 비록 (볼티모어의 경우처럼) 이후의 사건 진행 상황들을 알고서 무척 놀라긴 했지만 말이다. 하지만 (왓슨을 포함해) 다른 과학자들은 곧 자신들의 행동을 후회했다. 그들은 곧 이 사태를 지역공동체가 연구에 관한 통제권을

[그림 7-4] 데이비드 볼티모어(왼쪽), 제럴드 핑크(Gerald Fink, 가운데) 그리고 잭 화이트헤드가 1980년경에 MIT의 생의학 연구를 위한 화이트헤드연구소의 건설 현장에 들렀다. 볼티모어는 1979년에 화이트헤드가 MIT에 자금을 기부하도록 설득하는 데 일조했다. 이 연구센터는 1982년에 문을 열었다. 볼티모어는 1982~1990년에 초대 소장을 지냈고, 이어서 핑크가 1990~2001년에 소장을 맡았다. 화이트헤드연구소 제공.

과학계에서 뺏으려는 시도, 악의적이고 파국을 초래할 수 있는 시도로 간주했기 때문이다. 이와 반대로 CERB의 일부 관찰자들은 이 위원회의 활동이 실상 대중의 반대 의견을 관리(실제로는 억제)하는 기만적인 일이라고 여긴 데 반해, 다른 관찰자들은 시민들이 사회적·정치적으로 민감한 연구 분야에서 과학자들과 함께 건설적으로 의사결정을 내린 감동적인 모델이라고 보았다. 흥미롭게도 1970년대 중반부터 과학과 기술 평가에 시민들이 참여하는 다양한 모델이 실험적으로 실시되었지만, 그중 다수는 미국 바깥(오스트레일리아, 캐나다, 서유럽)에 있었다.

현재 논의의 목적상 나는 이 이야기에서 교훈을 끌어내고 싶다. MIT가 위치한 이 구체적인 지역에 관한 것이면서, 동시에 내 개인적으로도 의미 있는 교훈이다. 어떤 역사의 한 중요한 순간에 MIT는 자신의 견해를 더욱 넓은 주변 공동체에 설명해야 할 필요성에 직면했다. 이는 연구와 혁신 면에서 볼 때 생명공학이라는 전도유망한 분야에서 MIT가 지속적으로 활약할 사회적 자격을 확보하기 위한 일이었다. MIT는 이 도전에 당당히 응했다. 상아탑으로 뒷걸음치지 않았다. 시민들과 지역공동체 대표자들과의 건설적인 관계 형성을 위해 오히려 이들을 향해 다가갔다. 게다가 MIT는 이 관계 형성의 과정을 "전문용어를 사용하지 말라"라는 벨루치 시장의 잊을 수 없는 경고 아래서 진행해 나갔다. 결코 완벽한 과정이 아니었고, 그 결과도 일시적으로는 지극히 불확실했다. 하지만 결국 MIT는 생명과학 분야에서 활약할 자격을 획득했고, 몇 년 전에는 상상하기조차 어려웠던 방식으로 앞으로 나아갈 수 있었다. 내게 이 이야기의 교훈은 명백하다. MIT가 더 넓은 지역공동체와 긴밀하고도 건설적인 관계를 맺은 덕분에 더욱 강해졌다는 사실이다. 정말 다행스럽게도, 사회적으로 책임 있는 시민이 된다는 건 수지가 맞는 일이다.

감사의 말

집필을 막 시작할 무렵, 빅터 매클레니(Victor McElheny)가 MIT의 생명과학 역사에 관해 매우 유용한 방향성을 제시해 주었다. 게다가 너그러이 인터뷰에 협조해 주신 다음 동료들에게 진심으로 감사드린다. 데이비드 볼티모어, 루이스 초도시(Louis Chodosh), 허먼 에이전(Herman Eisen), 낸시 홉킨스, 데이비드 하우스먼, 마가리타 시아파카(Margarita Siafaca), 필립 샤프, 클리프 태빈(Cliff Tabin), 찰스 와이너 그리고 로버트 와인버그. 마이클 로시((Michael Rossi)는 조사 업무에 중요한 도움을 주었다.

8장

로트 베일린

젠더 문제를 논의 주제에 올리다

1999년 3월 21일 일요일,《보스턴 글로브(The Boston Globe)》의 1면에 다음 표제의 기사가 실렸다. 〈MIT 여성들, 편견과의 싸움에서 승리. 이례적으로 대학이 차별 시인〉.[1] 기사의 본 내용에 앞서, 앞선 한 주 동안 MIT가 막후에서 고군분투한 노력을 소개하는 대목이 나왔다. 교수들이 신문기사로 접하기 전에 어떤 보고서를 미리 받아 보게 하려고 MIT가 노력을 기울였던 것이다. 그 보고서 〈MIT의 여성 과학 교수진의 지위에 관한 연구〉(지금은 어디에서나 "MIT 보고서"로 불리는 보고서)가 3월 19일 금요일에 교수 전원에게 이메일로 전송되었다. 이메일은 그 보고서가《보스턴 글로브》에 실릴 예정이라고 알렸다.[2] 그리고 다음 주 화요일,《뉴욕 타임스(The New York Times)》가 1면에 다음과 같은 표제 기사로 이 이야기를 실었다. 〈MIT, 여성 교수들에 대한 차별 시인〉.[3] 그 무렵 MIT는 봄방학 기간인지라, 이 보고서의 주역들을 빼고는 꽤 조용한 나날을 보내고 있었다. 그러나 보고서 집필자들에게는 미 전역(사실은 전 세계)에서 이메일,

전화 통화 그리고 강연 요청이 쏟아져 들어오고 있었다.

보고서가 보여 준 내용 그리고 신문 기사들이 전한 내용은 이랬다. 비록 매우 훌륭한 여성 과학자라도, 설령 연구 성과가 널리 알려진 미국 국립학술원(National Academies) 회원일지라도 의도치 않은 미묘한 차별을 겪는다는 것이다. 그것은 (노골적인 괴롭힘이 아닌) 21세기식 차별이었다. 보고서에 따르면, 그 차별은 "명백한 선의에서 나온 것일지라도 여성 교수들에게 체계적으로 불리하게 작용하는, 강력하지만 잘 인식되지 않는 어떤 유형의 가정들과 태도들로 구성된다."[4] 보고서의 결론은 종신재직권을 획득한 이과대학 소속 여성 교수들과의 광범위한 인터뷰에 바탕을 두었다. 이 여성 교수들은 자신들이 다수의 연구자로 구성된 대규모 연구 프로젝트에서 배제된 경험, 중요한 위원회에 참여하지 못한 경험, 연구에 필요한 공간과 기타 자원들을 얻기 어려웠던 경험, 그리고 강의를 뜻대로 배정받지 못한 경험을 터놓았다. 그런 활동은 모두 중견 또는 원로 교수들이 누리는 표준적인 혜택인데도 말이다.[5] 이런 미묘한 불이익 때문에 여성 과학자들은 급여도 낮았고, 사용 공간도 적었고, 자원을 얻기 위해 더 애를 써야 했다. MIT 보고서가 밝혀낸 또 한 가지를 꼽자면, 지난 20년간 MIT 이과대학의 여성 교수 비율은 그다지 증가하지 않았고 이 단과대학 안에서 지도자급 위치에는 여성이 단 한 명도 없었다. 심지어 부학과장이나 연구소 부소장조차 없었다.

MIT 보고서가 대중에 알려진 후 각계의 반응이 얼마나 뜨거웠는지는 형용하기 어렵다. 곳곳에서 목소리가 터져 나왔다. 하지만 주로 여성들과 일부 기관들이 더 많은 내용을 듣고 싶어 했고, 비슷한 조사를 하는 데 도움을 달라고 요청했다. 또 어떤 이들은 자기들이 어떤 식으로든 늘 알고는 있었지만 차마 쉽게 털어놓을 수 없었던 사실을 MIT가 마침내 인정했다는 것에 감사를 표하고 싶어 했다. 한 열 살짜리 여자아이는 이런 감사의 편지를 보냈다. "저처럼 과학의 길을 마음껏 걷고 싶은 여자아이들에게 훨씬 더 넓은 기회의 문을 열어 주시고 있네요."[6] 어떤 여성들은 자신들의 급여 자료를 학교 당국이 마침내 살펴보고서, 과연 젠더 차별이 존재함을 알아차렸다고 보고했다. 통계적으로는 알려져 있던 내용이지만 이전에는 누구도 행동에 나서지 않았던 일에 MIT가 나선 셈이다. 《사이언스》에 실린 한 장문의 기사는 MIT 이야기와 더불어 하버드의 여성 과학자들의 경험까지 보도했다.[7] 보고서 작성으로 이어진 조사를 주도했던 낸시 홉킨스 교수와 학장인 로버트 버지노(Robert Birgeneau, 현재 캘리포니아대학교 버클리 총장)가 1999년 4월 7일(동일 임금의 날(Pay Equity Day)), 백악관에 초대받았다. 그 자리에서 빌 클린턴(Bill Clinton) 대통령 내외는 중요한 문제를 사회에 알린 공로로 MIT를 치하했다.[8] 홉킨스는 그해에 열여섯 건의 다른 강연 요청을 수락했다. 1999년 12월에는 《크로니클 오브 하이어 에듀케이션(Chronicle of Higher Education)》이 그 모든 일의 자초지종을 자세히 보도하자, 비슷한 요청이 더 폭증했다.[9] 그녀를 포함해 MIT 보고서 작성에 관여한 이들에 대한 이런 요청과 문의는 오늘날까지 이어지고 있다. 가령 뉴욕시의 한 8학년 학생은 2008년에 보낸 편지에서 더 자세한 정보를 캐물었는데, 그때는 첫 뉴스가 나간 후 무려 거의 10년이 지난 시점이었다.[10]

자금 지원 기관들도 지원에 나섰다. 포드재단은 MIT에 보조금을 지원하겠다면서 조건을 하나 내걸었다. MIT가 다른 기관들과 힘을 합쳐 그 소식을 널리 퍼뜨려 달라는 조건이었다. 결국 포드재단과 애틀랜틱자선재단(Atlantic Philantropies)은 그러한 노력에 총 100만 달러를 지원했다. 이런 보조금의 목표 금액에 맞추기 위해 MIT 총장 찰스 M. 베스트(현재 미국국립공학원 원장)가 여러 가지 프로젝트를 추진했다. 그중 한 예로, 여덟 군데 대학(캘리포니아대학교 버클리, 칼텍, 하버드, 미시간, 펜실베이니아, 프린

[그림 8–1] 1999년에 MIT가 〈MIT의 여성 과학 교수진의 지위에 관한 연구〉 보고서를 발표한 후, 《크로니클 오브 하이어 에듀케이션》이 이 사안에 관한 장문의 기사를 실으면서 이 사진을 1면에 올렸다. 왼쪽부터 오른쪽 순으로 실비아 세이어(Sylvia Ceyer), 파올라 리촐리(Paola Rizzoli), 페니 치솜(Penny Chisholm), 낸시 홉킨스, 리 로이든(Leigh Royden), 조앤 스터비(JoAnne Stubbe), 메리–루 파듀(Mary–Lou Pardue) 교수다. 릭프리드먼포토그래피(Rick Friedman Photography) 제공.

스턴, 스탠퍼드, 예일)의 총장을 모아 2001년 초에 회의를 열었다.[11] 이 대학 중 세 곳은 애초에 언론 보도를 통해 MIT가 이런 불행한 상황에 대응한 것은 칭찬하지만, 자교는 그런 문제들과 무관하다고 발뺌했다. 하지만 결국에는 전부 각자의 대학에도 유사한 문제가 있음을 시인하고 해결을 약속했다.

이런 이례적인 반응을 설명할 방법은 단 하나뿐이다. 즉 젠더 문제가 세상에 알려질 만큼 무르익었다는 것이다. 이전부터 미 전역에 있는 대학들의 총장, 교무총장(provosts), 학장, 학과장의 책상 위에 수십 건의 관련 보고서가 올라왔지만, 아무런 조치가 취해지지 않았다. 하지만 MIT라는 미국의 선도적인 과학 및 기술특성화 대학의 훌륭한 여성 과학자들이 그

간 겪은 일들을 털어놓자, 이 사안은 대학의 여성들만이 아니라 모든 전
문직 여성이 겪고 있는 현실임이 만천하에 드러났다. 그리고 결정적으로
MIT 총장이 MIT 보고서에 관해 아래와 같이 모두발언을 하는 순간, 이
제 더는 덮어 둘 수 없는 문제가 되었다. "저는 늘 이 시대의 대학 내 젠더
차별이 일부는 현실이고 일부는 의견이라고만 여겨 왔습니다. 그런데 이
제야 이 문제는 의견이라기보다는 훨씬 더 현실에 가깝다는 사실을 깨닫
게 되었습니다." 이에 관한 내용을 모든 신문 기사가 콕 짚어서 다루었다.
1999년 3월 24일 《샌프란시스코 크로니클(San Francisco Chronicle)》의 사
설은 다음과 같이 언급했다.

그런데 한 가지 의미심장한 차이를 꼽자면, 여성 교수진에 대한 차별
을 확인해 주는 MIT의 보고서는 미 전역의 다른 대학 당국이었다면 아
마 묵살당했을 것이다. 과거 다른 비슷한 여러 보고서의 운명처럼 말이
다.

하지만 이번에는 달랐는데, 무엇보다도 (미국의 가장 권위 있는 대학 중
하나인) MIT의 존경받는 총장이 이 보고서를 무시하지 않았을 뿐 아니
라 차별의 존재를 인정하고 해소하기 위한 단계를 밟았다.[12]

3월 28일에는 《뉴욕 타임스》가 이런 사설을 실었다. "MIT 보고서가
이례적이었던 것은 남성 주도의 과학 분야에서 뛰어난 역량을 보인 종신
재직이 보장된 여성 교수들을 조사했기 때문이고, 아울러 그들이 하나같
이 편견을 경험했다는 것은 특수한 주변 환경을 빼고는 설명할 수가 없기
때문이다." 사설은 다음과 같은 이유로 MIT를 칭찬했다. "이런 현실을 대
담히 직시했고, (중략) 불평등을 바로잡고 고용 관행을 개선하기 위한 조
치들을 취했다."[13]

이런 떠들썩한 사건이 딴죽을 거는 사람 없이 지나갈 리는 없다. 첫 번째 딴죽은 《샌프란시스코 크로니클》의 법률 담당 기자에게서 4월에 나왔다. 그는 경고하는 투로 이렇게 말했다. "오늘날의 법률 체계에서는 자기 실수를 솔직히 인정하면 불이익을 받을지 모른다."[14] MIT는 당시에 법률 자문위원이 없었기에, 그 보고서를 공개하도록 허용하기 전에 법률 자문을 받지 않았다. 그저 막연히 실수를 인정하고 시정하려고 하면, 누군가가 대학에 불리한 법적 조치를 실제로 취할 가능성을 줄일 수 있지 않을까 여기는 분위기였다.

딴지 걸기는 한 번으로 끝나지 않았다. 1999년 12월 14일, 페어뱅크스(Fairbanks)에 있는 알래스카대학교(University of Alaska)의 한 심리학 교수가 다음 제목의 보고서를 발표했다. 〈MIT가 젠더 쓰레기 과학으로 명성에 먹칠을 하다(MIT Tarnishes Its Reputation with Gender Junk Science)〉.[15] 독립여성포럼(Independent Women's Forum, IWF)이 이 보고서를 배포했는데, 보수적인 연구·교육기관인 이 포럼은 조직의 사명을 이렇게 설명했다.

경제적 자유, 개인의 책임 그리고 정치적 자유를 향상해 시민사회를 재건한다. IWF는 제한된 정부, 법 아래에서의 평등, 재산권, 자유시장, 굳건한 가족, 그리고 강력하고 효율적인 국방과 외교 정책을 더욱 존중하는 문화를 지지한다.[16]

《월스트리트 저널(The Wall Street Journal)》의 1999년 12월 29일 사설은 그 교수의 문서를 바탕으로 MIT 보고서와 그 지침을 따르는 다른 대학들의 연구 결과를 "'사회과학'에 정치가 개입된 활동"이라며 깎아내렸다.[17]

이런 비판에 따르면, MIT 보고서의 주된 문제점은 과학 분야에 여성 교원이 부족한 현상은 대안적인 설명이 가능하다는 것이었다. 즉 여성은 과학 분야에 진출하는 데 관심이 적으며 남성과는 다른 적성을 지녔기 때문에, 여성적 가치에 더 부합하는 다른 분야에 진출하는 게 더 수월하다는 식의 논리였다. 더군다나 이 사안의 고발자인 여성 과학자들은 자기들이 판사와 배심원 역할을 다 맡았으며, "불만을 법정에 가져가기보다는 대학의 자금 지원을 받는 조사를 선택했다."[18] 마지막으로, 그런 비판을 하는 이들은 MIT 보고서를 놓고서 미묘한 차별이라는 결론을 내릴 만한 자세한 데이터가 없다면서 "쓰레기 과학"으로 치부했다.

대안적인 설명(여성은 관심이나 적성의 부족 때문에 과학에 진출하지 않는다는 설명)은 현재 사안에 부적절하다. MIT 보고서에 관여한 여성들은 정말이지 과학에 깊이 헌신했으며 그럴 만한 능력이 있었다. 과학을 직업 경력으로 삼아 추구할 동기와 끈기가 있었고, 그런 활동에서 훌륭한 결실을 거두기도 했다. 보고서의 결론을 끌어낸 것은 그들의 경험(그들의 성취와 부합하지 않는 경험)이었다. 게다가 내부 조사는 이런 문제들에 관해 적대적인 법적 갈등을 조장하지 **않으려고** 구체적으로 실시되었다.

그런데 데이터는 어땠을까? 보고서에는 수집된 데이터가 전혀 없었고, MIT가 내놓은 데이터도 없었다는 점은 사실이다. 가장 유효한 정보는 여성들의 개인적 경험으로서 익명성을 약속받고 수집된 것들이었다. 그것도 다섯 개 학과에 걸쳐 고작 여성 17명의 경험을 수집했는데, 이 여성들을 식별하려면 쉽게 식별할 수 있었다. 따라서 발표된 그 보고서는 데이터가 아니라 하나의 과정에 관한 서사를 풀어낸 것이었다. 바로 이 과정이 미 전역과 전 세계 대학들에 의해 복제되었던 것이다. 함께 협력해 각 기관의 관련 데이터를 주의 깊게 살피고, 대학 당국과 협력해 그 데이터를 이해하고, 드러난 불평등을 해결해 나가는 과정이었다. 오늘날까지 MIT는 다른 기관들에서 이와 같은 과정을 추진하는 데 도움을 달라는 요청을 계속 받고 있다.

MIT의 다른 네 군데 단과대학과 전문대학원에서 나온 보고서도 2002
년에 발표되었는데, 역시 이과대학에서 드러난 점들을 다시 확인해 주었
다.[19] 가령 슬론경영대학원의 보고서는 중견 이상 여성 교원의 상황과 중
견 이상 남성 교원의 상황을 신중하게 비교·분석해 전자의 경험이 덜 만
족스럽다는 점을 밝혀냈다.[20] 이런 보고서들은 상세한 데이터와 전면적
인 분석을 제시했는데도 외부에서 전혀 상찬받지 못했다.

MIT 보고서에 대한 외부의 반응은 위와 같았다. 그렇다면 MIT는 어
떻게 반응했을까? 교수들이 1999년 봄방학 후 교정으로 돌아왔을 때 여
성 교원들은 성과를 기념하는 자리를 마련했다. 남성 교수들은 거의 나타
나지 않았다. 한편 대학 당국은 일련의 변화를 위한 조치를 실시했고, 그
런 조치들은 지금까지 이어지면서 계속 발전하고 있다. 젠더 문제가 논의
의 장 위에 놓이게 되었고, 대학 당국이 반응하기 시작했던 것이다.

말을 행동으로

곧장 MIT 교무총장 로버트 브라운(Robert Brown, 현재 보스턴대학교 총장)
이 다른 MIT 단과대학 및 전문대학원의 학장들 각각에 위원회를 소집해
달라고 요청했다. 이과대학과 비슷한 과정을 따라서 각 단과대학과 전문
대학원에서 젠더 평등 관련 조사를 실시하기 위한 위원회였다.[21] 각 단과
대학·대학원은 여성 교원을 면담하는 과정을 거쳐 급여, (해당하는 경우)
연구 공간, 강의 할당, 위원회 참여, 수상과 특전 등에 대한 자료를 수집했
다. 앞서 언급했듯이, 이 보고서들은 2002년에 발표되었고 현재도 온라
인에서 읽어 볼 수 있다.[22] 비록 사용된 방법이 단과대학·대학원별로 다
르긴 했지만(결과물의 작성 형식도 마찬가지였다), 이 보고서들은 이과대학
에서 드러났던 것과 동일한 유형의 불평등과 차별을 자세히 알렸다.

이러한 “젠더 평등위원회”의 수장들은 MIT 보고서에 관여했던 이과 대학 교수들 가운데 일부와 함께 1999년 가을부터 낸시 홉킨스와 매달 회의를 열었다. 활동 동력을 유지하면서 각 단과대학·대학원에서의 경험을 공유하고 관심이 필요한 사안들을 함께 살피기 위해서였다. 그들은 하나의 단체로서 계속 만남을 이어 왔는데, 현재는 신설된 교원 평등을 위한 겸직 부교무총장(coassociate provost)도 함께하고 있다. 또한 각 위원장은 각자의 단과대학·전문대학원에서 교수 급여를 매년 모니터링하고, 여성과 남성 모두를 위한 평등 문제와 더불어 과소대표된 소수자들에게 지속적인 관심을 쏟고 있다.

MIT 행정 당국도 마찬가지로 관련 사안 개선에 많은 관심을 기울였다. 보고서 발표로 인해 MIT는 이 사안에 대해 진전을 이룰 책임을 떠안은 셈이다. 2000년에 총장과 교무총장은 교원다양성협의회(Council on Faculty Diversity)를 조직했다. 이 협의회의 목표는 “교수, 학과, 단과대학 및 상급 보직자들과 협력해 MIT가 교원 다양성을 적극적으로 촉진하도록 지원하는 것이다. 이런 노력을 통해 우리가 교육하는 학생들의 다양성을 반영하는 다양성 높은 교수진을 유치하기 위한 **준영구적** 제도 환경이 마련될 것이다.”[23]

새 협의회를 교무총장 브라운, 낸시 홉킨스, 그리고 부교무총장 필립 클레이(Phillip Clay) 등 세 명이 공동으로 이끌게 되었다.[24] 브라운과 클레이는 둘 다 MIT의 으뜸가는 정책 결정 조직인 교학위원회 소속이었다. 교학위원회 산하의 교원 소위원회는 MIT의 모든 승진 및 종신교수직 승인 사례를 검토하고 급여 상황을 모니터링하므로, 교학위원회의 위원은 꽤 영향력 있는 자리다. 교원다양성협의회가 설립되었을 때 홉킨스는 이 소위원회와 교학위원회 두 곳에서 모두 정위원이 되었다. 이 이례적인 조치를 통해 대학 당국이 교원 다양성을 얼마나 중시했는지 드러난다.[25] 이 모든 일이 2000년 7월 1일에 확정되었다.

교원다양성협의회의 위원들은 단과대학·대학원별 젠더 평등위원회의 위원장들, 과소대표된 소수자 집단 출신 교수들, 그리고 대학 보직자들로 구성되었다. 공과대학 젠더 평등위원회 위원장이 이끄는 한 소위원회는 고용에 중점을 두어, 신규 교원 채용 과정에 다양성이 더욱 풍부해지도록 보장하는 지침을 개발했다.[26] 이 지침은 교무총장에 의해 모든 학과의 학과장에게 배포되었고, 학과장들은 이 지침을 학과 내 인사위원회에 제공하라는 요청을 받았다. 또 다른 소위원회는 일련의 새로운 가족 정책을 다루었는데, 여기에는 임신한 여성 교수들의 종신재직권 피심사 연한(the tenure clock)을 자동으로 연장해 주는 것, 가족 내에 새 아이가 생길 때 육아휴직을 제공하는 것, 그리고 아이, 부모 또는 동반자를 돌볼 필요가 있는 종신재직권 기취득 교원에게 시간제 근무를 허용하는 것 등의 조치가 포함되었다.[27] 이런 정책들이 2001년 12월에 교학위원회에서 승인되었고, 2006년에 개정되었다. 개정을 통해 남성 교원과 입양한 자녀를 둔 부모 교원까지도 종신재직권 피심사 연한 연장을 요청할 수 있었고, 두 번째 아기를 가진 여성 교원은 추가로 종신재직권 피심사 연한 연장을 요청할 수 있었다.[28]

한편, 베스트 총장은 앞서 언급한 여덟 군데의 다른 대학에 있는 동료들을 학내 과학·공학 분야의 젠더 평등(Gender Equity in Academic Science and Engineering)에 관한 회의에 참여시키기 시작했다. 관련 사안들을 널리 알리고, 해결을 위한 노력을 공유하려는 취지였다. 첫 회의는 2001년 1월 28~29일에 MIT에서 개최되었다. 여러 대학 총장, 캠퍼스 총장(chancellors),[29] 교무총장, 그리고 아홉 개 대학 소속 과학과 공학 분야의 여성 교원이 모였다. 회의 끝에 채택한 〈책임 서약〉에는 "과학과 공학 분야에서 여성의 전면적인 참여를 막는 장애물이 여전히 존재한다"라는 대

[그림 8-2] 2001년 1월에 MIT가 주최한 과학 및 공학 분야의 젠더 평등에 관한 첫 번째 회의에서 토론을 벌이는 장면. 이 토론에는 다음과 같은 사람들이 참여했다. 미시간대학교 총장 리 볼린저(Lee Bollinger, 왼쪽), 예일대학교 총장 리처드 레빈(Richard Levin), 캘리포니아대학교 버클리의 부총장 얀 더프리스(Jan de Vries), MIT 교수 낸시 홉킨스, 프린스턴대학교의 셜리 틸먼(Shirley Tilghman) 교수, 그리고 MIT 공과대학 학장 토머스 L. 매그낸티(Thomas L. Magnanti) 등이다. 이 사진이 촬영된 지 5개월 후에 틸먼은 프린스턴대학교의 첫 여성 총장이 되었다. MIT 홍보과의 도나 코브니(Donna Coveney) 제공.

학 지도자들의 인식이 담겼다. 그들은 각자의 소속 기관이 다음 세 가지 목표를 향해 나아가게 할 것을 합의했다. 교수진은 가르치는 학생들의 다양성을 반영해야 한다. 여성 교원은 평등을 누리며 전면적인 참여를 보장받아야 한다. 어떤 교원도 (남성이든 여성이든) 가정에 대한 책임 때문에 불이익을 받지 않아야 한다. 총장들은 합의를 통해, 각자의 대학에서 여성 교수가 받는 급여와 기타 자원들을 분석할 것이며, 아울러 "이런 목표들을 달성할 목적으로 우리가 추진한 구체적 조치들을 공유하기 위해" 다시 모이기로 했다. 그리고 아래와 같이 상황을 인식했다. "이런 도전 과제를 완수하려면 각 대학 내의, 그리고 전체 과학 및 공학 관련 기관들의 운영 절차들에 대한 철저한 검토와 더불어 아마도 중대한 변화가 필요할 것이다."[30]

총장들이 다시 모이기에 앞서, 먼저 이 대학들의 여성 교수들이 각종 자료를 수집한 다음, 정보 공유를 위해 모였다. 이 정보는 다시 각 대학 당국에 전달되었다. 두 번째 총장 회의는 3년 후에 열렸는데(2004년 4월 17~18일, 워싱턴 DC), 이번에는 미국대학협회(Association of American Universities) 회의와 함께 개최되었다. 베스트 MIT 총장과 더불어 프린스턴대학교 총장, 미시간대학교 총장이 함께 주관했다. 그 후 여러 해에 걸쳐 여성 교수들이 다시 만났다. 그리고 2006년 미시간주 앤아버(Ann Arbor)에서 열린 회의에서, MIT 소속이 아닌 참가자들이 여러 대학으로 구성된 이 집합체를 "MIT9"이라고 부르기로 했다. 선례대로 2007년에 또다시 총장들의 회의가 열렸고, 이번에도 미국대학협회 회의와 함께 개최되었다. 하버드대학교가 주관했으며, 주제는 유색인종 교수진이었다.

MIT 보고서는 폭넓은 파급 효과를 일으켰다. 일례로 미국 국립과학재단(NSF)은 과학 분야에서 여성의 지위 향상을 지원하는 재단의 기존 방식을 재검토했다. 앞서 NSF는 개별적인 자금 지원만을 강조했는데, 이제 더욱 체계적으로 접근할 필요성을 인정한 후 2001년에 ADVANCE 프로그램을 시작했다. 젠더 평등을 위한 제도 개혁을 목표로 대학들에 상당한 자금을 지원하는 프로그램이었다. 2005년에 미국국립과학원과 미국국립공학원은 '과학 및 공학 분야 여성들의 잠재력 극대화에 관한 위원회'를 구성했다. (마이애미대학교 총장이자 전직 보건복지부 장관) 도너 살라라(Donah Shalala)가 이끈 이 위원회는 이공계 젠더 평등 관련 활동에 유용할 수 있는 모든 유관 조사와 프로젝트를 종합적으로 추진하는 곳이었다.[31]

마지막으로, 이과대학과 공과대학의 여성 교원 수에는 어떤 효과가 있었을까? 《MIT 패컬티 뉴스레터(MIT Faculty Newsletter)》의 2006년 3~4

[그림 8-3] MIT 교수 낸시 홉킨스가 1999년 실험실의 표본을 들고 있는 모습이다. 홉킨스는 제 브라피시(zebra fish)를 모델 생물로 이용해 암의 유전학을 연구한다. 릭프리드먼포토그래피 제공.

월호 분석 기사에 따르면, 기회 평등 입법의 시행 덕분에 1970년대 초반이 되자 이전에는 거의 제로에 가까웠던 여성 교원 수가 20명 남짓으로 늘어났다(이에 비해 남성 교원은 약 260명이었다).[32] 이후 20년 남짓 그 수준이 유지되었다. 1996년에 이과대학의 여성 교수진에 관한 최초의 기밀 보고서가 버지노 학장에게 전달된 이후로 여성 교원의 수는 2000년이 되자 약 35명으로까지 증가했다(남성 교원은 대략 230명이었다). 이후 여성 교원의 수는 몇 년 동안 변함없이 유지되었는데, 반면에 남성 교원의 수는 240명으로 더 늘었다. 하지만 2008년에는 여성이 45명, 남성이 236명이었다. 달리 말해서, 이과대학 학장에게 최초의 자료가 전달된 이후로 여성 교수진의 규모는 처음의 수에 비해 두 배가 넘었다.

공과대학의 경우에는 1990년에 20명 미만이었던 여성 교원이 꾸준히 늘어나 2000년에는 30명이 되었다(남성은 311명이었다). 2001년에 이 단과대학의 보고서가 학장에게 제공되었을 때는 수가 더 늘어났다. 이후 계속 가파르게 증가해, 2005년이 되자 여성 교원이 약 50명이고 남성이 312명이었다. 이후로 여성 교원 수는 꽤 일정하게 유지되었는데, 2008년에 여성 52명, 남성 320명이었다. 게다가 MIT 보고서가 공개되기 전에는 이과대학과 공과대학 내에서 리더십 지위에 여성이 단 한 명뿐이었는데, 불과 2년 만에 단과대학 내 최고 의사결정권을 가진 보직에 있는 여성 교원의 수가 10명이 넘었다. 곧이어 수전 혹필드가 최초의 MIT 여성 총장이 되었다.[33]

그러니 정말로 발전이 이루어졌던 것이다. 분명 MIT 보고서가 일으킨 파급 효과는 MIT 안팎에서 지금까지도 계속 이어지고 있다. 그렇다면 이 모든 일은 어떻게 일어났을까? 무엇이 1996년의 첫 보고서를 낳았으며, 어떻게 그것이 변화해 1999년 언론에서 대대적으로 다룬 보고서로 이어졌을까?

어떻게, 그리고 왜

1994년이 시작이었다.[34] 20년 동안 MIT에서 분자생물학 교수로 재직했던 낸시 홉킨스가 새로 착수한 연구 분야에 쓸 더 넓은 실험실 공간을 한참 동안 찾고 있었다. 그녀는 소속 연구소 소장에게 별 도움을 받지 못했다. 새로운 연구를 수행하기가 왜 그렇게 어려운지 분통이 터졌다. 주변의 다른 교수들은 쉽게 하던 일이었는데 말이다. 게다가 그녀가 줄곧 발전시켜 온 교과목도 다른 교수에게 넘어가 버렸다. 홉킨스는 살아오면서 페미니스트와는 거리가 멀었다. 그저 과학자로 살아가는 데 관심을 가졌을 뿐, 결혼하지 않겠다거나 자기 목표를 추구하느라 아이를 갖지 않겠다고 결심한 적도 없었다. 필요한 자원을 얻기 위한 여러 시도에 관한 증거들을 전부 수집한 다음, 한 변호사와 이야기했다. 변호사는 학교 측의 행동이 엄연히 차별을 통한 괴롭힘이라고 확인시켜 준 후에, 대학의 고위 보직자에게 연락해 볼 것을 권했다.

홉킨스는 베스트 총장에게 보낼 편지에서 차별이 벌어지고 있다고 주장하며 증거 몇 가지를 동봉했다. 하지만 총장이 편지를 진지하게 여길지, 아니면 무례하다고 여길지 걱정스러웠다. 주저하던 중에 그녀는 동료인 메리-루 파듀 교수와 함께 내용을 검토해 보기로 했다. 파듀 교수는 존경받는 원로 생물학자로서 1983년 이래 미국국립과학원 회원이었다. 둘은 이런 사안을 이야기해 본 적이 없었기에, 홉킨스는 파듀가 자기를 안 좋게 여길까 불안했다. 하지만 오히려 파듀는 내용에 맞장구를 치면서 서신에 자기도 서명하게 해 달라고 부탁할 정도였다. 그때부터 모든 게 달라졌다.

둘은 함께 이과대학 내의 다른 모든 중견 이상 여성 교원에게 서신의 내용을 검토받기로 했는데, 이번에도 주저하는 마음이 있었다. 하지만 접촉한 17명 중 16명이 기꺼이 편지에 서명하는 데 동의했다.[35] 이 시점에 그들은 전략을 다시 바꾸어, 그 편지를 이과대학의 신임 학장인 로버트 버지노에게 보내기로 했다. 아울러 그들이 이 사안에 관한 자료를 더 철저하게 조사할 위원회를 구성하게 해 달라고 학장에게 요청했다. 그들은 자신들이 보고 느낀 차별적 상황, 그리고 그런 차별이 교수진에 끼친 영향을 문서로 정리하기로 했다.

하지만 버지노 학장이 이런 위원회의 설립을 검토하려 하자, 일부 학과장들과 연구소 소장들이 "극도로 회의적인 입장"을 표명하고 나섰다. 학장도 망설여질 수밖에 없었다. 그는 의견 일치를 추구하는 편이었는데, 현재 상황을 보니 관계자 중 일부가 그런 위원회의 존재를 전혀 선호하지 않았다. 하지만 베스트 총장의 직접적이고 명시적인 지지를 등에 업고서 버지노 학장은 위원회의 공식적인 역할과 책임을 확정하는 지침을 마련하기 위해 예비위원회를 구성했다. 이 예비위원회의 승인을 얻어 그는 새로 설립될 위원회에 자료 수집 임무를 맡은 6명의 원로 여성 교수를 위원으로 임명했고, 이어서 3명의 원로 남성 교수를 추가로 임명했다. 처음에 여성 교원들이 이 조치에 대해 난색을 나타내며 일의 진행이 지연되었지만, 알고 보니 이는 오히려 더 잘된 일이었다. 왜냐하면 이 남성 교원들(모두 학과장이거나 한때 학과장을 지냈던 인물들이었다)은 여성 교원들이 잘 몰랐던 대학 내 의사결정 체계가 작동하는 방식을 익히 알고 있었기 때문이다.

이 시기를 뒤돌아보면서 버지노는 자신의 학장실에서 그 여성 중 15명과 가진 회의(자신에게 큰 영향을 끼쳤던 회의)를 이렇게 회상했다.

15명 각각의 이야기를 하나씩 전부 들으니 놀랍기 그지없었습니다. 그 순간 나는 체계적인 문제가 실제로 존재하며, 이 여성 교수들의 안녕이나 복지를 위해서만이 아니라 MIT 전체의 안녕을 위해 즉시 관련 사안을 다룰 필요가 있음을 깨달았습니다.[36]

일단 위원들이 임명되고 나자, 그들은 절대적인 비밀 보장을 약속받고서 이과대학의 모든 여성 교원을 면담했다.[37] 또한 위원들은 최대한 급여, 공간 및 기타 자원에 대한 자료를 모았다. 이 자료를 바탕으로 그들이 작성한 자세한 보고서에는 이과대학 내 여섯 개 학과 각각의 구체적인 사례들이 담겼다. 이 보고서는 1996년에 학장에게 제출되었는데, 학장, 교무총장, 총장만이 열람할 수 있는 기밀 문서였다(하지만 보고서의 일부 관련 내용은 각 학과장에게도 전해졌다). 그러는 사이, 학장은 급여와 실험실 공간 등

[그림 8-4] 1991년에 물리학자 로버트 버지노가 MIT 이과대학의 신임 학장이 되었다. MIT 이과대학의 낸시 홉킨스 교수와 일부 동료 교수들이 몇 년 전 젠더 차별에 관한 우려를 제기했을 때 버지노는 특별조사위원회를 소집했고, 이 위원회 활동이 1999년의 MIT 보고서를 낳았다. MIT 홍보과의 도나 코브니 제공.

과 관련해 발견된 불평등 사항 중 일부를 해소하는 작업에 이미 착수했다.

위의 과정에 참여한 여성 교수들은 한결 홀가분해져 모두 자신들의 연구 활동에 복귀했다. 하지만 상황 개선이 계속 이루어지려면 학내 나머지 교원들도 이 사안을 알아야 한다는 분위기가 팽배했다. 이과대학만 이런 문제가 있는 것이 아니었고, 위원회가 밝혀낸 내용은 MIT 전체에도 유용할 터였다. 하지만 아무도 매우 자세히 작성된 최초 보고서를 더 널리 알리길 원치 않았다. 이과대학 학장도 허용하지 않으려 했고, 여성 교수들 자신도 원하지 않았다. 보고서에 묘사된 많은 일화는 치욕스러운 데다, 여성들(그리고 관련된 남성 중 일부)도 이 정보가 공개되면 당혹스러울 것이었다. 1997년 봄, 교원정책위원회에서 이제껏 벌어진 일에 관한 비공식 논의가 있었다. 하지만 회의 내용은 기밀 사항이었고, 그 이상으로 일이 진척되지 않았다. 그래도 내용 공유를 바라는 분위기는 계속되었다. 그러던 중 1998년에 이과대학 여성교수위원회의 공동 위원장 메리 포터(Mary Potter) 교수가 축약 버전의 보고서를 만들었다. 여러 학과에서 자료를 수집하고 개인 정보를 삭제한 버전이었다. 그러나 많은 이들은 여전히 이 또한 아직 공개하기엔 적절하지 않다고 여겼다.[38] 마침내 1999년 교원정책위원회(당시 위원장은 여성 교수였다)에서 또 한 번의 논의가 이루어졌다.[39] 그 정보 중 일부를 MIT의 전체 교원에게 공개할 방법을 찾자는 명시적인 목표를 가진 위원회였다.[40] 이 논의 내용을 바탕으로 신임 교원정책위원회 위원장이 홉킨스에게 다른 보고서를 작성해 달라고 요청했다. 여성 교수들의 관점에서 본 그간의 사안 진행 경과, 학장의 반응, 그리고 원래 보고서의 권고 사항 등을 담은 보고서였다. 여기에 더해 교원정책위원회 위원장, 학장, 총장이 간단한 서문을 쓰기로 동의했다. 이 버전은 누구나 받아들일 수 있는 내용이었고, 《MIT 패컬티 뉴스레터》의 특별호 형식으로 발표하기로 결정되었다.[41] 하지만 발표 준비가 마무리되기 전에 《보스턴 글로브》가 먼저 보도하는 바람에, 이 장 서두에서 언급한 광란의 한 주가 시작되었다.

나이트 펠로우(Knight Fellows, 1년짜리 과학저널리즘 과정을 수학하기 위해 MIT에 온 과학 전문 기자들)들을 위한 강연을 진행할 때, 홉킨스는 《사이언스》의 앤드루 롤러(Andrew Lawler) 기자에게 MIT에서 여성 과학자로 생활한다는 것이 어떠하냐는 질문을 받았다. 그녀의 답변 중에는 곧 나올 보고서에 대한 언급이 있었고, 그것이 뉴스로서 가치가 있는지 거꾸로 질문하는 내용이 있었다. 이 소식이 나이트 펠로우십 프로그램의 책임자인 보이스 렌스버거(Boyce Rensberger)에게 흘러 들어갔고, 그가 《뉴욕 타임스》의 케리 골드버그(Carey Goldberg)와 《보스턴 글로브》의 케이트 저니키(Kate Zernike)에게 전달했다. 저니키가 먼저 호응하면서 보고서 내용을 기사로 싣게 되었던 것이다.

바로 이렇게 MIT 보고서가 세상에 알려졌다. 논의 대상에 오른 다른 여러 보고서와 비교해 이 보고서가 발휘한 매력을 우리는 어떻게 이해할 수 있을까? 과거의 한 분석 자료는 이런 긍정적인 관심을 촉발한 여러 요인을 종합적으로 제시한 바 있다.[42] 이 요인들을 다음 다섯 가지 결정적인 조건과 사건으로 요약할 수 있다.

첫째, 주역인 홉킨스 교수의 존재. 그녀는 전체 과정의 각 단계를 늘 인내하면서 관리했다. 둘째, 파듀 교수와 맺은 유대 관계. 아울러 과정 내내 그녀가 이과대학의 여성 교수들과 협력해 일을 진행한 방식. 셋째, 버지노 학장이 베스트 총장의 지속적인 지지를 등에 업고 상황을 이해하며 긍정적으로 응해 준 점. 넷째, 최초 보고서를 대중에게 공개할 수 있는 형식으로 다듬은 것. 그리고 마지막이지만 마찬가지로 중요했던, 언론의 역할. 분명 언론이 나선 덕분에 미 전역과 전 세계의 반응이 촉발되었다. 만약 《보스턴 글로브》와 《뉴욕 타임스》의 1면 기사 없이 《MIT 패컬티 뉴스레터》에만 발표되었다면 MIT의 반응이 어땠을지 짐작해 보는 것도 흥미롭다. 대학 당국이 확실히 문제 해결에 진심이었고, 개별적인 불평등 사례들에 대처하고 있기는 했다. 하지만 그것만으로 체계적인 변화가 일어날 수 있었을까? 십중팔구 "그 모든 요인이 함께 작용했기에 MIT 보고서의 공개를 통해 긍정적인 결과가 나왔다. 그야말로 (선한) 의지, 인내, 적절한 타이밍, 그리고 행운의 합작품이었다."[43]

현재 그리고 미래를 향해

지금은 어떤 상태일까? 젠더 문제는 분명 논의 주제에 올라 있으며, 교내

[그림 8-5] MIT 총장 찰스 M. 베스트는 1999년의 MIT 보고서를 생산한 제반 활동을 지원했다. 보고서에서 밝혀진 내용을 공개적으로 인정했으며, 다른 대학들의 동료 총장들을 체계적으로 지원해 고등교육 분야에서 젠더와 인종 차별을 계속 조사할 수 있도록 했다. 사진은 1998년 봄에 빌 클린턴 대통령(왼쪽)을 영접하며 베스트(가운데)와 그의 아내 레베카(오른쪽)가 행사장에 들어서는 모습이다. 이 자리에서 클린턴은 MIT 졸업식 연설을 했다. MIT 홍보과의 도나 코브니 제공.

여성 구성원의 수는 증가하고 있다. 최초 보고서의 권고 사항 중 다수가 실현되었다. 새로운 가족 정책들도 시행 중이며, 아이를 키워야 하는 교수를 지원하는 여러 방법이 고려되고 있다. 또한 평가 편향이 존재한다는 점, 즉 우리가 아직은 진정한 능력주의에 따라 평가하지 못한다는 점도 어느 정도 인정되고 있다. 그래서 이런 편향의 작용에 관한 교육이 각 학과의 학과장과 인사위원회 위원들을 대상으로 실시되고 있다. 여성들이 이제는 주요 정책 결정권을 지닌 고위 보직을 맡고 있으며, 고용과 승진에 관한 의사결정에 관여한다. 급여나 기타 평등 관련 사안을 모니터링하는 위원회가 마련되어 있다. 그런데도 우리는 여전히 다른 대학의 여성 교수들에게 해당 대학의 조사 활동을 도와 달라는 요청을 받고 있으며,

대학 당국들이 자료 공유를 꺼린다는 소식을 지금도 듣고 있다.

보수적인 집단들에서는 여전히 미묘한 젠더 편향의 존재를 인정하기 꺼리는 태도나, 그런 편향이 대학 교수진 내 비교적 적은 여성 과학자의 수(늘어나고는 있지만)와 관련 있다고 여기지 않는 시각이 지속되고 있다. MIT 보고서를 일각에서는 여전히 정치적 올바름에 기댄 쓰레기 과학으로 치부한다. 심지어 《네이처》에 실린 참조 기사 속의 데이터조차 의심의 눈길을 받는 실정이다.[44] 한편 다른 연구중심대학들은 미국 국립과학재단의 ADVANCE 지원금의 도움을 받아, 시간제 종신재직 트랙 교수직(part-time tenure tracks)과 같은 새로운 절차를 시도하는 등 더욱 혁신적인 길을 걷고 있다(버클리와 미시간대학교가 대표적이다).

MIT와 MIT9 모두 여전히 젠더 문제에 관해 계속 노력하고 있으며, 이제는 과소대표된 소수자들에 속한 교수진 문제에도 전향적으로 관여하고 있다. 실제로 2007년 6월에 MIT는 '교원 인종 및 다양성 계획(Initiative for Faculty Race and Diversity)'을 시작했다. 이는 MIT의 과소대표된 소수자 출신 교수들을 대상으로 인터뷰와 설문 조사를 하고 집단 데이터를 수집하는 활동으로서, 늘어나는 소수자 신규 채용 및 채용 유지를 위한 권고안과 실행 계획을 마련하려는 목적으로 실시되었다.[45] MIT는 교원 평등을 위한 두 명의 부교무총장을 두고 있는데, 한 명은 백인 여성이고 한 명은 아프리카계 미국인 남성이다.[46] 이런 사례가 보여 주듯이, MIT는 다른 대학들과 협력해 모든 집단으로부터 장래의 교원이 될 인재 풀을 더 많이 확보하는 것을 중시한다.

대학 교수진을 다양하고 평등하게 구성하려는 노력은 지속적인 과정으로서, 관련된 당사자 개인들만을 위해서가 아니라 대학 그리고 사회 전체를 위해서도 필요하고 중요한 일이다. MIT 보고서는 이러한 발전을 이끄는 역할을 지금껏 해 왔고, 앞으로도 계속할 것이다.

감사의 말

이 장의 내용을 위한 자료를 제공해 준 낸시 홉킨스, 도린 모리스(Doreen Morris), 메리 포터와 리디아 스노버(Lydia Snover)에게 감사드리고 싶다. 그리고 신문 보도 기사를 찾는 데 도움을 준 MIT 도서관 직원들에게도 감사드린다. 또한 이 장의 초고가 나왔을 때 유용한 조언을 해 준 로버트 버지노, 로버트 브라운, 낸시 홉킨스, 메리-루 파듀, 메리 포터, 그리고 찰스 M. 베스트에게 감사드리고 싶다.

낸시 홉킨스

앞서 보았듯이, 베일린 교수는 어떻게 MIT 보고서가 작성되었고 어떤 파급 효과를 일으켰는가를 담은 글을 썼다. 내가 그 보고서와 그 이후의 사태에 직접적으로 관여했기 때문에, 그녀는 나에게 몇 가지 개인적인 이야기를 앞장에 덧붙여 달라고 부탁했다. 이에 나는 이 자리를 빌려 다음 내용을 밝히고 싶다. 바로 이 보고서의 바탕이 된 현장 경험을 한 여성 전문가들, 사회적 문제 해결을 위한 데이터 수집의 중요성, 베일린 교수가 이 문제 해결에서 맡은 역할, 기꺼이 문제 해결에 앞장섰던 지도자(로버트 버지노 학장과 찰스 M. 베스트 총장)를 둘 필요성, 그 보고서로 인해 실현된 과학 분야 여성들의 이례적인 여건 개선, 마지막으로 과학 분야에서 젠더가 더 이상 큰 문젯거리가 되지 않는 때를 내다보는 전망 등이다.

35년 전, MIT에 교원으로서 합류했을 때 오늘날의 대다수 젊은 여성들처럼 나는 젠더 차별은 과거의 일이겠거니 했다. 1960년대 후반과 1970년대 초반에 제정된 적극적 우대 조치(affirmative action) 법률들과 더불어 위대한 시민권 및 여성권 운동의 결과로, 대학들이 반드시 여성을 교수로 임용해야 했기에 젠더 차별은 철폐되었으리라고 여겼다. 막연한 짐작으로, 대학에 특히 자연과학 계열 분야에 여성 교원이 매우 적은 유일한 이유는 대다수 여성이 처한 기본적인 조건 때문이라고 보았다. 즉, 아이에 대한 저렴한 주간 보육 서비스나 양수 검사 또는 체외수정 등이 없던 시절에 아이를 기르는 일과 일류 과학자가 되는 일은 양립 불가능하기 때문이라고 보았다. 그렇기에 만약 여성이 기꺼이 아이 낳기를 포기하고 연구에 몰두해서 중요한 발견을 이루어 낸다면, 과학 분야에서 훌륭한 경력을 쌓는 데 남성보다 굳이 더 많은 장벽에 부딪히지는 않으리라 생각했다.

나는 전체 교원 수가 270명쯤인 MIT 이과대학에 임용된 첫 여성 교원 10명 중 한 명이었다. 다른 여성 교수들이 어떤 대우를 받는지 15년을 지켜보고 나서, 내 생각이 틀렸다는 걸 깨달았다. 알고 보니, 여성과 남성이 동등하게 중요한 발견을 해냈을 때 여성은 가치를 인정받지 못하거나 평등한 보상을 받지 못했다. 놀랍게도 또다시 5년이 지나서야 이 문제가 내게도 해당된다는 사실을 깨달았다. 그전까지만 해도 나는 예외라고 애써 확신하고 있었다. 그러나 정작 마주한 현실은 참담했다. 게다가 한동안은 젠더 편향을 이해하게 된 여성 과학자는 내가 유일한 줄 알았다. 어쨌거나 엘리트 대학에서 과학자가 되고자 분투하는 여성이 극소수였고, 성공한 여성들은 젠더 편향을 거론하지 않았으니까. 그리고 내가 그걸 깨닫기가 그렇게 어려웠으니 다른 여성들도 그러기 얼마나 어려웠겠는가?

하지만 1994년에 종신 정교수가 되자, 내 불만은 더 이상 견딜 수 없는 한계점에 다다랐다. 연구에 필수적인 공간과 기타 자원을 얻을 수 없었기 때문인데, 그런 자원은 이제 막 임용된 조교수들도 쉽게 구할 수 있는 것이었다. 바로 그 시점에서 나는 MIT의 베스트 총장에게 도움을 얻고자

써 놓았던 편지를 동료 교수 메리-루 파듀에게 읽어 봐 달라고 부탁했다. 나에게 파듀 교수는 존경스러운 모범이었다. 그간 과학자로서 뛰어난 업적을 이룬 분이었기 때문이다. 나의 걱정을 그녀와 공유한 과정은 이 이야기 전체에서 가장 중요하면서도 가장 어려운 부분이었다. 젠더 편향과 관련된 나의 곤란한 문제 제기를 그녀가 삐딱하게 여겨서 나를 나쁘게 보지 않을까 내심 불안했다. 하지만 파듀 교수는 편지를 읽고 나더니, 그걸 우리가 점심을 먹고 있던 레베카 카페의 작은 테이블 위에 내려놓고선 이렇게 말했다. "이 편지에 나도 서명하고 싶네요. 그리고 우리 함께 베스트 총장을 보러 가야 할 것 같아요." 그 순간이 내 인생을 바꾸었고 이후의 모든 일을 가능하게 만들었다. 오랜 세월 느꼈던 자기 의심, 좌절 그리고 분노가 바로 그 순간에 증발해 버렸다. 또한 바로 그 순간에 우리 둘은 진짜로 문제 해결에 나설 가능성이 있음을 함께 알아차린 것 같았다. 한 여성의 불만 제기는 쉽게 무시될 수 있겠지만, 두 여성이 불만을 제기하면 쉽게 제쳐둘 수 없는 법이다.

써 놓은 편지를 베스트 총장에게 바로 보내는 대신, 나는 그해 여름 동안 파듀 교수 및 우리 동료인 리사 스타이너(Lisa Steiner) 교수와 함께 이과대학 내 여섯 개 학과의 나머지 종신 여성 교수 열네 명에게 설문 조사를 했다. 그들도 우리가 겪었던 미묘하지만 불리한 결과를 안겨 주는 배제와 편견을 겪었는지, 그리고 만약 그랬다면 이런 문제가 더 널리 이해되도록, 그리하여 해결될 수 있도록 학교 당국에 공식화해 달라고 요청하는 데 동참할 의향이 있는지 물었다. 훗날 생각해 보니, 그것이 MIT에서 내가 했던 가장 보람찬 경험의 시작이었다. 그해 여름에 버지노 이과대학 학장에게 보내는 편지에 서명하는 데 동참한 열다섯 명의 여성 교원은 내가 과학자로 일하면서 만났던 가장 경이로운 사람들이었다. 이들은 개척자였으며, 그중 다수는 일과 삶을 종종 대단히 어렵게 만들었던 장애물에도 불구하고 과학에서 가장 높은 수준의 업적을 이루었다. 그들은 명석할 뿐 아니라, 비범한 끈기와 자립정신은 물론이고 연구에 대한 지칠 줄 모르는 열정을 두루 지니고 있었다. 우리 공동의 대의에서 가장 중요한 점을 꼽자면, 불평꾼으로 내몰리는 바람에 교수로서의 평판이 훼손될 우려를 무릅쓰고 이 여성들은 자신들을 위해, 그리고 바라건대 미래 세대 여성 과학자들을 위해 근무 환경 개선에 힘을 합치기로 했다는 것이다. 우리가 처음 만난 지 14년이 흘렀지만, 여전히 나는 이 비범한 여성들 다수와 가까운 친구 사이로 지내고 있다.

처음에 버지노 학장은 그가 1995년에 구성한 위원회에 내가 위원장이 되는 걸 바라지 않았다. 이과대학 내 여성 교원의 지위를 연구하는 과제를 맡은 위원회였는데, 그는 내가 너무 "급진적"이지 않나 우려했다. 하지만 다른 여성 교원들은 시간이 많이 소요될 이 당면 과제를 내가 기꺼이 맡으려 했다는 점을 알아차리고서는 위원장직을 전부 거절했다. 그러니 학장으로서는 나를 선택할 수밖에 없었다. 나는 곧 버지노 학장의 우려를 잠재웠다. 나는 늘 열여섯 명 여성 교원의 합의를 대표할 뿐이라는 걸 보여 주었기 때문이다. 위원회의 첫 회의가 열렸을 때, 일부 여성은 주로 수치 데이터를 획득하는 데 관심을 두었다. 하지만 다른 여성들, 특히 생태학자 페니 치솜과 생화학자 조앤 스터비는 여성들 한 명 한 명의 이야기가 젠더 차별의 본질을 해명하는 데 "숫자"만큼이나 필수적이고 유효한 형태의 데이터임을 깨달았다. 정말이지 바로 이 두 유형의 데이터가 합쳐졌기에, 학장과 총장은 젠더 편향이 우리 여성 교원들의 경력과 인생에 끼친 영향을 제대로 이해할 수 있었다.

'과학 분야 여성 교원의 지위에 관한 위원회'의 첫 위원장을 맡고 보니, 우선 남성 교원 대비 여성 교수의 상대적 지위를 평가하는 데 필요한 수치 데이터를 얻기가 어려웠다. 여성들이 우리에게 말해 준 이야기와 상황

인식의 정확성을 평가하는 데 필요한 수치 데이터도 마찬가지였다. 다행히 학장은 우리 위원회가 학내에서 영향력 있는 남성 교원 세 명을 포함시켜야 한다고 주장했다. 어느 날 그중 한 명인 당시 화학과 학과장 로버트 실비(Robert Silbey)가 나를 학장실로 데려갔다. 거기서 실비는 버지노 학장의 커피 테이블을 주먹으로 치며 학장더러 내게 관련 데이터를 건네주라고 엄포를 놓았다. 알고 보니 그 순간이 결정적인 전환점이었다. 신뢰할 만한 데이터와 더불어 모든 학문적 평가의 바탕이 되는 전문적인 자질 평가 자료는 평등을 추구하는 데 필수적이었다. 심지어 요즘도 내가 이 사안으로 초청 강연을 다니면, 이런 식의 문제 해결에 필요한 데이터 접근을 거부하는 대학 당국과 씨름하는 여성들을 만난다. 내가 보기에, 이런 식으로 관련 데이터를 비공개에 부치는 것은 실수다. 이런 실수 때문에 평교수들이 대학 당국을 불신하게 되고 대학이 젠더 평등 문제에서 빠른 진전을 이루지 못하고 만다.

버지노 학장과 우리 위원회의 협력은 매우 생산적이었다. 비록 고작 20명이 조금 넘는 교수들이 이 과정에 참여했지만, 여성들이 민감한 사안들에 공개적으로 목소리를 낸 최초의 순간이었다. 그런 사안들로는 가령, 출산에 즈음해 육아휴직이나 종신재직권 피심사 연한 연장을 신청하면 뒤따르는 오명, 해당 분야의 다른 모든 교수가 받는데도 여성만은 보조금 지급에서 제외되는 당혹감, 또는 오랜 세월 심각하게 낮은 보수를 받았다는 사실을 알았을 때의 낙담 등이 있다. 전직 물리학과 학과장 겸 노벨상 수상자로서 우리 위원회에서 일했던 제리 프리드먼(Jerry Friedman)은 우리가 알아낸 것을 가급적 빨리 글로 쓰라고 했다. 그래야 우리가 알아낸 불평등을 학장이 시정할 수 있다고 했다. 나는 그렇게 했고, 버지노 학장은 빠르게 반응했다. 최종 목표는 여성 교수들 사이에서 공정성의 감각을 회복시키고, 그들의 연구 활동을 더 용이하게 만드는 것이었다. 학장의 대처가 이 일에 관여한 여성 교원 다수에게 얼마나 소중했는지는 아무리 말해도 지나치지 않다. 그러나 버지노 학장이라는 우리의 강력한 우군이 만약 MIT를 떠나기라도 한다면, 그때까지의 성과는 쉽게 무위로 돌아가 버리고 말 것임을 우리는 잘 알고 있었다. 따라서 나는 전심전력으로 2년 동안 매주 20시간쯤 위원회 일을 했으며 150쪽의 기밀 보고서를 썼다. 또 한 가지 중요한 점을 꼽자면, 1997년에 학장은 조사를 지속하기 위한 두 번째 위원회를 구성했고, 몰리 포터(Molly Potter) 교수가 위원장을 맡았다는 것이다. 하지만 두 위원회가 알아낸 내용은 1999년까지 대다수 MIT 교원에게 비밀에 부쳐졌다.

1999년에는 우리의 활동을 알고 있었던 로트 베일린이 MIT 교원정책위원회 위원장을 맡고 있었다. 베일린은 우리가 알아낸 젠더 편향의 문제들이 과학 분야 또는 엘리트 대학에만 국한된 게 아니라는 사실을 잘 알고 있었다. 그런 문제들은 사회 속 여성의 지위가 반영된 결과였기에, 모든 고등교육에 널리 퍼져 있었다. 바로 그녀가 여성교원위원회와 학교 당국에 촉구해 우리가 거쳐 왔던 과정들과 더불어 우리가 알아낸 사실들을 요약해 대중에 공개하도록 만들었다. 이 노력이 없었더라면 MIT 내 여성 과학자의 처우는 꾸준히 개선되기가 무척 어려웠을 것이다.

내가 먼저 보고서의 공개 버전 초안을 작성했고, 포터 교수와 베일린 교수가 초고를 다듬었다. 그때 자주 인용되는 문장이 포함되었는데, 이 문장은 21세기의 차별을 이렇게 정의했다. "잘 인식되지는 않지만 영향력이 센 가정들과 태도들의 한 패턴으로서, 비록 명백한 선의임을 고려하더라도 여성에게 체계적인 방식으로 불리하게 작용한다." 내가 보고서 초안을 여성 교수들에게 보여 주고 있을 때, 베일린 교수는 그걸 버지노 학장과 베스트 총장에게 보냈다. 지금은 유명해진 베스트 총장의 다음과 같은 회신이 내 컴퓨터 화면에 뜨던 순간을 나는 결코 잊을 수 없다.

"저는 늘 이 시대의 대학 내 젠더 차별이 일부는 현실이고 일부는 의견이라고만 여겨 왔습니다. 그런데 이제야 이 문제는 의견이라기보다 훨씬 더 현실에 가깝다는 점을 깨달았습니다." 겉으로 드러나지 않은 채 수많은 세대의 전문직 여성들의 삶을 힘겹게 만들어 온 문제를 헤아리는 사람을 나는 평생 만나지 못할 줄 알았다. 더군다나 대학 총장 중에 그런 사람이 있을 줄은 더더욱 몰랐다. 그런데 이제 MIT 총장이 이 문제를 직시했다. 게다가 그는 정치적·법적 위험이 뻔한 일인데도 품위 있고 용감하게 문제를 시인했다. 버지노 학장도 강력한 지지 발언을 보탰다.

베일린이 위에서 기술했듯이, MIT 보고서는 결국 《보스턴 글로브》와 《뉴욕 타임스》의 1면을 장식했다. 몇 주 후, 나는 백악관에 가 있었다. 원래 버지노가 동행하기로 했으나 비행기가 취소되는 바람에 나 혼자 가게 되었다. 클린턴 대통령 내외는 나와 악수하며 "국가를 대신해 감사드린다"라고 말했다. 두 사람 모두 연설을 통해 다른 기관들도 MIT의 선례를 따라 자체 내부 데이터를 깊이 있게 들여다봐야 한다고 강조했다. 몇 시간 뒤 완연한 봄날에 비행기를 타고 집으로 돌아오며 나는 꿈인지 생시인지 확인하려 내 팔을 꼬집어 보아야 했다. 정말로 이런 일이 일어난 것일까? 5년 전만 해도 거의 비밀리에 모여 활동하던 이과대학의 종신직 여성 교수들이 이제는 미국 대통령의 공개적인 지지를 받는 등 전국적인 주목을 받게 되었다.

MIT 보고서가 《뉴욕 타임스》의 1면에 대문짝만 하게 실린 후에 내게는 이메일, 주로 고마움을 표하는 여성들이 보낸 이메일과 언론의 취재 요청이 쏟아져 들어왔다. 1년 반 동안 매주 적어도 닷새를 기자들과 대화했는데, 매일 여러 명의 기자를 상대한 적도 자주 있었다. 그리고 심지어 거의 10년이 지난 지금에도, 대체로 관련 사안에 대한 정보나 내 의견을 구하는 요청을 적어도 매주 한 번은 받는다. 나는 언론 기사의 질에 큰 감명을 받았으며, 이 사안을 대중에게 신속하게 교육한 것은 언론의 공적이라고 믿는다. 한 기자는 내게 사건 초반의 부수적인 혜택 하나를 이렇게 알려 주었다. "우리가 없었더라면 교수님은 아마 지금쯤 살아남지 못했을 겁니다." 이 말은 두 가지 사실을 가리킨다. 하나는 일부 동료들이 MIT 보고서를 아마도 이해하지 못했거나 가치 있게 여기지 않았을 것이라는 점, 다른 하나는 기자의 짐작으로 일어났을 법한 우파의 분노와 반발이다. MIT 보고서가 만천하에 공개되는 바람에 내가 그런 반응들로부터 어느 정도 보호를 받았다는 점에서 그의 말은 일리가 있었다. 하지만 나에게 가장 흥미로웠던 것은 백 군데가 넘는 학술 기관에서 이 사안을 주제로 강연했을 때 만난 여성들이었다. 이 여성들은 자신들의 이야기를 시작하곤 했다. 나는 듣기도 전에 그녀들이 무슨 말을 하려는지 알 수 있었다. 왜냐하면 학문 분야와 소속 기관을 막론하고 편향의 경험들은 엇비슷했기 때문이다.

여성 과학자에 대한 젠더 평등 면에서 우리는 얼마나 진전을 이루었을까? 그리고 앞으로 얼마나 더 이루어야 할까? 최근에 나는 버지노 학장에게 우리가 보냈던 1995~1996년 보고서를 다시 읽었다. 마치 100년 전에 작성된 보고서처럼 느껴졌는데, 그 후로 엄청나게 많은 변화와 발전이 있었기 때문이다. 기본적으로 우리 위원회가 제시한 모든 권고안들(그중 대다수가 당시로선 급진적으로 보였던 내용들이었다)이 통과되었을 뿐 아니라, MIT에서 그리고 정말이지 미국의 많은 대학에서 제도화되었다. 아마도 가장 중요한 점을 꼽자면, 이 사안을 공개적으로 논의할 수 있게 되었다는 것이다. 이로써 많은 여성이 겪었던 고립과 좌절로 점철된 고통스러운 세월은 끝났다. 또한 굉장히 의미심장하게도 여성 교수들이 대학 본부 내의 고위직에 임명되었는데, 그중에는 오늘날의 MIT 총장도 포함된다. 그 결과 대다수 여성 교원은 이제 학내 시스템이 어떻게 작동하는지 숙지하고 있다.

하지만 이런 성취에도 불구하고, 내 생각엔 아직 성공하지 못한 분야가 두 가지다. 첫째, 여성 교원 수가 여전히 적다. 왜 그런지, 그리고 이게 얼마나 중요한지 나도 분명히 알지는 못한다. 하지만 이 문제는 지속적으로 진지하게 분석되고 관심을 받을 가치가 있다. 둘째, 더 중요한 문제는 여성의 주변화(marginalization)가 여전히 벌어지고 있다는 점이다. 우리가 1995년 보고서에 담았던 내용인데, 이는 전문 직업인인 여성에게 손해를 끼치고 심리적으로 좌절하게 만든다. 이 문제를 해소하기 어려운 것은 베일린이 애초에 내게 가르쳐 주었듯이, 우리 사회 내 여성의 지위를 고스란히 반영하기 때문이다. 어쩌면 우리는 2008년 기준으로 미국에 여성 대통령이 없었다는 사실보다 하버드대학교 수학과에 종신 여성 교수가 없었다는 사실을 더 우려해야 한다(MIT 수학과에도 고작 4명뿐이다). 여성이 이런저런 업적을 이루었다는 소식이 더 이상 신문의 1면 기사를 차지하지 않을 때라야, 의회의 여성 의원 수가 미국의 여성 수를 반영할 때라야, MIT 여성 교원의 수가 우리가 가르치는 여성 학생의 수를 더 가깝게 반영할 때라야, 그리고 여성과 남성이 젠더와 무관하게 직업적으로 서로를 대할 수 있을 때라야 우리는 평등을 이루게 될 것이다. MIT가 이 목표를 선도하는 역할을 앞으로도 계속해 나가기를 바란다.

수전 혹필드

그들의 결정들이
미래의 MIT를 만들 것이다

MIT 설립 150주년을 목전에 두고서, 이 대학의 독보적인 면모와 잊을 수 없는 지난 업적들로 볼 때 누구든 이 대학의 역사가 줄곧 굴곡 없이 순 탄했으며 필연적으로 성장 일변도의 길을 걸었으려니 하고 여길지 모르 겠다. 그러나 이 책의 각 장은 더욱 풍부하고 복잡한 이야기들을 드러낸 다. 지금 뒤돌아보면 단순하고 명백해 보였던 선택들이 당시에는 위기의 순간, 진퇴양난의 상황, 그리고 올바른 길을 찾으려는 투쟁처럼 보였다. 그런 도전 과제들에 독창성과 대담한 실험 정신으로 대응하면서 MIT 공 동체는 차츰 지금 우리가 아는 우리 대학의 모습을 일구어 왔다.

이 역동적인 유산을 물려받아, 우리는 스스로 내린 중요한 결정들과 마 주하면서 MIT의 150주년이라는 역사에 다가간다. 다행히도 이 책에서 설명한 결정적 선택들에서 몇 가지 중요한 교훈이 등장한다. 그중 적어 도 두 가지가 특히 두드러진다. 첫 번째로 MIT의 설립 이상이 주효했다 는 점이다. 가령, 대학을 설립할 때 설립자 윌리엄 바턴 로저스는 근본적인 과학 원리들과 손수 해 보는 실험을 "세부적인 내용과 여러 기술적 조작법 익히기"보다 선호했다. 수십 년이 지나서, 이 이상을 고수한 덕분에 MIT는 산업계를 위한 직업훈련학교로 전락할 위험에서 벗어났다. 마찬가지로 로저스는 사회에 봉사한다는 사명을 매우 중요시했다. 이 근본적인 가치관 덕분에 MIT는 제2차 세계대전 동안과 그 후에도 사회에 중대한 공헌을 할 수 있었다.

두 번째 교훈은 매우 선진적인 연구 활동에서와 마찬가지로 각종 제도를 구상하는 데서도 MIT는 새로운 경지를 개척해 나가야 한다는 것이다. 이 책에서 요약한 MIT 역사의 제도적 선택들은 MIT에서, 그리고 MIT를 위해 이루어졌다. 하지만 MIT의 위상과 영향력 때문에 MIT에 결정적인 역할을 했던 여러 순간은 역사적으로 더 거시적인 궤적 또한 만들어 냈다. MIT 모델, 즉 1940년대에 형성된 연방 자금 지원을 받는 연구중심 대학이라는 이 모델은 미국의 안보, 건강, 혁신, 번영에서 역사적인 발전을 이루는 기폭제가 되었다. 1960년대 이후로는 핵심 연구 과제들을 공략하는 수단으로서 MIT가 기업들과 과감한 산학협력 관계를 맺음으로써 교수와 학생의 연구 활동이 촉진되었고, 전국의 여러 대학이 MIT를 따라 경제성장의 엔진 역할을 하는 데 일조했다. 그리고 1990년대에는 부주의하게도 여성 과학자들에게 불이익을 준 대학 운영 방식을 공개적으로 인정하고 해결하기 위해 노력함으로써, MIT는 미 전역에 걸쳐 중대한 대화의 장을 열어젖혔다.

오늘날 MIT는 일련의 중대한 질문들과 마주하고 있다. 학생들을 교육할 때 우리의 물리적 캠퍼스를 가상의 자원(virtual resources)과 어떻게 통합시킬지에서부터 어떻게 전 세계의 문제에 제도적으로 개입할지에 이르기까지 다양한 문제들이 놓여 있다. 지난 시절에 그랬듯이 우리는 개교 초창기의 원칙들이라는 시금석으로 돌아가, 새로운 프런티어를 개척하려던 설립자의 굳건한 의지에서 영감을 찾는다. 가령 2006년 MIT는 지속 가능한 에너지라는 전 지구적 문제를 공략하는 데 인재와 자원을 역사적인 규모로 쏟기로 했다. 이렇게 해서 출범한 MIT에너지이니셔티브(MIT Energy Initiative)는 기초 연구와 제약받지 않는 실험 정신의 중요성, 실제 현장에서의 학습을 강조하는 태도, 그리고 사회에 이바지하는 정신(설립자 로저스가 고취한 가치들)을 우리가 지금도 변함없이 중요하게 여기고 있음을 고스란히 드러낸다. MIT에너지이니셔티브는 기초 및 응용 연구에서 새로운 프런티어를 추구할 뿐 아니라, 여기서 나온 최종적인 에너지 정책 보고서들은 국가적 논의의 기틀을 마련하며, 아울러 새로운 세대의 에너지 개척자들을 위한 야심 찬 교육 기준을 정의해 준다.

MIT는 1961년까지만 해도 공식적인 대학 아카이브가 없었다. 바로 그해에 MIT 설립 100주년을 맞아, 우리 대학 구성원들이 만들어 낸 중요하고도 여전히 유효한 공헌들을 더 제대로 평가해야 한다는 인식이 제고되었다. 만약 이 책에서 설명한 결정의 순간들이 다른 식으로 전개되었더라면, 지금 우리는 150주년 기념식을 축하할 준비가 되어 있지 않았을지도 모른다. 이번에 MIT 150주년을 준비하면서 새삼 우리는 우리가 지금 내리고 있는 결정들에 결부된 무거운 책임감을 느낀다. 과거의 결정들이 지금의 MIT를 만들었듯이, 지금의 결정들이 미래의 MIT를 만들 것이기 때문이다.

그레이 하우스

케임브리지, 매사추세츠

로트 베일린은 MIT 슬론경영대학원의 경영학 교수이자 토머스 윌슨(Thomas Wilson, 1953년) 경영학 명예교수다. 1997~1999년에 그녀는 MIT 교수진 의장을 역임했으며, 1995~1997년에는 래드클리프(Radcliffe)의 공공정책연구소[1]에서 마티나 S. 호너(Martina S. Horner) 객원석좌교수로 있었다. 베일린은 직장의 근무 조건에 관한 권위자로서, 특히 그런 조건이 기술 및 관리 전문 직종 종사자들의 경력과 삶에 끼치는 영향을 주로 연구한다. 구체적인 연구 분야는 조직 관행과 피고용인의 개인 생활과의 관련성인데, 특히 기업 조직과 학계에서의 젠더 평등을 중점적으로 다룬다. 최근에 완료된 '교수진 인종과 다양성에 관한 MIT 이니셔티브(MIT Initiative on Faculty Race and Diversity)' 연구 활동에서 주요 연구자로 참여했다. 출판물은 다음과 같다. 《틀을 부수기: 새로운 업계에서 여성, 남성 그리고 시간(Breaking the Mold: Women, Men, and Time in the New Corporate World)》(Free Press, 1993), 이 책의 전면 개정판인 《틀을 부

수기: 생산적이고 만족스러운 삶을 위한 업무 재설계(Breaking the Mold:
Redesigning Work for Productive and Satisfying Lives)》(Cornell, 2006), 그리고
공저자로 참여한《일-가족 균형을 넘어서: 젠더 평등과 직장 성과를 향상
시키기(Beyond Work-Family Balance: Advancing Gender Equity and Workplace
Performance)》(Jossey-Bass, 2002) 등이 있다.

데버라 더글러스는 MIT박물관의 과학과 기술 큐레이터(Curator of Science
and Technology)다. 또한 미국국립항공우주박물관(National Air and Space
Museum), NASA 랭글리연구센터(NASA Langley Research Center) 그리고
케미컬헤리티즈재단(Chemical Heritage Foundation)에서도 직책을 맡아 왔
고, 올드도미니언대학교(Old Dominion University)의 겸임조교수로서 학
생들을 가르쳤다. 더글러스는 다양한 MIT 관련 과학과 기술 주제들에 관
한 전시회를 스무 건 큐레이션했는데, 그중에는 "정신과 손: MIT 과학자
와 공학자 만들기"도 있었다. 또한 2011년에 열린 MIT의 150주년 기념
전시도 큐레이션했다. 항공우주 역사의 전문가인 그녀는《1940년 이후
미국 여성과 비행(American Women and Flight since 1940)》(University Press of
Kenturck, 2004)의 저자이며, 아울러 여러 논문, 기사 및 리뷰를 썼다.

존 듀런트는 케임브리지대학교에서 자연과학과 과학사를 전공했다.
대학 평생교육기관에서 (처음에는 웨일스에 있는 스완시대학교(University of
Swansea)에서, 그다음에는 영국의 옥스퍼드대학교에서) 십 년 이상을 보낸 후,
1989년에는 런던 과학박물관에서 부관장 겸 과학 커뮤니케이션 책임
자로 임명되었고, 아울러 런던정경대학의 '대중의 과학 이해' 담당 교수
(Professor of Public Understanding of Science)로 임명되었다. 2000년에는 영
국 서부의 신생 독립 과학센터인 앳브리스톨(At-Bristol)의 최고 책임자

직책을 맡았다. 2005년에는 MIT로 건너와서 MIT박물관 관장 겸 과학 프로그램(Program in Science)의 겸임교수를 맡고 있다. 듀런트는 대중의 과학과 기술 참여라는 학제간 분야에서 연구, 강의 및 현장 활동에 적극적으로 참여하고 있다.

수전 혹필드는 2004년 12월부터 MIT의 16대 총장을 맡아 왔다. 뇌 발달을 전문적으로 연구해 온 저명한 신경과학자이며, 아울러 뇌인지과학과의 교수로 임명되었다. 그녀가 총장으로 재직하는 동안 MIT는 물리학과 생물학에서뿐 아니라 공학에서의 장점을 십분 활용해 암에서부터 자폐, 나아가 에이즈(AIDS)까지 여러 주제에 관한 혁신적인 학제간 연구 성과를 내놓았다. 또한 그녀는 교수진이 이끈 MIT에너지이니셔티브를 옹호했는데, 이것은 지속 가능한 에너지라는 전 지구적 문제를 해결하기 위한 선구적인 학제간 연구, 정책 및 교육을 지원한다. 여기서 나온 에너지 정책의 핵심 분야들에 관한 최종적인 보고서들은 미 전역에서 일어난 토론 활동의 기틀이 되었다. 혹필드는 또한 MIT가 중국과 인도에서부터 유럽과 중동에 이르기까지 연구와 교육의 국제적 참여를 강화하는 데 일조했다. MIT에 오기 전에는 예일대학교에 있었다. 1985년에 그 대학의 교수진에 합류했고, 이후 신경생물학과의 윌리엄 에드워드 길버트 교수직(William Edward Gilbert Professor of Neurobiology)에 올랐다. 예일대학교에서 혹필드는 영향력 있는 혁신적 선구자로 등극해, 우선 문리학대학원(Graduate School of Arts and Sciences)의 학장이 되었다가 이후 교무처장이 되었다. 로체스터대학교에서 생물학 석사 학위를 받고 나서 조지타운대학교의 의과대학원에서 박사 학위를 취득했다. 혹필드는 샌프란시스코에 있는 캘리포니아대학교에서 NIH 박사후과정 연구원을 지냈고, 이후 콜드스프링하버연구소의 연구진에 합류했다.

낸시 홉킨스는 MIT의 암젠 생물학 교수(Amgen, Inc. Professor of Biology)다. 미국국립과학원 회원, 미국예술과학아카데미(American Academy of Arts and Sciences) 연구원, 미국국립학술원(National Academies of Sciences, Engineering, and Medicine) 산하의 의학연구소(Institute of Medicine)[2] 연구원을 지냈다. 홉킨스는 1964년에 래드클리프칼리지에서 석사 학위를 받았으며, 1971년에 하버드대학교에서 분자생물학 및 생화학 박사 학위를 받았다. 학부생일 때 그녀는 DNA의 공동 발견자인 제임스 D. 왓슨의 강연을 듣고 감명받아 과학자가 되기로 결심했다. 1974년에 홉킨스는 조교수로 MIT 교수진에 합류해, 오늘날엔 MIT의 코크통합암연구소(Koch Institute for Integrative Cancer Research)로 알려진 곳에서 근무했다. 홉킨스의 연구실은 제브라피시를 모델 생물로 사용해 초기 척추 발생에 필수적인 유전자들의 주요 부위를 탁월하게 식별해 내는 것으로 유명하다. 오늘날 그녀의 연구실은 유전 변이가 제브라피시를 암에 잘 걸리게 만드는 기제를 연구한다. 홉킨스는 MIT의 모든 학부생이 받아야 하는 첫 1학년 생물학 교과를 공동 개발하고 가르쳤다. 1995년에는 첫 과학대학 여성교수진위원회의 의장으로 임명되었다. 2000년에 홉킨스는 로버트 브라운 교무처장과 함께 교원다양성협의회의 공동 의장으로 임명되었고 학사협의회에서도 활동했다.

데이비드 카이저는 게르메스하우젠 과학사 교수(Germeshausen Professor of History of Science)이자 과학, 기술 및 사회에 관한 MIT 프로그램의 책임자이며, MIT 물리학과의 조교수다. 하버드대학교에서 물리학 박사 학위와 과학사 박사 학위를 취득했다. 카이저는《이론들을 떼어 놓기: 전후 물리학에서 파인만 다이어그램의 확산(Drawing Theories Apart: The Dispersion of Feynman Diagrams in Postwar Physics)》(University of Chicago Press,

2005)의 저자다. 상을 받은 이 책은 양자물리학에 관한 리처드 파인만(Richard Feynman)의 독특한 접근법이 어떻게 주류가 되었는지를 추적한다. 그가 편집한 책들에는《교육학 그리고 과학의 실행: 역사적이고 현대적인 관점들(Pedagogy and the Practice of Science: Historical and Contemporary Perspectives)》(MIT Press, 2005) 등이 있다.《히피가 어떻게 물리학을 구했는가: 과학, 반문화 그리고 양자 부활(How the Hippes Saved Physics: Science, Counterculture, and the Quantum Revival)》(W. W. Norton)이 2011년에 출간되었다. 현재《미국 물리학과 냉전 버블(American Physics and the Cold War Bubble)》(University of Chicago Press)의 집필을 마무리하고 있다. 그의 연구 업적은《사이언스》,《하퍼스(Harper's)》,《사이언티픽 아메리칸(Scientific American)》, 노바(NOVA) 텔레비전 프로그램, 미국국립공영라디오(National Public Radio)의《사이언스 프라이데이(Science Friday)》와 같은 매체에서 다루어졌다. 그는 미국물리학회(American Physical Society), 미국과학사학회(History of Science Society), 영국과학사학회(British Society for the History of Science) 그리고 MIT 등에서 상을 받았다. 또한 하버드대학교와 MIT에서 여러 건의 우수 강의상을 받았다.

크리스토프 레퀴에는 파리 고등사범학교(École Normale Supérieure) 졸업생으로서, 스탠퍼드대학교에서 역사학 박사 학위를 받았다. 스탠퍼드대학교와 버지니아대학교에서 가르쳤으며, 현재 캘리포니아대학교의 수석 경제분석가다. 전자공학, 계측 및 하이테크 제조업의 역사에 관해 집중적으로 글을 썼다. 저서로는《실리콘밸리 만들기: 하이테크의 혁신과 성장(Making Silicon Valley: Innovation and the Growth of High Tech, 1930-1970)》(MIT Press, 2006)과《마이크로칩의 제작자들: 페어차일드 반도체의 다큐멘터리 역사(Makers of the Microchip: A Documentary History of Fairchild

Semiconductor)》(MIT Press, 2010)가 있다.

스튜어트 W. 레슬리는 1981년부터 존스홉킨스대학교에서 과학과 기술의 역사를 가르치고 있다. 출간한 책으로는 제너럴모터스의 중역이자 엔지니어인 찰스 케터링(Charles Kettering)의 전기인《보스 케터링(Boss Kettering)》(Columbia University Press, 1983)과 전후 기간에 미국의 과학 및 공학 교육에 대한 연구서인《냉전과 미국 과학: MIT와 스탠퍼드의 군-산업-대학 복합체(The Cold War and American Science: The Military-Industrial-Academic Complex at MIT and Standford)》(Columbia University Press, 1993)가 있다. 레슬리는 미국과 해외의 과학 분야들의 성장과 몰락에 대해, 그리고 개발도상국에서 미국의 과학 및 공학 교육 모델을 따라 하려는 노력에 관해 집중적으로 글을 썼다. 현재 집중하고 있는 연구 주제는 연구실 설계와 건축의 역사다. 일례로 현대과학의 건축가들(The Architects of Modern Science)이라는 제목의 큰 프로젝트의 하나로 아이 엠 페이(I. M. Pei), 루이스 칸(Louis Kahn) 및 에로 사리넨(Eero Saarinen)의 작품을 연구하고 있다.

브루스 싱클레어는 캘리포니아대학교 버클리에서 학부 과정을 마쳤고, 전공은 역사학이었다. 델라웨어대학교(University of Delaware)의 해글리 펠로우(Hagley Fellow)로서 기업 역사에 관심을 갖게 되었고, 이후 메리맥밸리텍스타일뮤지엄(Merrimack Valley Textile Museum)의 창립 관장으로 활동했다. 멜빈 크랜즈버그(Melvin Kranzberg)가 케이스인스티튜트(Case Institute)에서 마련한 기술사에 관한 새로운 대학원생 프로그램에서 박사 학위를 받았다. 이후 처음으로 캔자스주립대학교(Kansas State University)에서 가르쳤고, 그 후 이십 년 동안 토론토대학교(University of

Toronto)에서 가르쳤다. 토론토대학교에서는 '과학기술의 역사와 철학 연구소(Institute for the History and Philosophy of Science and Technology)' 소장을 맡았다. 조지아공과대학교(Georgia Institute of Technology)가 기술사 분야의 멜빈 크랜츠버그 교수직을 신설했을 때, 싱클레어가 첫 번째로 그 자리에 임명되었다. 그가 행한 연구와 쓴 글의 대다수는 기술 교육과 공학의 제도적 역사를 집중적으로 다루었다. 그의 첫 저서인 《필라델피아의 철학자 역학: 프랭크연구소의 역사, 1824~1865(Philadelphia's Philosopher Mechanics: A History of the Franklin Institute, 1824-1865)》(Johns Hopkins University Press, 1974)는 미국기술사학회(Society for the History of Technology)에서 덱스터상(Dexter Prize)을 받았다. 또한 그는 미국기계공학자학회(American Society of Mechanical Engineers)의 역사를 썼고, 캐나다 기술사를 편집했으며, 아프리카계 미국인과 그들의 기술 경험에 관한 논문집을 편집했다. MIT와 하버드대학교 사이 얽히고설킨 관계에 큰 매력을 느껴 이 책에서 한 장을 쓰게 되었다. 싱클레어는 미국기술사학회(Society for the History of Technology)의 회장을 지냈는데, 이곳은 나중에 그에게 레오나르도다빈치상을 주었다. 분별력 있는 생활 태도와 달리, 오래된 나무 보트라면 사족을 못 쓴다.

메리트 로 스미스는 MIT의 과학, 기술 및 사회 프로그램(Program in Science, Technology, and Society)을 담당하는 커튼(Cutten) 기술사 교수로서, 역사학 교수진에 속해 있다. 주 연구 분야는 1790년대부터 제1차 세계대전까지 미국 제조업과 산업 전반이다. 여섯 권을 혼자 혹은 다른 사람과 함께 썼는데, 가장 최근의 책은 《미국을 발명하기: 미합중국사(Inventing America: A History of the United States)》(2nd ed., W. W. Norton, 2006)다. 학계의 주요 직책을 맡고 상도 많이 받았는데, 다음과 같다. 미국기술사학회 회장 역임, 미국역사학자협회(The Organization of American Historians)와 과학사학회에서 받은 도서상, 스미소니언연구소(Smithsonian Institution)에서 받은 리젠트 장학금(Regent Fellowship), 기술사학회에서 받은 레오나르도다빈치상, 그리고 미국예술과학아카데미, 미국과학진흥협회(American Sssociation for the Advancement of Science) 및 매사추세츠역사학회(Massachusetts Historical Society)에 선출된 회원. 현재 그는 남북전쟁 시기의 기술과 그 영향에 관한 책을 집필 중이며, 곧 출간될《산업혁명을 재개념화하기(Reconceptualizing the Industrial Revolution)》(MIT Press)의 공동 편집자다. 기술사에 관한 존스홉킨스대학교 출판부의 시리즈 도서를 편집할 뿐 아니라, 토머스 앨바 에디슨 논문 프로젝트(럿거스대학교(Rutgers University))의 국가자문위원회, 미국정밀기계박물관(American Precision Museum) 및 대중 텔레비전 시리즈인《아메리칸 익스피어리언스(The American Experience)》에서도 활동한다.

MIT 모델의 본의

들어가며

오늘날 전 세계의 수많은 과학기술특성화대학이 이른바 'MIT 모델'을 따라 운영되고 있다. 1943년 MIT를 졸업한 멕시코의 엔지니어 에우헤니오 가르사 사다(Eugenio Garza Sada)는 자신의 모국에 모교 MIT와 같은 학교, 즉 몬테레이공과대학(Tecnológico de Monterrey)을 설립하는 데 성공했다. 1947년 영 제국으로부터 독립한 인도는 1950년 인도의 MIT, 즉 인도공과대학(Indian Institute of Technology)을 창건하고 엘리트 공학 교육에 나라의 미래를 걸었다. 멀리 갈 것 없이 대한민국의 한국과학기술원(이하 KAIST)도 MIT 모델에 지대한 영향을 받은 것으로 알려져 있다.

• KAIST 과학기술정책대학원 교수. 고려대학교 사학과에서 학사 및 석사 학위를, 하버드대학교 과학사학과에서 박사 학위를 받았다. 포항공과대학교에서 인문사회학부 교수 및 박태준미래전략연구소 부소장으로 재직했다. 과학사학, 과학기술학(STS), 과학기술정책학을 교차시키며 현대 중국 과학을 연구하고 있다.

KAIST(더 정확히 말하면 그 전신인 한국과학원(KAIS))의 창립을 주도했던 정근모는 MIT 핵공학과에서 연구교수로 재직하며 MIT의 모델을 가까이서 관찰한 바 있다. 나아가 2006~2013년 KAIST 제13·14대 총장으로 재임했던 서남표는 MIT 기계공학과에서 학사 및 석사 학위를 취득했고, 모교 해당 학과에서 오랜 세월 교수로 재직하다가 은퇴 후 대전으로 왔다. 그 밖에도 교명에 'Technology'가 담긴 세계 곳곳의 대학들 가운데, 오히려 직간접적으로 MIT 모델의 영향을 받지 않은 대학을 찾기가 더 어려울 지경이다. MIT는 과학기술특성화대학, 또는 이공계 연구중심대학의 원형(archetype)이다.

과학기술사 및 과학기술정책을 연구하고 있는 내가 보기에, 이러한 전 세계 대학의 'MIT 배우기'에는 한 가지 두드러진 패턴이 있다. 바로 MIT 바깥에서 MIT를 '복제'하려는 수많은 인물 각각이 생각하는 MIT의 내용과 의미가 모두 다르다는 점이다. 이 현상에 대해서는 몇 가지 해석이 가능할 것 같다. 첫째, 본디 영향력 있는 '원형'이나 '모델'은 해석적 유연성(interpretative flexibility)을 품어야 한다. 역설적이게도 다양한 변용과 해석의 여지가 없는 모델은 널리 퍼져 나갈 수 없는 법이다. 마찬가지로 MIT 모델이라는 것도 협소하고 엄격하게 정의된 교육 및 연구 제도의 총합이라기보다, 다양한 시공간에서 '우리만의 MIT 만들기'를 추진하려는 사람들에게 일종의 '열린' 영감의 원천으로서 작용해 온 측면이 크다. 둘째, 일종의 '상상된(imagined)' 모델임과 동시에, MIT는 또한 매사추세츠주 케임브리지시에 실존하는 역사적 기관으로서 그 자신도 시대의 변화에 따라 끊임없이 변화해 왔다는 점을 특기할 수 있다. 따라서 어떤 인물이 과거 어느 특정 시점에서 MIT를 직접 경험한 후 그를 바탕으로 케임브리지를 떠나 다른 장소에서 MIT와 유사한 대학을 만들고자 할 때, 이 인물이 기억하고 이야기하는 MIT의 모습은 이미 과거가 되어 버렸을 수 있다. 이러한 이유로 '모델로서' MIT는 다분히 미끄러운 대상이며, 누군가가 자신 있게 묘사하는 MIT란 대체로 MIT 모델의 진정한 본의(本義) 또는 총체라기보다 그 일면에 불과할 때가 많다.

그럼에도 MIT 모델은 꾸준히 회자되고 소환되고 소비될 것이다. 그렇다면 불완전하게라도, 불가능할지라도 MIT 모델의 본의와 총체를 제대로 알고자 노력하는 일은 유의미한 작업이 될 것이다. 이 작업은 곧 최대한 MIT의 어느 '일면'이 아닌 '다면'을, 어느 한 시점의 고정된 '점'으로서의 MIT가 아니라 장구한 역사 속에서 발전을 거듭해 왔던 변화무쌍한 '선'으로서의 MIT를 이해하려는 시도다. 그리고 역사적 실체로서 MIT의 물리적 현장에서 오래도록 생활해 온 당사자들이 이러한 작업을 수행했다면, 그 결과물은 응당 참고되고도 남음이 있다. 따라서 내가 판단하기로, 이 책《MIT가 MIT가 되기까지》는 한국어 사용자들, 한국 대학의 현재와 미래를 짊어진 사람들이 이런 '앎'을 추구하는 데 최선의 텍스트다. 이 책의 번역 출판과 이 해제가 부디 한국의 과학기술특성화대학과 여타 연구중심종합대학의 발전에 시사하는 바가 있기를 희망하며, 이하에서는 책이 그려 내고 있는 MIT 모델의 (최대한의) 본의를 해설하고자한다.

건학 이념과 초창기의 난관:
기술 특화 대학으로서의 MIT

MIT는 1861년 4월, 남북전쟁이 발발할 즈음 지질학자 윌리엄 바턴 로저스(William Barton Rogers)에 의해 설립되었다. '멘스 엣 마누스(Mens et Manus, 정신과 손)'라는 모토가 상징하듯, 로저스가 내건 MIT의 교육 철학은 이론 지식과 실천적 기술의 결합이었다. 이는 당시 미국 고등교육의 지형에서 대단히 급진적인 선언이었다. 로저스는 순수과학의 원리를 산업 현장에 적용하는 '새로운 교육(New Education)'을 구상하면서, 학생들이 강의실에서 배운 이론을 실험실과 작업장에서 직접 검증하는 교과과정을 설계했다. 이러한 비전은 오늘날의 시점에서 보면 자명한 것처럼 여겨지지만, 19세기 중반 고전학(classics)과 자유학예(liberal arts)가 고등교육의 본령으로 여겨지던 시대에 과학과 기술을 중심으로 하는 실용적 교육기관을 표방한다는 것은 자칫 지적 열등성의 낙인을 자초할 수 있는 일이었다.

실제로 MIT의 초기 역사는 안팎의 난관으로 점철되어 있었다. 우선 구성원들이 알게 모르게 내재화했던 문화적 열등감의 문제가 있었다. 이웃 하버드대학교를 위시한 동부 명문 대학들은 초창기의 MIT를 하나의 '대학(university)'으로 동등하게 인정하기보다는 '직업학교(vocational school)'나 '기술 특성화 학교(polytechnic school)'라며 깎아내렸다. 자신들의 기술과 교육 철학에 대한 자긍심이 높았던 MIT 구성원들은 이러한 시선이 유복한 식자층의 엘리트주의의 발로라고 맞대응했지만, 그들도 자신들의 모교가 인류 정신문화의 정수를 제대로 교육하는 기관이라고 생각하지는 않았다. 이러한 가운데 1904년, 1905년, 1912~1917년에 MIT가 하버드의 공과대학으로 흡수·합병될 뻔했던 상황이 펼쳐졌다. 이를 저지하기 위해 MIT 교직원과 동문은 법정 투쟁까지 불사해야 했는데, 이것이야말로 초기 MIT의 제도적 불안정성과 정체성의 위기를 여실히 드러낸다.

독자적 기관으로서 존립 자체가 불확실했던 MIT를 반석 위로 올렸던 최초의 성과들은 수리물리학자 리처드 매클로린이 총장으로 재임하던 시기(1909~1920)에 이루어졌다. 매클로린 총장과 그가 이끄는 대학 지도부는 수완을 발휘해, 1916년 보스턴 백베이의 옛 캠퍼스를 떠나 케임브리지 켄달스퀘어 일대의 새 부지로 대학을 이전했다. 또한 제1차 세계대전 전후의 경제 위기 속에서 매클로린은 이른바 '테크 플랜(Technology Plan)'이라는 파격적인 산학협력 체제를 구축해 기업으로부터 막대한 연구비와 재정 지원을 끌어냈다. 그러나 이 과정에서 대기업들에 너무 많은 특혜를 제공했던 것이 문제가 되기도 했다. MIT가 지나치게 산업계에 의존하며 사실상 기업의 부속 연구소로 전락하고 말았다는 내부 구성원들의 비판이 잇따랐다. 매클로린 시대의 성취는 균형 잡힌 산(産)과 학(學)의 관계 설정이라는 난제를 남겼다.

기초과학과 인문교육의 강화:
'대학다운 대학'의 폭과 깊이를 추구한 MIT

MIT는 직업학교라는 오명과 산업자본에의 종속이라는 굴레를 어떻게 스스로 극복할 수 있었을까? 이 책이 제시하는 역사의 해답은 기초과학과 인문학·사회과학의 교육 및 연구 역량을 강화함으로써 명실공히 진정한 '대학'으로 거듭나는 길에 있었다. 결정적 전환점은 1930년 물리학자 칼 콤프턴(Karl Compton)의 총장 취임이었다. 콤프턴은 학부 교과과정을 대대적으로 개편해, 첫 2년 동안 수학, 물리학, 화학, 영어, 역사 등 기초 교과에 집중하도록 했다. 더불어 물리학을 위시한 기초과학 분야의 연구 역량을 제고하기 위해 우수 교원을 다수 초빙하고 이스트만 연구동 등 첨단 연구 시설을 신설했다. 그 결과 MIT는 학부 중심의 교육 기능과 대학원 중심의 연구 기능을 동시에 강화해, 이른바 '연구중심대학(research

• 콤프턴 총장 취임 이전부터 일찍이 MIT가 산업계의 의존도를 줄이고 기초과학을 더 강화해야 한다고 주장했던 아서 노이스(Arthur Noyes)는 결국 뜻을 이루지 못하고 학교를 떠났다. 그는 자신의 이상을 캘리포니아공과대학교(Caltech)에서 이루게 된다. 대체로 MIT보다 더 기초과학이 중시되는 기관이라는 평가를 받는 칼텍의 역사와 미래 전략에 대해서는 별도의 기획을 통해 한국에 소개할 수 있기를 희망한다. 한편 '연구중심대학'의 개념과 그 역사에 대해서는 다음을 보라. 윌리엄 C. 커비 지음, 임현정 옮김, 이종식 감수·해제,《지성의 제국: 현대 연구중심대학의 세계사》, 빨간소금, 2026.

university)'으로 체질 개선에 성공했다.[•]

한편, 제2차 세계대전 이후 MIT는 대학의 미래 발전을 위한 각종 조사와 연구를 수행할 루이스위원회(Lewis Committee, 1947~1949년)를 조직했다. 루이스위원회는 MIT가 한 단계 더 도약하기 위해서는 인문학·사회과학 프로그램의 강화가 필수불가결하다는 인식을 교내 구성원들에게 제시했다. 이 위원회의 권고에 따라 대학 본부는 1950년 강력한 인문사회과학대학(School of Humanities and Social Sciences)을 설립했다. 이는 MIT가 이공계에만 특출난 대학이기를 넘어 과학, 기술, 인문 문화가 공존하는 종합적 고등교육 및 연구 기관으로 거듭나려는 자기 쇄신의 의지를 천명하는 것이었다. 이런 변화는 로저스가 세운 '멘스 엣 마누스'의 건학 이념에서 벗어난 것인가, 아니면 오히려 그 이념의 완성인가? 이 책은 후자의 해석에 무게를 실어 준다.

국가, 전쟁, 그리고 대학:
'건설'과 '성찰'을 모두 품은 대학으로서의 MIT

MIT의 역사에서 연방 정부와의 관계는 가장 복잡하고 논쟁적인 주제 가운데 하나다. MIT는 제2차 세계대전을 거치며 일개 대학에서 미국 국방·방산 연구의 핵심 기관으로 변모했다. 1940년 영국이 가져온 공동 마그네트론(cavity magnetron) 기술을 기반으로 설립된 방사선연구소(Radiation Laboratory, Rad Lab)는 리 듀브리지(Lee DuBridge) 소장 아래 레이더 기술 개발의 세계적 중심지가 되었다. 그리고 찰스 스타크 드레이퍼(Charles Stark Draper)의 계기연구소(Instrumentation Laboratory)는 조준기

● 이러한 전후 미국의 군산학복합체의 힘은 실로 가공할 만해, 심지어 군 장성 출신의 드와이트 아이젠하워 대통령은 자신의 퇴임사(1961년)에서 군산학복합체가 미국의 민주주의를 잠식할 위험성이 있다며 경고했다.

와 사격 통제 시스템을 개발해 전쟁 수행에 직접적으로 이바지했다. 전쟁 기간 MIT가 수행한 연구 계약 규모는 1억 달러(현재 가치로 약 18억 달러, 한화로 약 3조 원)에 달해 전시 최대 단일 연구개발 기관이 되었으며, 이는 전후 군산학복합체(military-industrial-university complex)의 탄생을 예고 하는 것이었다.

이러한 발전과 팽창에는 대가가 따랐다. 한국전쟁 이후 MIT 전체 예산의 80%가 연방 정부 지원 연구에서 나왔고, 1951년 방공 체계 연구 개발을 위해 설립된 링컨연구소(Lincoln Laboratory)의 규모는 MIT 본교를 위협할 정도로 비대해졌다. 20세기 중엽에 MIT는 "찰스강의 펜타곤(Pentagon on the Charles)"이라는 불명예스러운 별칭으로 불리며, 국가 및 군부와 밀착한 채 대학으로서의 방향성을 잃고 감당할 수 없을 정도로 가파른 양적 성장을 거듭했다. 장기 1960년대(The Long 1960s)의 맥락 속에서, 전후 MIT의 이런 행보는 결국 내부 구성원들로부터 격렬한 비판에 부딪혔다. 수많은 교내 구성원이 1969년 3월 4일 '성찰의 날(Day of Reflection)'을 기해 대학과 정부의 관계에 대해 문제를 제기했다. 바로 그 자리에서 탄생한 '우려하는 과학자들의 모임(Union of Concerned Scientists)'은 과학과 기술 연구의 군사적 활용에 대한 학계 최초의 조직적 저항운동으로 기억되고 있다. 그 밖에도 노엄 촘스키(Noam Chomsky)를 비롯한 급진적 교수들의 활동, 파운즈 패널(Pounds Panel)의 계기연구소와 링컨연구소의 학내 위상에 대한 비판적 검토 등의 역사는 국가에 대한 봉사와 학문적 자유 사이의 균형을 모색하던 MIT의 고통스러운 자기비판 과정이었다. 국방 및 방산 연구를 둘러싼 국가와 대학 사이의 밀착 또는 긴장은 1980년대 전략방위구상(SDI) 논쟁과 9·11 이후의 기밀 연구 문제로 반복되었다. 이 책이 시사하듯이, MIT는 마냥 국가의 충견 노릇을 하지도 않았고 시종일관 국가와 반목한 채 책임지지 않는 비판만을 반복하지도 않았다. 오히려 MIT 공동체는 이와 같은 생산적인 긴장을 무리하게 해소하지 않고 진득하게 간직함으로써, 대학의 미래에 '건설/발전'과 '성찰/비판' 양쪽의 힘을 모두 동원해 나갈 수 있었다.

다양한 인간의 얼굴을 한 과학과 기술을 위하여:
비전문가, 여성, 소수자를 외면하지 않았던 MIT

이 책의 마지막 두 장은 MIT가 자본이나 국가뿐 아니라 대학 안팎에 있는 '사람들'과의 관계에서도 결정적인 변화를 겪어 왔음을 보여준다. MIT는 1970년대에 안전성이 확보되지 않았던 신기술 재결합 DNA(rDNA)를 둘러싼 논쟁의 한복판에 섰다. MIT 과학자들은 자발적으로 관련 연구의 일시 중단을 선언했고, 케임브리지 시장 알프레드 벨루치(Alfred Vellucci)가 주도한 공청회에서 전문용어를 쓰지 말고 쉽게 설명해 달라는 공직자들의 공세에 차분히 대응했다. 그리고 기꺼이 연구 규제 및 진흥에 일반 시민을 참여시키는 제도 건설 과정에 힘과 지혜를 보탰다. MIT의 과학자들은 전문가의 권위를 내세워 지역사회의 우려를 일방적으로 찍어 누르지 않았다. 비록 여러 차례 인내심의 한계를 느꼈던 것 같기는 하지만, 과학자들은 대중과의 소통과 상호 신뢰 구축이라는 지난한 정공법을 묵묵히 추구해 나갔다. MIT 구성원들의 노력은 결국 1977년 케임브리지시의 rDNA 연구 허용 조례 통과로 이어졌고, 이는 역설적으로 켄달스퀘어를 중심으로 한 세계적 바이오테크 허브의 탄생을 가능하게 했다.

과학기술특성화대학으로서 MIT에는 고질적인 젠더 불평등 문제가 있었다. 1999년 "MIT 보고서(MIT Report)"는 MIT뿐 아니라 미국 대학의 젠더 평등을 극적으로 진작시킨 또 다른 차원의 전환점이었다. 분자생물학 교수 낸시 홉킨스(Nancy Hopkins)가 학내에서 여성 교원이 겪던

체계적 차별을 인식하고, 이과대학의 동료 여성 교수 16명의 서명을 모아 대학 당국에 조사를 요청한 일은 개인적 용기에서 출발한 문제의 공론화가 제도적 개선과 변혁으로 이어진 좋은 사례였다. 버지노 학장과 찰스 M. 베스트 총장의 적극적 지지 아래 이루어진 이 조사 보고서의 공개는《보스턴 글로브》와《뉴욕 타임스》1면을 장식하며 전국적으로 젠더 평등 논의를 촉발했다. 나아가 MIT는 2000년 교원다양성위원회(Council on Faculty Diversity)를 설립하고, 2007년 이후에는 소수인종 출신 교수들에 관한 처우 개선에 착수하는 등 다양성과 포용성을 지속적으로 강화하고 있다. 이러한 노력은 MIT가 과학과 기술의 연구적 수월성으로 빛나는 대학일 뿐 아니라, 사회적 책임과 제도 구상 및 건설이라는 영역에서도 선도적인 역할을 자임하는 기관임을 보여 준다.

나오며

지금까지 살펴본 것처럼, 이 책이 설명하는 MIT 모델의 역사적 본의는 다면적이다. 긴밀한 산학협력을 추구하는 가운데 응용 산업 기술에 사활을 걸었던 대학으로서의 MIT, 말 그대로 '큰 배움(大學)'이 발상할 수 있도록 학문·연구·교육의 폭과 깊이를 추구했던 MIT, 연방 정부 및 군부와의 관계를 십분 활용했던 '건설'의 유능함과 이를 서슬 퍼렇게 비판했던 '성찰'의 고결함을 모두 품었던 MIT, 과학과 기술을 그저 추상화하지 않고 그 힘에 영향을 받던 비전문가·여성·소수자들과 마주 앉아 소외와 불평등을 개선해 나갔던 MIT. 이 모든 모습이 MIT 모델의 참모습이었다.

2010년에 출간된 이 책《MIT가 MIT가 되기까지》는 2011년 MIT 설립 150주년을 기념하기 위한 교내 구성원들의 노력의 일환이었다. 시간이 꽤 흘렀지만, 이 책이 생생하게 기록하고 있는 MIT의 비전, 위기, 선택의 순간들은 2026년 현재 55주년을 맞이한 KAIST(1971년 설립), 40주년의 포항공과대학교(POSTECH, 1986년 설립), 31주년의 광주과학기술원(GIST, 1995년 설립), 대구경북과학기술원(DGIST, 2004년 설립), 울산과학기술원(UNIST, 2007년 설립), 한국에너지공과대학교(KENTECH, 2022년 설립) 등 우리나라 과학기술특성화대학들에 여전히 현재적 울림을 주고 있다고 생각한다. '과학'과 '기술'을 특화한 '대학'이라는 기관의 정체성과 기능 및 사회적 역할에 대해, 대학·정부·기업 간의 적절한 거리에 대해, 연구와 교육의 병진에 대해, '기초'와 '응용'의 균형에 대해, 자연과학·공학과 인문학·사회과학(또는 더 넓은 의미의 자유학예)의 겸비에 대해 우리는 어떤 이상과 원칙을 세워 우리의 현실 속에서 유연하게 관철해 나갈 것인가? MIT 모델의 본의와 총체가 한국의 과학기술특성화대학들이, 종합대학들이, 더 나아가 과학기술계 전체와 학문에 뜻을 둔 모든 분이 각자의 길을 모색해 나가는 데, 더욱 튼실한 알맹이를 만들어 나가는 데 부디 유익한 지침의 하나가 되기를 바란다.

프롤로그

1 Running tallies are maintained at ⟨http://web.mit.edu/ir/pop/awards⟩(accessed June 22, 2009).

2 Anthony P. French, "Physics Education at MIT: From Bell's Phonautograph to Technology Enhanced Active Learning," *Physics @ MIT* 18 (2005): 40-47; Claude Shannon and Warren Weaver, *The Mathematical Theory of Communication* (Urbana: University of Illinois Press, 1949); Norbert Wiener, *Cybernetics: Or, Control and Communication in the Animal and the Machine* (Cambridge, MA: MIT Press, 1948); Scientifi c American, *Information* (San Francisco: W. H. Freeman, 1966); John V. Guttag, ed., *The Electron and the Bit: Electrical Engineering and Computer Science at the Massachusetts Institute of Technology,* 1902-2002 (Cambridge, MA: MIT Department of Electrical Engineering and Computer Science, 2005); Isaac Chuang, "Quantum Information: Joining the Foundations of Physics and Computer Science," *Physics @ MIT* 17 (2004): 26-29, 44-45; Seth Lloyd, *Programming the Universe: A Quantum Computer Scientist Takes on the Universe* (New York: Knopf, 2006). 또한 다음을 보기 바란다. Steve J. Heims, *John von Neumann and Norbert Wiener: From Mathematics to the Technologies of Life and Death* (Cambridge, MA: MIT Press, 1980); David Mindell, *Between Human and Machine: Feedback, Control, and Computing before Cybernetics* (Baltimore: Johns Hopkins University Press, 2002); Atsushi Akera, *Calculating a Natural World: Scientists, Engineers, and Computers during the Rise of U.S. Cold War Research* (Cam bridge, MA: MIT Press, 2007).

3 비행기 등에 공기 흐름이 끼치는 영향을 시험하기 위한 터널형 장치(옮긴이).

4 Lauren Clark and Eric Feron, "A Century of Aerospace Engineering at MIT," in *Aerospace Engineering Education during the First Century of Flight*, ed. Barnes McCormick, Conrad Newberry, and Eric Jumper (Reston, VA: American Institute of Aeronautics and Astronautics, 2004), 31-43. See also Stuart W. Leslie, *The Cold War and American Science: The Military-Industrial-Academic Complex at MIT and Stanford* (New York: Columbia University Press, 1993), chap. 3; David Mindell, *Digital Apollo: Human and Machine in Spacefl ight* (Cambridge, MA: MIT Press, 2008).

5 Phillip A. Sharp, "Life Sciences at MIT: A History and Perspective," *MIT Faculty Newsletter* 18, no. 3 (January-February 2006). See also Lynne G. Zucker, Michael R. Darby, and Marilyn B. Brewer, "Intellectual Human Capital and the Birth of U.S. Biotechnology Enterprises," *American Economic Review* 88 (March 1998): 290-306.

6 MIT 미디어랩에 관해서는 다음을 보기 바란다. ⟨http://www.media.mit.edu⟩; MIT 빈곤행동연구소에 대해서는 다음을 보기 바란다. ⟨http://www.povertyactionlab.com⟩; MIT 에이지랩에 대해서는 다음을 보기 바란다. ⟨http://web.mit.edu/agelab⟩ (all accessed June 29, 2009).

7 찰스 M. 베스트는 2013년에 타계했고, 이 책의 원서는 2012년에 출간되었다(옮긴이).

8 콤프턴과 과학자문위원회에 관해서는 이 책에서 크리스토프 레퀴에가 쓴 장을 보기 바

란다. 부시에 관해서는 다음을 보기 바란다. Vannevar Bush, *Science: The Endless Frontier* (Washington, DC: Government Printing Office, 1945); Daniel Kevles, *The Physicists: The History of a Scientific Community in Modern America*, 3rd ed. (Cambridge, MA: Harvard University Press, 1995 [originally published in 1978]), chaps. 21-22; Nathan Reingold, "Vannevar Bush's New Deal for Research: Or, the Triumph of the Old Order," *Historical Studies in the Physical and Biological Sciences* 17 (1987): 299-344. 킬리언에 관해서는 다음을 보기 바란다. James R. Killian, *The Education of a College President: A Memoir* (Cambridge, MA: MIT Press, 1985); Zuoyue Wang, *In Sputnik's Shadow: The President's Science Advisory Committee and Cold War America* (New Brunswick, NJ: Rutgers University Press, 2008), chap. 5. 위드널에 관해서는 다음을 보기 바란다. ⟨http://web.mit. edu/aeroastro/www/people/widnall/bio.html⟩ (accessed June 29, 2009). 베스트에 관해서는 다음을 보기 바란다. ⟨http://web.mit.edu/president/communications/profile. html⟩ (accessed June 24, 2009).

9   French, "Physics Education at MIT," 40. 다음과 비교하기 바란다. Graeme Gooday, "Precision Measurement and the Genesis of Physics Teaching Laboratories in Victorian Britain," *British Journal for the History of Science* 23 (1990): 25-51; Kathryn Olesko, "The Foundation of a Canon: Kohlrausch's *Practical Physics*," in *Pedagogy and the Practice of Science: Historical and Contemporary Perspectives*, ed. David Kaiser (Cambridge, MA: MIT Press, 2005), 323-356.

10   물리과학교육위원회에 관해서는 다음을 보기 바란다. John Rudolph, *Scientists in the Classroom: The Cold War Reconstruction of American Science Education* (New York: Palgrave, 2002). MIT의 학부생 연구 기회 프로그램에 관해서는 다음을 보기 바란다. ⟨http://web.mit.edu/ urop/basicinfo⟩ (accessed June 29, 2009).

11   오픈코스웨어에 관해서는 다음을 보기 바란다. "Auditing Classes at M.I.T., on the Web and Free," *New York Times*, April 3, 2001; Steven Lerman, Shigeru Miyagawa, and Anne H. Margulies, "OpenCourseWare: Building a Culture of Sharing," in *Opening Up Education: The Collective Advancement of Education through Open Technology, Open Content, and Open Knowledge*, ed. Toru Iiyoshi and M. S. Vijay Kumar (Cambridge, MA: MIT Press, 2008), chap. 14. 생물공학을 학부 과정에 새로 도입한 내용에 관해서는 다음을 보기 바란다. Gareth Cook, "Revolutionary Major Set to Be Born: Biological Engi neering to Be First Field Created by School in 29 Years," *Boston Globe*, February 16, 2005.

12   Edward B. Roberts and Charles Eesley, *Entrepreneurial Impact: The Role of MIT*, Kauffman Foundation report (February 2009), available at ⟨http://web.mit.edu/ newsoffi ce/kauffman. html⟩ (accessed June 29, 2009).

13   Julius Stratton, "Report of the President," in *MIT Report to the President* (1961), on 5. 대통령에게 보내는 MIT 보고서(⟨MIT Reports to the President⟩) 대다수는 현재 다음에서 온라인으로 볼 수 있다. ⟨http://libraries.mit.edu/archives/mithistory/presidents-reports.html⟩. 이 책의 이 대목과 이후로 끝까지, 이 보고서 내용은 MIT 연례 보고서로 연도별로 인용된다..

14   그중 내가 좋아하는 두 가지 사례가 다음에 나온다. Rebecca Lowen, *Creating the Cold War University: The Transformation of Stanford* (Berkeley: University of California Press, 1997); Andrew Warwick, *Masters of Theory: Cambridge and the Rise of Mathematical Physics* (Chicago: University of Chicago Press, 2003). 또한 다음 저자의 재치와 통찰력 있는 연구도 보기 바란다. William Clark, *Academic Charisma and the Origins of the Research University* (Chicago: University of Chica-

go Press, 2006).

15 연방 정부가 각 주에 국유지를 무상으로 공여하고, 주 정부는 그 토지를 팔아 마련한 자금 으로 설립·운영한 대학(옮긴이).

16 Karl Compton, *MIT Annual Report* (1945), on 8. 또한 다음을 보기 바란다. Leslie, *The Cold War and American Science*, 6.

17 Lowen, *Creating the Cold War University*; Leslie, *The Cold War and American Science*. 또한 다음을 보기 바란다. Roger Geiger, *Research and Relevant Knowledge: American Research Universities since World War II* (New York: Oxford University Press, 1993). 국제적인 발전에 관해서는 다음을 보기 바란다. Stuart W. Leslie and Robert Kargon, "Exporting MIT: Science, Technology, and Nation-Building in India and Iran," *Osiris* 21 (2006): 110-130.

18 Pnina Abir-Am, ed., *Commemorative Practices in Science: Historical Perspectives on the Politics of Collective Memory*, published as *Osiris* 14 (1999): 1-383. 또한 다음을 보기 바란다. Maurice Halbwachs, *On Collective Memory*, trans. Lewis A. Coser (Chicago: Uni versity of Chicago Press, 1992).

19 Natasha Plotkin, "In the Wake of GIR Defeat, Back to the Drawing Board," *The Tech* 129, no. 6 (February 20, 2009). 또한 다음을 보기 바란다. Rosalind Williams, *Retooling: A Historian Confronts Technological Change* (Cambridge, MA: MIT Press, 2003).

20 실제로는 레이더를 연구하는 곳이지만, 의도적으로 '방사선' 또는 (전자기파 형태로 에너지가 이동하는 현상인) '복사(輻射)'로 이해될 수 있는 Radiation이라는 훨씬 폭넓은 범위의 용어를 사용했다. 나중에 이 책에서도 설명하겠지만, 이는 전시의 레이더 연구를 감추기 위한 의 도적인 명명법이었다. 이런 의도를 살리기 위해 이 책에서는 '방사선연구소'로 옮긴다(옮긴 이).

1장

1 William Johnson Walker to Thomas Hopkins Webb, July 2, 1864, quoted in Julius A. Stratton and Loretta H. Mannix, *Mind and Hand: The Birth of MIT* (Cambridge, MA: MIT Press, 2005), 305.

2 1861년 4월 10일에 존 A. 앤드루 주지사가 MIT 설립 허가서에 서명했다. 다음을 보기 바란다. Stratton and Mannix, *Mind and Hand*, xvii.

3 A. J. Angulo, *William Barton Rogers and the Idea of MIT* (Baltimore: Johns Hopkins University Press, 2009), 120-121.

4 로저스와 그의 가족에 관한 정보는 다음을 보기 바란다. Angulo, *William Barton Rogers*; Stratton and Mannix, *Mind and Hand*; Samuel C. Prescott, *When MIT Was "Boston Tech"* (Cambridge, MA: Technology Press, 1954).

5 미국의 초기 산업혁명에 관한 방대한 문헌은 우선 다음을 읽기 바란다. Brooke Hindle and Steven Lubar, *Engines of Change: The American Industrial Revolution,* 1790-1860 (Washington, DC: Smithsonian Institution Press, 1986); Daniel Walker Howe, *What Hath God Wrought: The Transformation of America,* 1815-1848 (New York: Oxford University Press, 2007); John F. Kasson, *Civilizing the Machine* (New York: Viking, 1976); Bruce Laurie, *Artisans into Workers: Labor in Nineteenth-Century America* (New York: Noonday Press, 1985); Douglas C. Miller, *The Birth of*

Modern America, 1820-1860 (Indianapolis: Bobbs Merrill, 1970); George R. Taylor, *The Transportation Revolution,* 1815-1860 (New York: Holt, Rinehart and Winston, 1951). 미국의 초기 산업혁명(대략 1790~1865년)에 관한 문헌의 역사기록학적 비평서는 다음을 보기 바란다. Merritt Roe Smith and Robert Martello, "Taking Stock of the Industrial Revolution in America," in *Reconceptualizing the Industrial Revolution,* ed. Jeff Horn, Leonard Rosenband, and Merritt Roe Smith (Cambridge, MA: MIT Press, 2010).

6   맥닐, 휘슬러 및 B&O 철도에 관한 정보는 다음을 보기 바란다. Forest C. Hill, *Roads, Rails, and Waterways: The Army Engineers and Early Transportation* (Norman: University of Oklahoma Press, 1957); Charles F. O'Connell, "The Corps of Engineers and the Rise of Modern Management," in *Military Enterprise and Technological Change,* ed. Merritt Roe Smith (Cambridge, MA: MIT Press, 1985), 87-116; Daniel H. Calhoun, *The American Civil Engineer* (Cambridge, MA: MIT Press, 1960).

7   William Barton Rogers, *The Life and Letters of William Barton Rogers,* ed. Emma Savage Rogers (Boston: Houghton Miffl in, 1896), 1:60.

8   Rogers, *Life and Letters,* 1:88-92. See also Prescott, *When MIT Was "Boston Tech,"* 9-10.

9   Robert Rogers to William Barton Rogers, January 7, 1833, in Rogers, *Life and Letters,* 1:101; also quoted in Prescott, *When MIT Was "Boston Tech,"* 10.

10   Stratton and Mannix, *Mind and Hand,* 49.

11   국토 개발은 19세기 초반에 진행된 도로, 운하, 철도 및 다양한 수로 개선 활동 등을 가리킨다. 1812년 전쟁 이후 경제개발을 위한 헨리 클레이(Henry Clay)의 유명한 "미국식 체계" 프로그램의 필수적인 일부였다. 또한 국토 개발은 남북전쟁 시기까지 정치적인 논란이 많이 제기된 사안이기도 했다.

12   버지니아 지질 측량 사업 및 그 중요성에 관해서는 다음을 보기 바란다. Sean Patrick Adams, *Old Dominion, Industrial Commonwealth: Coal, Politics, and Economy in Antebellum America* (Baltimore: Johns Hopkins University Press, 2004), 119-151.

13   William Barton Rogers, quoted in ibid., 128.

14   탄산칼슘과 점토 성분 등이 많이 함유된 물질(옮긴이).

15   버지니아주와 펜실베이니아주의 지질 측량(1835~1842)에 관한 훌륭한 논의는 다음을 보기 바란다. Adams, *Old Dominion,* 119-151. 지질 측량을 폭넓은 과학적 맥락에서 다루어, 마찬가지로 훌륭한 통찰을 주는 논의는 다음을 보기 바란다. Paul Lucier, *Scientists and Swindlers: Consulting on Coal and Oil in America,* 1820-1890 (Baltimore: Johns Hopkins University Press, 2008).

16   Rogers, *Life and Letters,* 1:152-153. 또한 다음을 보기 바란다. Adams, *Old Dominion,* 142.

17   Rogers, *Life and Letters,* 1:336.

18   Stratton and Mannix, *Mind and Hand,* 85-87; Prescott, *When MIT Was "Boston Tech,"* 17, 117.

19   Stratton and Mannix, *Mind and Hand,* 87-88; Prescott, *When MIT Was "Boston Tech,"* 24-26. 로웰인스티튜트는 나중에 MIT에 있는 한 유명한 야간 학교를 후원한다.

20   Rogers, *Life and Letters,* 1:420-421.

21   Prescott, *When MIT Was "Boston Tech,"* 17.

22   이 문단에 관한 정보는 주로 다음에서 얻었다. Prescott, *When MIT Was "Boston Tech,"* 27-31.

23   Ibid., 34-35, 38-39.

24   Stratton and Mannix, *Mind and Hand*, 250-272, esp. 265-269; Prescott, *When MIT Was "Boston Tech,"* 132-138; Angulo, *William Barton Rogers*, 117.

25   웨스트포인트에 관해서는 다음을 보기 바란다. Theodore J. Crackel, *West Point* (Lawrence: University Press of Kansas, 2002); Peter M. Molloy, "Technical Education and the Young Republic: West Point as America's Ecole Polytechniques, 1802-1833" (PhD diss., Brown University, 1975); Stephen E. Ambrose, *Duty, Honor, Country: A History of West Point* (Baltimore: Johns Hopkins University Press, 1966). 렌슬리어공과대학교에 관해서는 다음을 보기 바란다. Samuel Rezneck, *Education for a Technological Society: A Sesquicentennial History of Rensselaer Polytechnic Institute* (Troy, NY: Rensselaer Polytechnic Institute, 1968); Stratton and Mannix, *Mind and Hand*, 42-45. 하버드대학교의 로런스이과대학에 관한 정보는 다음을 보기 바란다. Stratton and Mannix, *Mind and Hand*, 109-138. 예일의 셰필드대학에 관한 자세한 내용은 다음을 보기 바란다. Stratton and Mannix, *Mind and Hand*, 51-57.

26   Angulo, *William Barton Rogers*, 77-79, 94-96, 118-119, 134, 154-156. 앙굴로(Angulo)는 실험실에서의 훈련을 로저스가 세운 교육 계획의 핵심 특징 중 하나로 강조한다. 이는 다음에서도 마찬가지다. Stratton and Mannix in *Mind and Hand*.

27   에콜상트랄파리(École Centrale Paris)라는 이름으로 더 유명하며, 2015년에 다른 대학과 통합해 이제는 존재하지 않음(옮긴이).

28   Angulo, *William Barton Rogers*, 86-89. 유럽의 영향에 관한 대조적인 견해는 다음을 보기 바란다. Stratton and Mannix, *Mind and Hand*, 61, 434-436.

29   Stratton and Mannix, *Mind and Hand*, 579-580. 스토어에 관해서는 다음을 보기 바란다. ibid., 486-487. 엘리엇에 관해서는 다음을 보기 바란다. ibid., 278-279.

30   Ibid., 581-582; Prescott, *When MIT Was "Boston Tech,"* 66.

31   Stratton and Mannix, *Mind and Hand*, 583.

32   Ibid., 584.

33   크로스는 이후 MIT 교수진에 합류하고, 1882년에는 MIT 전기공학과를 설립한다. 다음을 보기 바란다. Karl L. Wildes and Nilo A. Lindgren, *A Century of Electrical Engineering and Computer Science at MIT, 1882-1982* (Cambridge, MA: MIT Press, 1985), 16-30.

34   Edward C. Pickering, quoted in Stratton and Mannix, *Mind and Hand*, 585.

35   Ibid., 582. 또한 다음을 보기 바란다. Prescott, *When MIT Was "Boston Tech,"* 69.

36   Angulo, *William Barton Rogers*, 144-147; Eliot quotation on 146.

37   John Andrew Chewning, "William Robert Ware and the Beginnings of Architectural Education in the United States, 1861-1881" (PhD diss., MIT, 1986), 25-31. 아래 문단들은 웨어의 교육 혁신에 관한 츄닝(Chewning)의 평가에 바탕을 두고 있다.

38   Ibid., 67.

39   특정 과목만 수강할 수 있거나 학위 취득과 관련 없이 수업을 듣는 학생(옮긴이).

40   Ibid., 88, 145-148, 165-166, 231.

41   Ibid., 254-255.

42   MIT의 평판 향상에 관해서는 다음을 보기 바란다. Stratton and Mannix, *Mind and Hand*, 520; Prescott, *When MIT Was "Boston Tech,"* 117, 129, 136, 146, 150, 157.

43   William Barton Rogers to John D. Runkle, February 1, 1870, in Rogers, *Life and Letters*, 2: 293.

44 로저스와 아가시의 관계에 관해서는 다음을 보기 바란다. Angulo, *William Barton Rogers*, 49-56, 93, 111-115; Stratton and Mannix, *Mind and Hand*, 136-137, 258-265, 288-293.

45 Prescott, *When MIT Was "Boston Tech,"* 124, 129. 워커의 배경에 관해서는 다음을 보기 바란다. ibid., 107-113; 또한 다음을 보기 바란다. James Phinney Munroe, *A Life of Francis Amasa Walker* (New York: Henry Holt, 1923).

46 초창기 시절 MIT에 다니던 학생들과 그들의 생활에 대한 기록이 많지는 않지만, 소수의 여학생과 그보다 훨씬 적은 수의 아프리카계 미국인들이 1865~1900년에 MIT에 다녔다는 건 분명하다. MIT는 거의 배타적으로 백인 남성의 활동 영역이었으며 20세기 대다수 기간에도 마찬가지였다.

47 이 말은 의심의 여지 없이 하버드대학교를 가리키는데, 특히 엘리엇 총장이 로런스이과대학을 MIT와 엇비슷한 교육기관으로 바꾸기 위해 기울였던 노력을 가리킨다. 과학 및 공학 교육에 대한 MIT의 접근법에 깊은 인상을 받은 엘리엇은 여러 차례 하버드와 MIT의 합병을 시도했다. 합병에 관한 사안은 이 책의 2장을 보기 바란다.

48 Francis Amasa Walker, quoted in Prescott, *When MIT Was "Boston Tech,"* 147.

49 처음에는 동업자 이름도 연구소 이름에 들어갔는데, 나중에는 리틀의 이름만 사명에 넣은 국제적인 경영 컨설팅 회사로 발전한다(옮긴이).

50 Thomas Alva Edison, quoted in "TAE Responds to Reporters 'Questions," ca. 1929, folder 30, box 3, Edison Papers, The Henry Ford (formerly The Henry Ford Museum), Dearborn, Michigan.

51 MIT 인장에 관한 정보를 제공해 준 MIT 문서보관소의 로이스 비티(Lois Beattie)에게 감사드린다.

2장

1 대체로 이 장은 기존에 발표된 다음 두 저술을 바탕으로 작성되었다. Bruce Sinclair, "Inventing a Genteel Tradition: MIT Crosses the River," in *New Perspectives on Technology and American Culture*, ed. Bruce Sinclair (Philadelphia: American Philosophical Society, 1986), 1-18; Bruce Sinclair, "Harvard, MIT, and the Ideal Technical Education," in *Science at Harvard University: Historical Perspectives*, ed. Clark A. Elliott and Margaret Rossiter (Bethlehem, PA: Lehigh University Press, 1992), 76-95.

2 Abbott Lawrence to Harvard treasurer Samuel Eliot, June 7, 1847, Corporation Records, Harvard University Archives, Pusey Library, Cambridge, Massachusetts.

3 Charles W. Eliot, "The New Education, I," *Atlantic Monthly* 23 (February 1869): 203-221, on 210-211.

4 Ibid.

5 Ibid., 203.

6 Ibid., 218.

7 1837년 하버드대학교에서 에머슨이 했던 연설로, 유럽 지성계에 의존하던 습성에서 탈피해 미국의 지적 독립을 촉구했다(옮긴이).

8 사회 내 한 개인이나 집단의 사회적 위치가 이동하는 현상(옮긴이).

9 미국의 19세기 초중반기로서, 앤드루 잭슨 대통령의 부상과 함께 기득권 타파와 지식의 민

주화 등을 추구한 시기(옮긴이).

10 Charles W. Eliot, "The New Education, II," *Atlantic Monthly* 23 (March 1869): 358-367, on 365.

11 John D. Runkle to Charles W. Eliot, February 2, 1870, MIT Institute Archives and Special Collections, Cambridge, Massachusetts.

12 하버드 코퍼레이션은 하버드대학교의 이사회에 해당되는 조직이다. 공식 명칭은 '하버드칼리지의 총장과 펠로우들(President and Fellows of Harvard College)'이다(감수자).

13 R. C. Greenleaf to William Barton Rogers, Boston, July 28, 1870, MIT Institute Archives and Special Collections, Cambridge, Massachusetts.

14 하버드칼리지는 하버드대학교 산하의 학부대학으로 모든 4년제 정규 학부생은 입학부터 졸업까지 개별 단과대학이나 학과가 아닌 이 하버드칼리지에 일괄 소속된다(감수자).

15 John D. Runkle to William Barton Rogers, January 27, 1870, Rogers Papers, MIT Institute Archives and Special Collections, Cambridge, Massachusetts.

16 Ibid., 267.

17 Ibid., 265.

18 Ibid., 268.

19 Francis Amasa Walker, "The Technical School and the University," *Atlantic Monthly* 72 (September 1893): 390-395.

20 Nathaniel Southgate Shaler, "Gordon McKay," *Harvard Graduate's Magazine* (June 1905): 569-575.

21 철강왕 앤드루 카네기(Andrew Carnegie)(옮긴이).

22 *Boston Record*, January 27, 1904; *Boston Transcript*, January 23, 1904.

23 *Boston Record*, January 27, 1904.

24 "The Proposed Harvard-Technology Merger," *Technology Review* 6 (April 1904): 184; *Boston Transcript*, January 3, 1904 and January 25, 1904.

25 자세한 부고 기사는 다음을 보기 바란다. Vannevar Bush, "John Ripley Freeman, 1855-1932," *Biographical Memoirs of the National Academy of Sciences* 17 (1935): 171-187.

26 찰스강에 댐을 설치하려는 이전의 여러 시도에 대한 설명은 다음을 보기 바란다. *Report of the Committee on Charles River Dam* (Boston: Wright and Potter, 1903).

27 여기서 "76년 독립 정신"이라는 문구에는 이들이 1876년도 졸업생들로서 합병에 반대한다는 뜻과 1776년에 발표된 미국 독립선언서의 정신이 함께 담겨 있다(옮긴이).

28 Association of Class Secretaries of the Massachusetts Institute of Technology, *Report of Eighth Annual Meeting*, November 15, 1904; E. C. Hultman to various MIT alumni, August 1, 1905, Freeman Papers, MIT Institute Archives and Special Collections, Cambridge, Massachusetts.

29 조건이 성취된 때부터 효력이 발생하는 유증의 한 형태(옮긴이).

30 Hector James Hughes, "Engineering and Other Applied Sciences in the Harvard Engineering School and Its Predecessors," in *The Development of Harvard University since the Inauguration of President Eliot, 1869-1929*, ed. Samuel Eliot Morison (Cambridge, MA: Harvard University Press, 1930), 432.

31 Richard C. Maclaurin to Abbott Lawrence Lowell, June 17, 1909, Lowell Papers, Harvard University Archives, Cambridge, Massachusetts.

32 Richard C. Maclaurin to Mr. Eastman, February 29, 1912, MIT Institute Archives and Special Collections, Cambridge, Massachusetts.

33 Richard C. Maclaurin, "President's Report, December 1916," MIT Institute Archives and Special Collections, Cambridge, Massachusetts.

34 *Technology Review* 18 (July 1916): 468, 479.

35 barge船. 강과 운하 등에서 화물을 운반하는 데 주로 사용되는 바닥이 평평한 선박(옮긴이).

36 아서왕 전설에 나오는 마법사(옮긴이).

37 전체 기념행사에 대한 자세한 설명은 다음에 나온다. *Technology Review* 18 (1916).

38 Ibid., 466.

39 매클로린 총장 재임기를 기점으로 MIT의 정체성이 변화했음을 암시하는 중요한 지적이다. 즉, 매클로린 총장 이전의 MIT는 응용적 공학과 기술이 순수과학과 문화보다 더 근본적이라는, 더 앞선다는 기술중심주의적 자부심을 가진 엔지니어들의 학교였다. 다만, 외부에서 오히려 이러한 모습은 MIT라는 '공리주의적'이고 '실용적'일 뿐인 기관을 더 '제대로' 된 대학인 하버드대학교와 합병시켜야 한다는 주장을 불러일으키는 원인이 되기도 했다. 반면, 매클로린 총장은 이 도식을 뒤집어 순수과학과 문화(자유학예)가 공학과 기술보다 앞서며 후자가 전자로부터 파생된다는, 오늘날 우리에게도 더 친숙한 모델을 제시하고 관철했다. 이러한 입장이 명확히 정립됨에 따라, 매클로린 이후의 MIT는 기술과 공학에 특출난 강점이 있지만 동시에 자연과학과 자유학예까지 포괄할 수 있는 명실상부한 독립 고등교육 및 연구 기관으로 발전을 거듭해 나갈 수 있었다(감수자).

3장

1 이 장은 다음 자료의 내용을 각색했다. Christophe Lécuyer, "The Making of a Science-Based Technological University: Karl Compton, James Killian, and the Reform of MIT, 1930-1957," *Historical Studies in the Physical and Biological Sciences* 23 (1992): 153-180; Christophe Lécuyer, "MIT, Progressive Reform, and 'Industrial Service,' 1890-1920," *Historical Studies in the Physical and Biological Sciences* 26 (1995): 1-54. 이 장에서 고찰하는 기간의 MIT에 대한 다른 논의들은 다음을 보기 바란다. Christophe Lécuyer, "Academic Science and Technology in the Service of Industry: MIT Creates a 'Permeable' Engineering School," *American Economic Review* 88 (1998): 28-33; David Noble, *America by Design* (New York: Knopf, 1977); John W. Servos, "The Industrial Relations of Science: Chemical Engineering at MIT, 1900-1939," *Isis* 81 (1980): 531-549; W. Bernard Carlson, "Academic Entrepreneurship and Engineering Education: Dugald C. Jackson and the Cooperative Engineering Course, 1907-1932," *Technology and Culture* 29 (1988): 536-569; Larry Owens, "Vannevar Bush and the Differential Analyzer: The Text and Context of an Early Computer," *Technology and Culture* 27 (1986): 63-95; Larry Owens, "MIT and the Federal 'Angel': Academic R&D and Federal-Private Cooperation before World War II," *Isis* 81 (1990): 189-213; Alex Pang, "Edward Bowles and Radio Engineering at MIT, 1920-1940," *Historical Studies in the Physical and Biological Sciences* 20 (1990): 313-337; Karl Wildes and Nilo Lindgren, *A Century of Electrical Engineering and Computer*

Science at MIT, 1882-1982 (Cambridge, MA: MIT Press, 1985). 1920년대와 1930년대 캘리포
니아공과대학교에 관한 논의는 다음을 보기 바란다. Judith Goodstein, *Millikan's School: A
History of the California Institute of Technology* (New York: W. W. Norton, 1991).

2   Robert H. Richards, *Ore Dressing* (New York: Engineering and Mining Journal, 1903); Heinrich
Hoffman, "Notes on the Metallurgy of Iron and Steel" (unpublished manuscript, Stanford University
Libraries, ca. 1900); Frank Hall Thorp, *Outlines of Industrial Chemistry: A Textbook for Students*
(New York: Macmillan, 1898); Gaetano Lanza, "The Educational Process of Training an Engi-
neer," *Technology Quarterly* 6 (1893): 173-180.

3   Francis Amasa Walker to "Mr. Lyon," March 24, 1894, collection 298, box 2, folder correspon-
dence 1894, MIT Institute Archives and Special Collections, Cambridge, Massachusetts; Louis
Derr to Henry Pritchett, June 8, 1903, and Samuel Woodbridge to Henry Pritchett, June 20,
1903, collection 85-44, MIT Institute Archives and Special Collections, Cambridge, Massa-
chusetts.

4   John R. Freeman, "Silas Whitcomb Holman," Technology Review 3, no. 1 (1901): 28-29; Ar-
thur Noyes, "Report of the President," in MIT Report to the President (1908); Arthur Noyes,
"Talk to First-Year Students," Technology Review 9 (1907): 5. 대통령에게 보내는 MIT 보
고서 대다수는 현재 온라인으로 볼 수 있다. 이 책의 이 대목과 이후로 끝까지 등장하는 이
보고서 내용은 MIT 연례 보고서로 연도별로 인용된다. http://libraries.mit.edu/archives/
mithistory/presidents-reports.html.

5   John W. Servos, *Physical Chemistry from Ostwald to Pauling: The Making of a Science in America*
(Princeton, NJ: Princeton University Press, 1990).

6   Noyes, *MIT Annual Report* (1908); Noyes, *MIT Annual Report* (1911).

7   William Walker, "Chemical Engineering and Industrial Progress," *Journal of Industrial and En-
gineering Chemistry* 3 (1911): 286-292.

8   Dugald C. Jackson, "Electrical Engineering and the Public," *Proceedings of the American Insti-
tute of Electrical Engineers* 30 (1902): 1138; Dugald C. Jackson, "The Typical College Courses
Leading with the Professional and Theoretical Phases of Electrical Engineering," *Science* 18, no.
466 (December 4, 1903): 710-716, on 711-712; William Walker, "What Constitutes a Chemi-
cal Engineer," *Chemical Engineer* 2 (1905): 1-3.

9   Arthur D. Little, "A Laboratory for Public Service," *Technology Review* 11 (1909): 19.

10 William Walker, "A Laboratory Course in Industrial Chemistry," *Technology Review* 6 (1904):
163-174; "Chemistry and Chemical Engineering," *Technology Review* 7 (1905): 293-295;
Little, "A Laboratory for Public Service," 16-18, 22-24; William Walker, "RLAC," in *MIT
Annual Report* (1909, 1911); William Walker, "The University and Industry," *Journal of Indus-
trial and Engineering Chemistry* 8 (1916): 63-65; Warren K. Lewis, "History of the RLAC," ca.
1921, AC13, box 12, folder 355, MIT Institute Archives and Special Collections, Cambridge,
Massachusetts.

11 Henry Talbot to Henry Pritchett, September 3, 1903, collection 85-44, MIT Institute Ar-
chives and Special Collections, Cambridge, Massachusetts; Henry Talbot, "The Engineering
Graduate: His Strength and His Weakness," in Richard Maclaurin, ed., *Technology and Industri-
al Efficiency* (New York: McGraw-Hill, 1911), 114-123; Henry Talbot, "Chemistry and Chemical

Engineering," in *MIT Annual Report* (1901, 1905, 1908).

12   Henry Pearson, *Richard Cockburn Maclaurin* (New York: Macmillan, 1937); Herbert Baldwin, "An Interview with George Eastman," *Technology Review* 22 (1920): 74-77; "Eastman's Gifts," July 1, 1929, AC13, box 14, folder 412, MIT Institute Archives and Special Collections, Cambridge, Massachusetts.

13   Carlson, "Academic Entrepreneurship and Engineering Education"; "Report of the Visiting Committee of the Department of Chemistry and Chemical Engineering," December 6, 1915, AC13, box 5, folder 125, MIT Institute Archives and Special Collections, Cambridge, Massachusetts; Arthur D. Little to William Walker, May 21, 1916, AC13, box 21, folder 615, MIT Institute Archives and Special Collections, Cambridge, Massachusetts; Richard C. Maclaurin, *MIT Annual Report* (1916); William Walker, "A Master's Course in Chemical Engineering," *Technology Review* 18 (1916): 837-845.

14   Richard C. Maclaurin to Charles Stone, August 15, 1919, AC13, box 19, folder 550, MIT Institute Archives and Special Collections, Cambridge, Massachusetts; "The Technology Plan," *Technology Review* 22 (1920): 532-561; Richard Freeland, "The Technology Plan at MIT, 1920-1940: A Case Study of University–Industry Cooperation," in *Massachusetts Higher Education in the Eighties: Research and the Economy* (Boston: University of Massachusetts Press, 1986), 8-23; Pearson, *Richard Cockburn Maclaurin*.

15   Charles Locke to Richard C. Maclaurin, October 21, 1919, collection AC13, box 13, folder 379, MIT Institute Archives and Special Collections, Cambridge, Massachusetts; Richard C. Maclaurin to Harry Goodwin, October 31, 1919, collection AC13, box 9, folder 265, MIT Institute Archives and Special Collections, Cambridge, Massachusetts; Irenée du Pont to Haskell, November 22, 1919, collection AC13, box 9, folder 246, MIT Institute Archives and Special Collections, Cambridge, Massachusetts; Everett Morss, "Technology Plan Contract," January 17, 1924, collection AC13, box 14, folder 411, MIT Institute Archives and Special Collections, Cambridge, Massachusetts.

16   "The Technology Plan," 532-561; Charles Norton, "Massachusetts Institute of Technology Plan of Industrial Cooperation," *Journal of the American Ceramic Society* 7 (1924): 248.

17   Arthur Noyes, quoted in Freeland, "The Technology Plan at MIT."

18   Arthur Noyes to Richard C. Maclaurin, April 23 and November 17, 1919, collection AC13, box 15, folder 437, MIT Institute Archives and Special Collections, Cambridge, Massachusetts.

19   William Walker, "The Technology Plan," *Science* 51 (April 9, 1920): 357-359, on 359.

20   William Walker to Administrative Committee, November 17, 1920, collection AC13, box 21, folder 616, MIT Institute Archives and Special Collections, Cambridge, Massachusetts; "The Reunion: The Present and Future of Technology," *Technology Review* 22 (1920): 383-384.

21   William Walker to Administrative Committee, July 22, 1920, and Charles Norton to Samuel Stratton, February 13, 1929, collection AC13, box 25, folder 176L, MIT Institute Archives and Special Collections, Cambridge, Massachusetts; Henry Talbot, *MIT Annual Report* (1921); Charles Norton, "Five Years of the Technology Plan," *Technology Review* 26 (1924): 78-81; Charles Norton, "Division of Industrial Cooperation and Research," in *MIT Annual Report*

(1924): "Conference between Heads of Departments and the Corporation on the Division of Industrial Cooperation and Research," February 23, 1927, collection AC13, box 21, folder 615, MIT Institute Archives and Special Collections, Cambridge, Massachusetts.

22 Leroy Foster, "Sponsored Research at MIT, 1900-1968," vol. 1 (unpublished manuscript, 1984), MIT Institute Archives and Special Collections, Cambridge, Massachusetts; Charles Norton to Samuel Stratton, February 13, 1929; Vannevar Bush, oral history, collection MC143, 29, 154, 529-573, 606-609, MIT Institute Archives and Special Collections, Cambridge, Massachusetts; Maurice Holland, *Industrial Explorers* (New York: Harper and Brothers, 1928), 76-91.

23 Charles Norton, "DICR," in *MIT Annual Report* (1924); William Walker, "Research Laboratory of Applied Chemistry," in *MIT Annual Report* (1919); Warren K. Lewis to Samuel Stratton, April 21, 1925, collection AC13, box 12, folder 356, MIT Institute Archives and Special Collections, Cambridge, Massachusetts.

24 "Report of the Visiting Committee of the Corporation," 1923, collection AC13, box 5, folder 128, MIT Institute Archives and Special Collections, Cambridge, Massachusetts; Dugald Jackson to Everett Morss, December 22, 1924, collection AC13, box 14, folder 411, MIT Institute Archives and Special Collections, Cambridge, Massachusetts; "Visiting Committee Reports: 1. Electrical Engineering and Physics," 1925, collection AC 13, box 5, folder 129, MIT Institute Archives and Special Collections, Cambridge, Massachusetts; Dugald C. Jackson to Gerard Swope, December 22, 1926, collection AC13, box 19, folder 564, MIT Institute Archives and Special Collections, Cambridge, Massachusetts; Gerard Swope to Samuel Stratton, January 2, 1926, collection AC13, box 19, folder 564, MIT Institute Archives and Special Collections, Cambridge, Massachusetts.

25 George Harrison, "Karl Compton" (unpublished manuscript, 1961), collection MC105, MIT Institute Archives and Special Collections, Cambridge, Massachusetts; Karl Compton to Gerard Swope, collection AC4, box 236, folder G, MIT Institute Archives and Special Collections, Cambridge, Massachusetts.

26 "Report of Massachusetts Institute of Technology Visiting Committee of the Corporation on the Division of Industrial Cooperation and Research," March 9, 1927, AC13, box 16, folder 138, MIT Institute Archives and Special Collections, Cambridge, Massachusetts; Charles Norton to Samuel Stratton, April 26, 1927, December 18, 1928, and February 13, 1929, AC13, box 25, folder 176, MIT Institute Archives and Special Collections, Cambridge, Massachusetts; Frederick Keyes, "Memorandum regarding Outside Work, Chemistry Department," January 1931, AC4, box 217, folder 2, MIT Institute Archives and Special Collections, Cambridge, Massachusetts; Karl Compton, *MIT Annual Report* (1931).

27 Karl Compton, *MIT Annual Reports*(1930년대의 전반부).

28 Harrison, "Karl Compton"; Philip M. Morse, *In at the Beginnings: A Physicist's Life* (Cambridge, MA: MIT Press, 1977); *MIT Annual Reports* (1930년대의 전반부).

29 *MIT Annual Reports* (1930년대의 전반부).

30 "Report of the Visiting Committee of the Corporation," *Technology Review* 35 (1932): 24-26; Karl Compton, "To Junior Members of the Staff," November 2, 1934, collection AC64, MIT Institute Archives and Special Collections, Cambridge, Massachusetts; Servos, "The Industrial

Relations of Science."

31   Foster, "Sponsored Research at MIT"; Larry Owens, "MIT and the Federal 'Angel'"; Robert Kargon and Elizabeth Hodes, "Karl Compton, Isaiah Bowman, and the Politics of Science in the Great Depression," *Isis* 76 (1985): 301-318.

32   Karl Compton, "Memorandum of Relations of MIT to GE Company," June 30, 1950, AC4, box 85, folder 2, MIT Institute Archives and Special Collections, Cambridge, Massachusetts; Minutes of the Committee on Patents, November 28, 1938, collection AC64, MIT Institute Archives and Special Collections, Cambridge, Massachusetts.

4장

1   제2차 세계대전기 MIT 역사를 기록한 여러 자료가 있다. 전반적인 내용은 다음을 보기 바란다. John Burchard, *Q.E.D.: M.I.T. in World War II* (Cambridge, MA: Technology Press, 1948).

2   1776년에 설립된 미국에서 가장 오래된 명예 학술 협회(옮긴이).

3   2008년에 골드스타인의 유가족이 특별한 유물과 문서 수집품을 MIT박물관에 기증했다. 수집품에는 거의 매일 쓴 그와 아버지의 편지가 들어 있었다. 이 편지는 제2차 세계대전 동안 MIT의 대학원 생활에 관해 알 수 있는 자세한 내용을 담고 있다. 비록 골드스타인의 박사 과정 연구가 전시 활동의 중요한 관심 주제를 다루긴 했지만, 그의 연구 내용은 기밀 사항이 아니었다. 빨래에서부터 그가 아버지에게 받고 싶어 했던 통조림에 이르기까지 모든 사안을 다루면서도, 골드스타인은 자신의 연구 활동을 신중하게 기록했다. 편지에는 구체적인 방정식이 아니라 그의 심경이 담겼다. 1944년 9월, 그는 나중에 언젠가 아버지에게 보여주고 싶었던 일기를 쓰기 시작했다. 3년 동안 골드스타인은 자신이 관여된 모든 프로젝트 각각에 관해 간헐적이지만 자세히 적었다. 골드스타인의 유가족은 그가 이 일기를 아버지에게 보여 주었는지는 알지 못하며, 최근에서야 그의 문서들 가운데서 일기를 찾아냈다고 한다. 골드스타인은 제2차 세계대전 종전 후에 물리학자로서 걸출한 경력을 자랑했다. 표준 대학원 교재인 《고전역학Classical Mechanics》(Cambridge, MA: Addison-Wesley, 1950)의 저자인 그는 컬럼비아대학교의 원자력과학공학과 교수였으며, 오크리지국립연구소(Oak Ridge National Laboratory)와 브룩헤이븐국립연구소(Brookhaven National Laboratory)의 자문위원이었다. 골드스타인은 또한 정통유대교과학자협회(Association of Orthodox Jewish Scientists)의 설립자 겸 대표를 맡았다. 허버트 골드스타인 컬렉션(2009.006)은 매사추세츠주 케임브리지시의 MIT박물관에 소장되어 있다. 이 수집품 속의 자료들은 이 책에서 저자, 날짜, 문서 번호 및 쪽수에 따라(HG 몇 번이라는 형식으로) 인용된다. 하지만 편지들 대다수는 짧으며 쪽수가 매겨지지 않았다.

4   Victor Weisskopf to Herbert Goldstein, March 31, 1941, HG003. 골드스타인은 자신이 글로 옮긴 전보 내용을 MIT뿐 아니라 예일, 로체스터, 코넬 및 프린스턴에도 보냈다. 예일, 코넬 또는 프린스턴과 주고받은 서신은 이 수집품에 들어 있지 않다.

5   John K. Ackley to Herbert Goldstein, February 25, 1941, HG020; B. A. Thresher to Herbert Goldstein (acceptance letter), April 1, 1941, HG004; B. A. Thresher to Herbert Goldstein (fellowship application rejection), April 1, 1941, HG005.

6   Herbert Goldstein to John C. Slater (draft telegram), April 2, 1941, HG006; John C. Slater to

Herbert Goldstein (telegram), April 3, 1941, HG007.

7   John C. Slater to Herbert Goldstein (telegram), April 8, 1941, HG009; John C. Slater to Herbert Goldstein, April 8, 1941, HG010.

8   Herbert Goldstein to John C. Slater (draft telegram), ca. April 9-10, 1941, HG011.

9   Herbert Goldstein to unknown (draft), ca. April 11-28, 1941, HG016. 미국 대학교들의 차별에 관해서는 다음을 보기 바란다. Marcia Graham Synnott, *The Half-Opened Door: Discrimination and Admissions at Harvard, Yale, and Princeton,* 1900-1970 (Westport, CT: Greenwood Press, 1979); Victor Weisskopf to Herbert Goldstein, March 31, 1941, HG003.

10   Harry Goldstein to Israel Upbin, ca. April 11-28, 1941, HG015.

11   Israel Upbin to Nathan Issacs, April 28, 1941, HG019; Larry A. DiMatteo and Samuel Flaks, "Conservative Legal Realism: Nathan Isaacs, Jewish Law, and Modern Legal Theory," available at ⟨http://works.bepress.com/larry_dimatteo/1⟩.

12   John C. Slater to Herbert Goldstein, April 11, 1941, HG017; Herbert Goldstein to John C. Slater, May 5, 1941, HG018.

13   John C. Slater to Herbert Goldstein, May 7, 1941, HG021.

14   John C. Slater to Herbert Goldstein, June 20, 1941, HG022.

15   이 회의에 관한 기록은 여럿 남아 있다. 가장 믿을 만한 기록은 다음이다. Robert Buderi, *The Invention That Changed the World: How a Small Group of Radar Pioneers Won the Second World War and Launched a Technological Revolution* (New York: Simon and Schuster, 1996). 주요 참가자의 시선에서 이 이야기를 들려주는 자료는 다음이다. Jennet Conant's *Tuxedo Park: A Wall Street Tycoon and the Secret Palace of Science That Changed the Course of World War II* (New York: Simon and Schuster, 2002).

16   James Phinney Baxter III, *Scientists against Time* (Boston: Atlantic Monthly Press, 1946), 143-146.

17   Daniel J. Kevles, *The Physicists: The History of a Scientific Community in Modern America* (New York: Vintage Books, 1978), 287-289.

18   Buderi, *The Invention*, 45-46; Burchard, *Q.E.D.*, 219-220.

19   James R. Killian Jr., *The Education of a College President: A Memoir* (Cambridge, MA: MIT Press, 1985), 22-24; Burchard, *Q.E.D.*, 220.

20   Lee DuBridge, quoted in Henry E. Guerlac, *Radar in World War II* (1946; repr., New York: American Institute of Physics, 1987), 260.

21   Buderi, *The Invention*, 46-47. 로런스의 연구소와 MIT의 이 연구소 둘 다 독일을 속이고자 의도적으로 방사선연구소라는 이름을 사용했다. 1940년 당시에 방사선 연구는 가장 이론적인 물리학자의 영역이자 군사적 용도에 전혀 실질적으로 적용되지 않는 분야라고 여겨졌다. 다음을 보기 바란다. Kevles, *The Physicists*, 303.

22   "National Defense Spurs Institute Building Program," *The Tech* 61 (September 26, 1941); Burchard, *Q.E.D.*, 275-277; Karl Compton, "Report of the President," in *MIT Report to the President* (1941), 9; "Victory to Be Decided by Technical Superiority Dr. Compton Tells Frosh," *The Tech* 61 (September 30, 1941). 대통령에게 보내는 MIT 보고서 대다수는 현재 온라인으로 볼 수 있다. 이 책의 이 대목과 이후로 끝까지 등장하는 이 보고서 내용은 MIT 연례 보고서로 연도별로 인용된다.⟨http://libraries.mit.edu/archives/mithistory/ presidents-reports.html⟩

23 일본을 가리킴(옮긴이).

24 "Maintain Status Quo-K.T.," *The Tech* 61 (December 9, 1941); "Graduation Set for April 27; Compton Calls Open Meeting," *The Tech* 61 (December 17, 1941); "Text of Dr. Compton's Address," *The Tech* 61 (December 19, 1941); "The War-time Educational Program at the Massachusetts Institute of Technology," *Massachusetts Institute of Technology Bulletin* 77, no. 4 (1942): 30a-30e. "떠오르는 해를 가라앉혀라"란 문구가 처음 등장한 곳은 다음이다. December 12, 1941, issue of *The Tech*. 동일한 표제를 단 사설은 다음에 나왔다. December 9, 1941, issue of *The Tech*.

25 John C. Slater, *Solid-State and Molecular Theory: A Scientific Biography* (New York: Wiley, 1975), 209.

26 *MIT Annual Report* (1942), 70-75; Shatswell Ober, "The Story of Aeronautics at M.I.T., 1895 to 1960," April 28, 1965, Department of Aeronautics and Astronautics, General History, MIT General Collection, MIT Museum, Cambridge, Massachusetts; Shatswell Ober, "The Wright Brothers Memorial Wind Tunnel (A Fragment of History of Aeronautical Engineering at M.I.T.)," Department of Aeronautics and Astronautics, General History, MIT General Collection, MIT Museum, Cambridge, Massachusetts.

27 박사라는 뜻(옮긴이).

28 Michael Aaron Dennis, "A Change of State: The Political Cultures of Technical Practice at the MIT Instrumentation Laboratory and the Johns Hopkins University Applied Physics Laboratory, 1930-1945" (PhD diss., Johns Hopkins University, 1990) 360-362, 381.

29 Ibid., 362-380.

30 David A. Mindell, *Between Human and Machine: Feedback, Control, and Computing before Cybernetics* (Baltimore: Johns Hopkins University Press, 2002), 221-223. Mindell cites records that include the following: U.S. Navy, "Bureau of Ordnance: Summary of Progress," August 1, 1945, RG74 ordnance status reports, box 7, 32, U.S. National Archives, Washington, DC; *US Naval Administrative Histories of World War II*, vol. 73, *Research and Development, Maintenance* (Washington, DC: Department of the Navy, 1947), 160-168, available in the Navy Department Library Rare Book Room, Washington, DC.

31 *MIT Annual Report* (1945), 18.

32 Robert C. Seamans Jr., *Aiming at Targets: The Autobiography of Robert C. Seamans, Jr.*, NASA history series, NASA SP-4106 (Washington, DC: NASA History Office, Office of Policy and Plans, National Aeronautics and Space Administration, 1996), 30-31.

33 Kent C. Redmond and Thomas M. Smith, *Project Whirlwind: The History of a Pioneer Computer* (Bedford, MA: Digital Press, 1980), 14-15.

34 Slater, *Solid-State*, 212.

35 Herbert Goldstein to Harry Goldstein, December 23, 1942, HG025.

36 Herbert Goldstein to Harry Goldstein, March 1, 1943, HG029.

37 물질의 경계 부위가 물질 중심 부위와 다른 성질을 보이는 현상(옮긴이).

38 Herbert Goldstein to Harry Goldstein, April 9, 1943, HG030.

39 Herbert Goldstein to Harry Goldstein, May 13, 1943, HG031. 슬레이터가 자리를 비우는 바람에 물리학과는 골드스타인의 논문을 심사하기 위해 검토자 두 명을 새로 데려왔다. 이것

또한 전시에 특이한 교육 상황의 한 사례였다.

40 Karl Taylor Compton, quoted in Burchard, *Q.E.D.*, v.

41 나치의 강제수용소가 있었던 독일의 한 지명(옮긴이).

42 Herbert Goldstein to Harry Goldstein, September 15 to December 2, 1944, HG032a:1; Herbert Goldstein to Harry Goldstein, January 7, 1945 to January 27, 1947, HG032b:83, 102.

43 Karl Taylor Compton, in *MIT Annual Report* (1945), 30-31.

44 전시에 너무 고생한 MIT 구성원을 위해 휴식의 시간을 가지라는 뜻(옮긴이).

45 Ibid., 31.

46 Ibid., 30.

47 "Victory in Science," *Technology Review* 48 (December 1945): 112; Slater, *Solid-State,* 217-225; Christophe Lécuyer, "The Making of a Science–Based Tech–nological University: Karl Compton, James Killian, and the Reform of MIT, 1930-1957," *Historical Studies in the Physical and Biological Sciences* 23 (1992): 153-180, on 153.

48 Vannevar Bush, *Pieces of the Action* (New York: William Morrow and Company, 1970), 41; Kevles, *The Physicists*, 347.

5장

1 Warren K. Lewis et al., *Report of the Committee on Educational Survey* (Cambridge, MA: MIT Press, 1949), 49.

2 Ibid., 4.

3 Ibid., 115.

4 Ibid., 14, 4.

5 Ibid., 16, 18. 미국 전역의 과학자들과 대학 행정 보직자들은 1940년대와 1950년대 내내 비슷한 우려를 표했다. 다음을 보기 바란다. David Kaiser, "The Postwar Suburbanization of American Physics," *American Quarterly* 56 (December 2004): 851-888.

6 다음과 비교하기 바란다. Dorothy Nelkin, *The University and Military Research: Moral Politics at M.I.T.* (Ithaca, NY: Cornell University Press, 1972), chap. 2; Roger Geiger, *Research and Relevant Knowledge: American Research Universities since World War II* (New York: Oxford University Press, 1993); Stuart W. Leslie, *The Cold War and American Science: The Military-Industrial-Academic Complex at MIT and Stanford* (New York: Columbia University Press, 1993); Rebecca Lowen, *Creating the Cold War University: The Transformation of Stanford* (Berkeley: University of California Press, 1997); David Kaiser, "Cold War Requisitions, Scientific Manpower, and the Production of American Physicists after World War II," *Historical Studies in the Physical and Biological Sciences* 33 (Fall 2002): 131-159.

7 Leslie, *The Cold War*, 235.

8 Lewis et al., *Report*, 15. 자금 모집 동향에 관해서는 다음을 보기 바란다. the annual *President's Report* for the years 1945-1949. 그런 보고서(이 책에서는 연도별로 인용되는 MIT 연례 보고서)는 다음 출간물의 특별판으로 매년 발간된다. the *Massachusetts Institute of Technology Bulletin* (Cambridge, MA: MIT Press). 복사본은 다음에서 열람할 수 있다. T171.M4195, MIT

Institute Archives and Special Collections, Cambridge, Massachusetts, 온라인으로는 다음에서 열람할 수 있다. 〈http://libraries.mit.edu/archives/mithistory/presidents-reports.html〉 (accessed December 20, 2008).

9   MIT Annual Report (1952), 29. 운영 예산의 변화는 다음에서 얻은 데이터로 계산했다. the MIT Annual Report for the years 1950-1953.

10 [그림 5-1]의 데이터는 다음에서 취합했다. the *MIT Annual Report* for the years 1945-1970. 인플레이션을 고려한 수치 조정은 미국 통계청과 노동부가 관리하는 소비자물가지수를 사용해 계산했다. 다음을 보기 바란다. 〈http://data.bls.gov〉 (accessed June 1, 2008).

11 *MIT Annual Report* (1951), 234, 278-279, 312; *MIT Annual Report* (1952), 310; Wayne Stuart, *Facts about MIT* (Cambridge, MA: MIT Press, 1971), 67. 산학협력연구처와 매클로린의 비전에 관해서는 다음을 보기 바란다. Lewis et al., *Report*, chap. 4; Christophe Lécuyer, "MIT, Progressive Reform, and 'Industrial Service,' 1890-1920," *Historical Studies in the Physical and Biological Sciences* 26 (1995): 35-88; Lécuyer's chapter in this volume. 후원연구처로의 명칭 개정에 관해서는 다음을 보기 바란다. *MIT Annual Report* (1956), 27.

12 물체의 회전운동을 감지하는 장치(옮긴이).

13 Leslie, *The Cold War*, 76-82; David Mindell, *Between Human and Machine: Feedback, Control, and Computing before Cybernetics* (Baltimore: Johns Hopkins University Press, 2002); David Mindell, *Digital Apollo: Human and Machine in Spaceflight* (Cambridge, MA: MIT Press, 2008).

14 Lewis et al., *Report*, 14.

15 *MIT Annual Report* (1946), 134-135; Leslie, *The Cold War*, 22-26.

16 Silvan S. Schweber, "Big Science in Context: Cornell and MIT," in *Big Science: The Growth of Large-Scale Research*, ed. Peter Galison and Bruce Hevly (Stanford, CA: Stanford University Press, 1992), 149-183; Leslie, *The Cold War*, 143-146, 156-157.

17 James Killian, in *MIT Annual Report* (1952), 31; Leslie, *The Cold War*, 32-33.

18 Leslie, *The Cold War*, 34-41. SAGE와 휠윈드에 관해서는 또한 다음을 보기 바란다. Paul Edwards, *The Closed World: Computers and the Politics of Discourse in Cold War America* (Cambridge, MA: MIT Press, 1996), chap. 3; Atsushi Akera, *Calculating a Natural World: Scientists, Engineers, and Computers during the Rise of U.S. Cold War Research* (Cambridge, MA: MIT Press, 2008), chap. 5.

19 Alvin Weinberg, "The Federal Laboratories and Science Education," *Science* 136 (April 16, 1962): 30, as quoted in Nelkin, *The University*, 24. Also quoted in Leslie, *The Cold War*, 15.

20 Kaiser, "Cold War Requisitions"; David Kaiser, "The Physics of Spin: Sputnik Politics and American Physicists in the 1950s," *Social Research* 73 (Winter 2006): 1225-1252.

21 제2차 세계대전 동안 복무한 군인들에게 학비 지원이나 실업수당 등의 복지 혜택을 제공한 미국의 법(옮긴이).

22 *MIT Annual Report* (1955), 12; Kenneth Hoffman et al., *Creative Renewal in a Time of Crisis: Report of the Commission on MIT Education* (Cambridge, MA: MIT Press, 1970), 29. [그림 5-3]에 나오는 데이터는 다음에서 취합했다. the *MIT Annual Report* for the years 1931-1970.

23 1945년에 설립된 이 기관은 이듬해에 해군연구청(Office of Naval Research)로 대체되었다(옮긴이).

24 Harold G. Bowen to Karl Compton, November 8, 1945, quoted in Leslie, *The Cold War*, 144;

see also Kaiser, "Cold War Requisitions."

25 Leslie, *The Cold War*, 97, 133-134; Geiger, *Research and Relevant Knowledge*, 68. On MIT's dominance in engineering doctoral training, see Stuart, *Facts about MIT*, 151.

26 Lewis et al., *Report*, 18. 학부 교육 폐지에 관한 문제 제기는 다음을 보기 바란다. ibid., 15, 18-20, 25, 131. 학부 교육 기간 확대에 관해서는 다음을 보기 바란다. ibid., 20-21.

27 MIT Committee on Curriculum Content Planning, *Science Area Electives at the Massachusetts Institute of Technology* (Cambridge, MA: MIT Press, 1964); Harold S. Mickley et al., *Changing the Undergraduate Curriculum at M.I.T.: Report of the Committee on Educational Policy* (Cambridge, MA: MIT Press, 1964); Hoffman et al., *Creative Renewal*, chap. 2. 1964년에 재커라이어스가 교과내용기획위원회(Committee on Curriculum Content Planning)의 위원장을 맡았다. 위원회의 약어인 "CCCP"는 몇 가지 웃음거리를 초래했다. 사연인즉, 십 년 전쯤 재커라이어스는 수소폭탄 개발을 저지하기 위해 공산주의자가 벌였다는 한 음모에 부당하게 연루된 적이 있었다. 이 사건은 1954년에 열린 J. 로버트 오펜하이머(J. Robert Oppenheimer)에 관한 유명한 국가 안보 청문회에서 공개적으로 알려졌다. 재커라이어스에 대한 근거 없는 비난은 곧 해소되었고, 이후 그는 대통령과학자문위원회에 참여한다. 자신의 교과위원회의 약어를 소련을 가리키는 흔한 약어와 똑같이 사용함으로써(CCCP는 소련을 가리키는 소비에트사회주의공화국연맹(Union of Soviet Socialist Republics)의 키릴 두문자들을 영어식으로 표기한 말이다) 재커라이어스는 마지막으로 웃음을 이끌어냈다. 다음을 보기 바란다. Patricia McMillan, *The Ruin of J. Robert Oppenheimer and the Birth of the Modern Arms Race* (New York: Penguin, 2005), 163, 219; John Rudolph, *Scientists in the Classroom: The Cold War Reconstruction of American Science Education* (New York: Palgrave, 2002); Jack S. Goldstein, *A Different Sort of Time: The Life of Jerrold R. Zacharias, Scientist, Engineer, Educator* (Cambridge, MA: MIT Press, 1992).

28 Lewis et al., *Report*, 21, 105; see also 26-27, 42.

29 Lewis et al., *Report*, 42, 43-44, 45-46. 비슷한 정서가 다음에 표현되어 있다. Robert G. Caldwell, "The Four-Year Program," in *Humanities and Social Sciences at the Massachusetts Institute of Technology* (Cambridge, MA: MIT Press, 1947), 1-3. 팸플릿 내용은 다음에서 볼 수 있다. T171.M42g.H86 1947, MIT Institute Archives and Special Collections, Cambridge, Massachusetts..

30 Allan A. Needell, "Project Troy and the Cold War Annexation of the Social Sciences," in *Universities and Empire: Money and Politics in the Social Sciences during the Cold War*, ed. Christopher Simpson (New York: New Press, 1998), 3-38; Allan A. Needell, "'Truth Is Our Weapon': Project Troy, Political Warfare, and Government-Academic Relations in the National Security State," *Diplomatic History* 17 (June 2007): 399-420. See also Donald M. Blackmer, *The MIT Center for International Studies: The Founding Years, 1951-1969* (Cambridge, MA: MIT Center for International Studies, 2002), chap. 1; Kenneth Osgood, *Total Cold War: Eisenhower's Secret Propaganda Battle at Home and Abroad* (Lawrence: University Press of Kansas, 2006).

31 Nelkin, *The University*; Leslie, *The Cold War*, chap. 9; Geiger, *Research and Relevant Knowledge*, 191-194, 241-245; Daniel Kevles, *The Physicists: The History of a Scientific Community in Modern America*, 3rd ed. (1978; repr., Cambridge, MA: Harvard University Press, 1995), chaps. 24-25.

32 Hoffman et al., *Creative Renewal*, 1, 43.

33 Lewis et al., *Report*, 16, 60.

34 Hoffman et al., *Creative Renewal*, 66.

35 Ibid., 12-13, 16-17, 22, 209-219. 학부생 등록자 수에 관한 데이터는 다음을 보기 바란다. Stuart, *Facts about MIT*, 123-131.

36 Hoffman et al., *Creative Renewal*, 1, 78-82.

37 Ibid., 83-84. 1970년 시점에서 MIT는 오랫동안 연방 정부로 대표되는 외부의 요구에 종속되어 대학으로서의 자율성이 상당히 훼손된 상태였다. 이런 맥락에서 호프먼위원회는 자신들이 권고하고 요구하는 '성찰'이나 '자율'이 결코 현실 안주나 게으름을 위한 것이 아니라, 대학이 스스로 자기 정체성과 방향성을 고민할 수 있는 최소한의 "숨 쉴" 공간을 주기 위한 것이라고 주장한다(감수자).

6장

1 교내의 반전운동에 관해서는 다음을 보기 바란다. Kenneth Heineman, *Campus Wars: The Peace Movement at American State Universities in the Vietnam Era* (New York: New York University Press, 1993); Jerry Avorn, *Up against the Ivy Wall* (New York: Library Press, 1969); Cox Commission, *Crisis at Columbia: Report of the Fact- Finding Commission Appointed to Investigate the Disturbances at Columbia University in April and May* 1968 (New York: Random House, 1968); Tom Bates, *Rads: The* 1970 *Bombing of the Army Math Research Center at the University of Wisconsin and Its Aftermath* (New York: HarperCollins, 1992).

2 Noam Chomsky, quoted in Review Panel on Special Laboratories, *Final Report* (October 1969), 32. Available in Activism Reports, MIT Museum, Charles Stark Draper Laboratory Historical Collection, Cambridge, Massachusetts.

3 과학과 기술 분야의 대학생은 시위나 반대 의사를 표명할 때도 방정식을 동원해 과학적이거나 기술적인 방식으로 한다는 뜻(옮긴이).

4 Norbert Wiener, "A Scientist Rebels," *Atlantic Monthly* 179 (January 1947): 41. For Wiener's principled opposition, see Steven Heims, *John Von Neumann and Norbert Wiener: From Mathematics to the Technologies of Life and Death* (Cambridge, MA: MIT Press, 1980).

5 Louis Smullin, "Proposal for a Study of Major Engineering Problems of the World," August 26, 1959, AC 134/21, "Electrical Engineering," MIT Institute Archives and Special Collections, Cambridge, Massachusetts.

6 Jerome Wiesner, quoted in Richard Todd, "The 'Ins' and 'Outs' at M.I.T.," *New York Times Magazine*, May 18, 1969, 32.

7 케임브리지디스커션그룹의 공헌에 대한 자세한 내용은 다음을 보기 바란다. Ann Finkbeiner, *The Jasons: The Secret History of Science's Postwar Elite* (New York: Viking, 2006), 65-82.

8 Boris Magasanik, John Ross, and Victor Weisskopf, "No Research Strike at M.I.T.," *Science* 163 (February 7, 1969): 517. MIT에서의 전시 연구 논쟁을 다룰 때 꼭 필요한 출처는 다음을 보기 바란다. Dorothy Nelkin, *The University and Military Research: Moral Politics at MIT* (Ithaca, NY: Cornell University Press, 1972).

9 3월 4일 사건과 그 여파는 다음을 보기 바란다. Kelly Moore, *Disrupting Science: Social Move-*

ments, American Scientists, and the Politics of the Military, 1945-1975 (Princeton, NJ: Princeton University Press, 2008), 137-146.

10 "The Misuse of Science," *Nation*, February 24, 1969, 228.

11 Ibid.

12 파업으로 근무를 중단하는 대신 시위(파업)에 반대하는 의사를 표하기 위해 대학에 남아서 계속 근무하는 활동을 한다는 뜻(옮긴이).

13 '우려하는 과학자들의 조합'의 설립 문서는 다음에 나와 있다. 〈http://www.ucsusa.org/about/founding-document-1968.html〉 (accessed August 7, 2008).

14 '우려하는 과학자들의 모임'에 관한 정보는 다음을 보기 바란다. 〈http://www.ucsusa.org〉 (accessed December 8, 2008).

15 Nelkin, *The University*, 18.

16 링컨연구소의 공식 역사는 다음을 보기 바란다. Eva Freeman, ed., *MIT Lincoln Laboratory: Technology in the National Interest* (Lexington, MA: Lincoln Labo- ratory, 1995). 계기연구소가 NASA의 아폴로 계획에 기여한 내용에 관해서는 다음을 보기 바란다. David Mindell, *Digital Apollo: Human and Machine in Spaceflight* (Cambridge, MA: MIT Press, 2008).

17 Charles Stark Draper, oral history interview with Barton Hacker, January 19, 1976, 120. Transcript available in MC134 (1), MIT Institute Archives and Special Collections, Cambridge, Massachusetts.

18 Review Panel on Special Laboratories, *Final Report*, 6.

19 Ibid., 149.

20 Ibid., 44-45.

21 공학자들의 현실 참여 운동이라는 더 큰 맥락에서 본 유체역학연구소에 관한 내용은 다음을 보기 바란다. Matt Wisnioski, "Inside 'The System': Engineers, Scientists, and the Boundaries of Social Protest in the Long 1960s," *History and Technology* 19 (2003): 313-333.

22 Peter Guynne, "A Physics Lab Goes Relevant," *Science News* 96 (August 16, 1969): 132.

23 Wisnioski, "Inside 'The System,'" 322.

24 Ascher Shapiro, "A Position Paper on Retention of Divestiture of the Special Laboratories," February 1970, Activism Reports, MIT Museum, Charles Stark Draper Laboratory Historical Collection, Cambridge, Massachusetts.

25 Charles Stark Draper, quoted in William Leavitt, "The Dethronement of Dr. Draper," *Air Force/Space Digest* (December 1969): 49.

26 William Denhard to Jerome Wiesner, October 31, 1969, Activism Correspondence, MIT Museum, Charles Stark Draper Historical Collection, Cambridge, Massachusetts.

27 David Dyer and Michael A. Dennis, *Architects of Information Advantage: The MITRE Corporation since* 1958 (Montgomery, AL: Community Communications, 1998).

28 Milton Clauser, quoted in "Can Defense Work Keep a Home on Campus?" *Business Week*, June 7, 1969, 68.

29 Howard Johnson and Charles Stark Draper, quoted in "Can a Weapons Lab Solve Urban Ills?" *Business Week*, November 1, 1969, 132.

30 Charles Stark Draper, quoted in "Go Back? Go Back!" *Newsweek*, November 17, 1969, 79.

31 "Treading the Narrow Line: The First Week of November," *Technology Review* 72, no. 6 (De-

cember 1969): 96B.

32 상반되는 입장들에 관해서는 다음을 보기 바란다. "New Left v. National Security," *Nation*, January 13, 1970, 18; "Day of Reckoning," *Nation*, November 24, 1969, 556.

33 Review Panel on Special Laboratories, *Final Report*, 63-64.

34 Charles Stark Draper, testimony to the Review Panel on Special Laboratories, *Final Report*, 58.

35 Rene H. Miller, "The Draper Laboratory and the Department of Aeronautics and Astronautics," February 24, 1970, Activism Reports, MIT Museum, Charles Stark Draper Laboratory Historical Collection, Cambridge, Massachusetts.

36 Review Panel on Special Laboratories, *Final Report*, 69.

37 계기연구소가 마치 완전히 소멸해 더 이상 존속하지 않는 것처럼 상정하고서 하는 말인 듯하다. 기존 연구 방향의 전면 철회이지 연구소 자체가 없어지는 건 아닌데도 말이다(옮긴이).

38 Charles Broxmeyer, quoted in Leavitt, "The Dethronement," 50.

39 계기연구소의 관점에서 전면 철회에 관한 이야기는 다음을 보기 바란다. Christopher Morgan with Joseph O'Connor and David Hoag, *Draper at 25: Innovation for the 21st Century* (Cambridge, MA: Draper Laboratory, 1998), 35-40, available at 〈http://www.draper.com/draper25/draper25.pdf〉(accessed August 11, 2008).

40 도시시스템연구소에 관해서는 다음을 보기 바란다. 〈http://libraries.mit.edu/archives/ research/collections/collections-ac/ac366.html#history〉 (accessed February 27, 2009).

41 Morgan with O'Connor and Hoag, *Draper at 25*, 43-48.

42 Freeman, *MIT Lincoln Laboratory*, xv.

43 Ad Hoc Committee on the Military Presence at MIT, *Report* (April 1986), appendix C, 30, AC150, MIT Institute Archives and Special Collections, Cambridge, Massachusetts.

44 Paul Gray, quoted in ibid., 26.

45 Daniel Glenn, "MIT Research Heavily Dependent on Defense Department Funding," *The Tech* 109 (February 28, 1989).

46 Ad Hoc Committee on the Military Presence at MIT, *Report*, 16.

47 "MIT Panel Urges Off-campus Sites for Classified Research," *MIT Tech Talk*, June 12, 2002.

7장

1 Sheldon Krimsky, *Genetic Alchemy: The Social History of the Recombinant DNA Controversy* (Cambridge, MA: MIT Press, 1982), 82. 이 논의를 구성하는 데 사용된 다른 부수적 출처들은 또한 다음을 보기 바란다. Charles Weiner, "Drawing the Line in Genetic Engineering: Self-regulation and Public Participation," *Perspectives in Biology and Medicine* 44 (Spring 2001): 208-220; Charles Weiner, "Recombinant DNA Policy: Asilomar Conference," in *Encyclopedia of Ethical, Legal, and Policy Issues in Biotechnology*, ed. Thomas J. Murray and Maxwell J. Mehlman (New York: Wiley, 2000), 2:210; Susan Wright, *Molecular Politics: Developing American and British Regulatory Policy for Genetic Engineering, 1972-1982* (Chicago: University of Chicago Press, 1994).

2   상보적 말단(complementary end)이라고도 함(옮긴이).

3   Maxine Singer and Dieter Soll, "Guidelines for DNA Hybrid Molecules," *Science* 181 (September 21, 1973): 1114.

4   David Baltimore, "Where Does Molecular Biology Become More of a Hazard Than a Promise?" lecture to the Technology Studies Workshop at MIT, November 6, 1974, MC100, box 38, folder 575:6, Recombinant DNA History Collection, MIT Institute Archives and Special Collections, Cambridge, Massachusetts.

5   Paul Berg et al., "Potential Biohazards of Recombinant DNA Molecules," *Science* 185 (July 26, 1974): 303.

6   여기에서 핵심 인물들은 다음과 같다. 조너선 벡위스(Jonathan Beckwith, 하버드대학교), 조너선 킹(Jonathan King, MIT), 루스 허버드(Ruth Hubbard, 하버드대학교), 조지 월드(George Wald, 하버드대학교).

7   Interview with David Baltimore by Charles Weiner and Rae Goodell, May 13 and July 22, 1975. Transcript available in MC 100, Box 1, Folder 5:37-38, Recombinant DNA History Collection, MIT Institute and Special Collections, Cambridge, Massachusetts.

8   Author's interview with Phillip Sharp, January 8, 2009.

9   이러한 전개에 대한 자세한 논의는 다음을 보기 바란다. Krimsky, *Genetic Alchemy*; Wright, *Molecular Politics*.

10 Press release, June 23, 1976, U.S. Department of Health, Education, and Welfare. Copy in the Donald S. Frederickson Papers, National Library of Medicine, Bethesda, MD, available at 〈http://profiles.nlm.nih.gov/FF/Views/Exhibit/ documents/rdna.html〉 (accessed June 9, 2009).

11 Alfred Vellucci, in "Hearing on Recombinant DNA Experimentation, City of Cambridge," June 23, 1976, MC100, box 33, folder 458:3, Recombinant DNA History Collection, MIT Institute Archives and Special Collections, Cambridge, Massachusetts.

12 "A Scientific Breakthrough," Washington Post, July 2, 1976; available at 〈http:// profiles.nlm. nih.gov/FF/Views/Exhibit/documents/rdna.html〉 (accessed June 9, 2009).

13 하버드 회의에 대한 기사는 다음의 지역 신문에 실렸다. the *Boston Phoenix*, on June 8, 1976. 관련 내용은 다음을 보기 바란다. Krimsky, *Genetic Alchemy*, 299-300; Maryann Feldman and Nichola Lowe, "Consensus from Controversy: Cambridge's Biosafety Ordinance and the Anchoring of the Biotech Industry," *European Planning Studies* 16, no. 3 (April 2008): 395-410.

14 Alfred Vellucci, quoted in John Kifner, "'Creation of Life' Experiment at Harvard Stirs Heated Dispute," *New York Times,* June 17, 1976.

15 Alfred Vellucci, in "Hearing on Recombinant DNA," 3-4.

16 Alfred Vellucci, in ibid., 37-39.

17 Mark Ptashne, in ibid., 73.

18 Robert Alberty, in ibid., 120-122.

19 1970년대 후반에 rDNA 정책 논쟁이 불거진 곳은 케임브리지만이 아니었다. 1975~1979년에 미국 전역의 총 아홉 개 도시와 타운이 rDNA 연구에 관한 규제 권고안을 고려했다. 미시간주의 앤아버, 뉴저지주의 프린스턴, 그리고 캘리포니아주의 샌디에이고 등이다. 다음을 보기 바란다. Krimsky, *Genetic Alchemy*, 294-391.

20 David Baltimore, interview, May 3, 1977. Transcript available in MC100, box 1, folder 6:49,

Recombinant DNA History Collection, MIT Institute Archives and Special Collections, Cambridge, Massachusetts.

21   Author's interview with Phillip Sharp.

22   Ibid.

23   Feldman and Lowe, "Consensus from Controversy," 401.

24   Alfred Vellucci, interview, May 9, 1977. Transcript available in MC100, box 14, folder 163:3-4, Recombinant DNA History Collection, MIT Institute Archives and Special Collections, Cambridge, Massachusetts.

25   Baltimore, interview, May 3, 1977, 60.

26   이들이 받은 노벨상에 관한 정보는 다음을 보기 바란다. 〈http://nobelprize.org/nobel_prizes/medicine/laureates/1975/index.html〉 (accessed June 9, 2009).

27   볼티모어는 1982년에 화이트헤드연구소의 초대 소장이 되었다. 와인버그를 포함해 다른 여러 암연구센터 교수진이 그해에 볼티모어를 따라 화이트헤드연구소에 들어왔다.

28   Letter to Robert Neer, chair, Cambridge Experimentation Review Board, December 30, 1980, in Feldman and Lowe, "Consensus from Controversy," 403.

29   Alfred Vellucci, quoted in Feldman and Lowe, "Consensus from Controversy," 405.

30   매사추세츠생명공학협회에 관해서는 다음을 보기 바란다. 〈http://www.massbio.org〉 (accessed June 9, 2009).

31   Howard Johnson, *Holding the Center: Memoirs of a Life in Higher Education* (Cambridge, MA: MIT Press, 1999), 139; Massachusetts Biotechnology Council, 〈http://www.massbio.org〉 (accessed June 9, 2009).

32   더 자세한 정보는 다음을 보기 바란다. Edna Einsiedel and Deborah L. Eastlick, "Consensus Conferences as Deliberative Democracy: A Communications Perspective," *Science Communication* 21 (2001): 323-343; Edna Einsiedel, E. Jelsøe, and T. Breck, "Publics at the Technology Table: The Consensus Conference in Denmark, Canada, and Australia," *Public Understanding of Science* 10 (2001): 83-98; articles in S. Joss, ed., *Public Participation in Science and Technology*, special issue of *Science and Public Policy* 26 (1999): 290-373.

8장

1   Kate Zernike, "MIT Women Win a Fight against Bias," *Boston Globe*, March 21, 1999.

2   "A Study on the Status of Women Faculty in Science at MIT," *MIT Faculty Newsletter* 11, no. 4 (March 1999); available at 〈http://web.mit.edu/faculty/reports/sos.pdf〉 (accessed December 24, 2008); hereafter referred to as the MIT Report.

3   Carey Goldberg, "MIT Admits Discrimination against Female Professors," *New York Times*, March 23, 1999.

4   MIT Report, on 12. 또한 다음을 보기 바란다. Virginia Valian, *Why So Slow? The Advancement of Women* (Cambridge, MA: MIT Press, 1998). 남성과 여성 모두 가진 성 역할 도식에 따른 미묘한 차별에 관한 연구를 폭넓게 검토한 내용이다. 그리고 다음을 보기 바란다. Susan Sturm, "Second Generation Employment Discrimination: A Structural Approach," *Columbia*

Law Review 101 (2001): 458-568. 여기에서는 규제 관점에서 이차적 차별("미묘하고 복잡한 차별 형태", 458)과 일차적 차별("공공연한 배제, 직업 기회 분리 및 의식적으로 고정관념 형성하기", 465)을 구분한다.

5 인터뷰이는 여섯 명의 중견 이상 여성 교수(이과대학의 각 학과에서 한 명씩, 그리고 다른 학과에서 한 명)와 세 명의 남성 교수였고, 이과대학 학장이 소집한 한 위원회가 실시했다. 위원회 설립은 이 장의 뒤에서 설명한다. 또한 이 위원회는 급여와 보조금 지원, 연구 공간, 각종 위원회 참여 자격, 대학 생활의 여러 다른 측면들에 대한 데이터도 수집했다.

6 Letter to Nancy Hopkins, December 12, 1999.

7 Andrew Lawler, "Tenured Women Battle to Make It Less Lonely at the Top," *Science* 286 (November 12, 1999): 1272-1278.

8 로버트 버지노의 계획은 취소되었으며, 그는 회의에 전혀 참석하지 않았다.

9 Robin Wilson, "An MIT Professor's Suspicion of Bias Leads to a New Movement for Academic Women," *Chronicle of Higher Education*, December 3, 1999, A16-A18.

10 Letter to Nancy Hopkins, February 24, 2008.

11 'MIT9'이라고 알려진 이 집단은 2004년과 2007년에 다시 만났다. 이 연구소들에서 온 교수들은 그사이에도 만났다. 2007년의 회의는 과소대표된 소수자 문제에 초점을 맞추었다.

12 "Subtle Discrimination Spurs MIT to Change," *San Francisco Chronicle*, March 24, 1999.

13 "Gender Bias on the Campus," *New York Times*, March 28, 1999.

14 Reynolds Holding, "When It Doesn't Pay to Confess Your Sins," *San Francisco Chronicle*, April 25, 1999.

15 Judith S. Kleinfeld, *MIT Tarnishes Its Reputation with Gender Junk Science* (Arlington, VA: Independent Women's Forum, December 1999).

16 Independent Women's Forum, ⟨http://www.iwf.org/⟩ (accessed June 20, 2008).

17 "Gender Bender," *Wall Street Journal*, December 29, 1999.

18 Ibid.

19 이 보고서에 관한 개요는 다음을 보기 바란다. ⟨http://web.mit.edu/faculty/reports/ overview.html⟩ (accessed December 24, 2008).

20 슬론경영대학원의 보고서에 관해서는 다음을 보기 바란다. ⟨http://web.mit.edu/ faculty/ reports/som.html⟩ (accessed December 24, 2008). 모두발언에서 슬론경영대학원의 학장은 이렇게 언급했다. "지금까지 위원회 활동 중 가장 놀라운 측면은 교수들이 체험한 경험을 매우 파격적으로 분석했다는 것이다. 이 분석에서 명확하게 드러나듯이, 우리 문화의 외부에서 보면 매우 비슷한 경력을 지닌 듯한 남성 및 여성 교원이 실제로는 서로 다른 두 집단에 속하며, 또한 여성은 남성보다 훨씬 불편하고 지원을 덜 받고 있다."

21 다른 MIT 단과대학들은 건축설계대학, 공학대학, 인문대학, 예술대학 그리고 사회과학대학이다.

22 다음을 보기 바란다. ⟨http://web.mit.edu/faculty/reports/overview.html⟩.

23 Letter from Provost Robert A. Brown to Nancy Hopkins, September 13, 2000.

24 클레이가 2001년 6월에 총장이 되자, 웨슬리 해리스(Wesley Harris) 교수가 그의 자리를 대신해 공동 의장을 맡았다.

25 홉킨스는 조직도상 공식 직위가 없이 교학위원회의 위원이 된 유일한 인물이었던 것 같다. 그녀의 후임들은 현재 공식적으로 교원 평등을 위한 부교무총장직을 수행하고 있다.

26 이 소위원회는 로나 깁슨(Lorna Gibson) 교수가 위원장을 맡았다. 고용에서 다양성을 보장하기 위한 지침은 다음을 보기 바란다. 〈http://web.mit.edu/faculty/reports/FacultySearch.pdf〉 (accessed on December 24, 2008).

27 이 정책은 사실 더 일찍이 제안되었지만, 학교 당국이 다양성위원회를 중시하기 이전에는 채택되지 않았다.

28 이 소위원회는 베일리 교수가 의장을 맡았다. 교수진에 대한 가족 돌봄 정책은 다음에서 볼 수 있다. 〈http://web.mit.edu/faculty/benefits/familycare.pdf〉 (accessed December 24, 2008).

29 예를 들어, 캘리포니아대학교는 캘리포니아주 전역에 총 10개의 캠퍼스를 두고 있다(버클리, LA, 샌디에이고, 산타바버라, 어바인 등). 이 캠퍼스들을 통합하는 전체 캘리포니아대학교의 네트워크를 'The University of California System'이라고 지칭하며, 이 UC 시스템의 전체 리더를 President라고 한다(총괄총장). 한편, 각 캠퍼스의 총장을 Chancellor라고 한다(감수자).

30 이 회의에 관한 보고서는 다음을 보기 바란다. the MIT News Office release from January 30, 2001, available at 〈http://web.mit.edu/newsoffice/2001/gender.html〉 (accessed December 24, 2008).

31 다음을 보기 바란다. Committee on Science, Engineering, and Public Policy, *Beyond Bias and Barriers: Fulfilling the Potential of Women in Academic Science and Engineering* (Washington, DC: National Academies Press, 2007). 이과대학과 공과대학에서 과소대표된 소수자 교수진에 관한 마찬가지의 후속 연구는 현재 준비 중이다.

32 Nancy Hopkins, "Diversification of a University Faculty: Observations on Hiring Women Faculty in the Schools of Science and Engineering at MIT," *MIT Faculty Newsletter* (March-April 2006).

33 Lotte Bailyn, "Academic Careers and Gender Equity: Lessons Learned from MIT," *Gender, Work, and Organizations* 10 (2003): 137-153, on 141.

34 MIT 보고서 작성에 이르게 된 여러 경위는 이 장에 대한 낸시 홉킨스의 덧붙이는 글에 사적인 방식으로 서술되어 있다. 또한 다음을 보기 바란다. Bailyn, "Academic Careers," especially 145-150; Nancy Hopkins, "MIT and Gender Bias: Following Up on Victory," *Chronicle of Higher Education* (June 11, 1999).

35 서신에 서명하는 데 동의한 여성 교수들은 아래와 같다. 생물학과의 샐리 (페니) 치숌(Sallie (Penny) Chisholm), 낸시 홉킨스, 루스 레먼(Ruth Lehmann, 현 뉴욕대학교 스커볼연구소 소장), 테리 오어위버(Terry Orr-Weaver), 메리-루 파듀, 리사 스타이너(Lisa Steiner) 교수. 뇌인지과학과의 수전 케리(Susan Carey), 수잰 코킨(Suzanne Corkin), 앤 그레이빌(Ann Graybiel), 메리 포터(Mary Potter) 교수. 화학과의 실비아 세이어(Sylvia Ceyer), 조앤 스터비(JoAnne Stubbe) 교수. 지구대기행성과학과의 마샤 맥너트(Marcia McNutt, 현 몬터레이베이수족관연구소 소장), 파올라 리졸리(Paola Rizzoli), 리 로이든(Leigh Royden) 교수. 그리고 물리학과의 밀리 드레슬하우스(Millie Dresselhaus) 교수.

36 Email from Robert Birgeneau to the author, April 27, 2008.

37 위원회는 모든 원로 여성 교수들을 인터뷰했다. 하지만 신임 여성 교원을 보호하기 위해, 그들에게 먼저 인터뷰 참여 의사를 물었다. 그들은 인터뷰 참여 여부, 참여 시 개인 인터뷰로 진행할지 단체 인터뷰로 할지를 선택할 수 있었다.

38 1998년이 되자 다음 세 명(여성 두 명과 남성 한 명)이 위원회에 새로 합류했다. 화학과의 실비아 세이어 교수, 최근 물리학과에서 종신재직권을 취득한 재클린 휴잇(Jacqueline Hewitt) 교

수, 그리고 지구대기행성과학과의 킵 호지스(Kip Hodges) 교수.

39 MIT의 교원정책위원회(Faculty Policy Committee)는 일종의 교수평의회로, 대학 행정 당국에
    대해 교원의 총의를 대표하는 조직이다(옮긴이).

40 새 교원정책위원회 위원장은 베일린이었다. (베일린은 이 장의 저자다(옮긴이)).

41 학교 당국의 비우호적인 결정에 대응하고자 1988년에《MIT 패컬티 뉴스레터》가 창간되었
    다. "영(0) 번째" 호에서 베라 키스티아코프스키(Vera Kistiakowsky)가 밝히기로, "《테크토크
    (Tech Talk)》도 교수회의도 제 역할을 못하고 있으므로 교수 간의 정보 교환과 더불어 MIT
    의 문제들을 논의하는 채널" 역할을 그 뉴스레터가 맡을 것이라고 했다.

42 Bailyn, "Academic Careers."

43 Ibid., 149.

44 Christina Hoff Sommers, "Why Can't a Woman Be More Like a Man?" *American*, March-
    April 2008, available at ⟨http://www.american.com/archive/ 2008/march-april-maga-
    zine-contents/why-can2019t-a-woman-be-more-like-a-man⟩(accessed December 24, 2008).

45 화학공학과의 폴라 해먼드(Paula Hammond) 교수가 이 활동을 이끌고 있다. 보고서는 2010
    년에 발표되었으며 다음에서 볼 수 있다. ⟨http://web.mit.edu/provost/raceinitiative⟩.

46 교원 평등을 위한 부교무총장은 공과대학 소속의 바바라 리스코프(Barbara Liskov)와 웨슬리
    해리스다.

이 책의 공동 저자들

1   공식 명칭은 래드클리프고등연구소(Radcliffe Institute for Advanced Study)이며, 1999년에 래드
    클리프칼리지(Redcliff College)가 하버드대학교와 합병하면서 이 공식 명칭으로 불리게 되었
    다(옮긴이).

2   2015년까지 이 명칭으로 불렸으나, 이후 미국의학원(National Academy of Medicine)으로 이름
    이 바뀜(옮긴이).

찾아보기

MIT가 MIT가 되기까지

1판 1쇄 발행 2026년 4월 23일

엮은이 데이비드 카이저 | **옮긴이** 노태복 | **감수 및 해제** 이종식 | **디자인** 신병근 황지희

펴낸이 임중혁 | **펴낸곳** 빨간소금 | **등록** 2016년 11월 21일 (제2016-000036호)

주소 (01021) 서울시 강북구 삼각산로 47, 나동 402호 | **전화** 02-916-4038

팩스 0505-320-4038 | **전자우편** redsaltbooks@gmail.com

ISBN 979-11-91383-69-0(93370)

• 책값은 뒤표지에 있습니다.